의지와 표상으로서의 세계 외

의지와 표상으로서의 세계 외

아르투어 쇼펜하우어 지음 / 김중기 옮김

집문당

의지와 표상으로서의 세계 외

1972년 12월 10일 1판 1쇄
1980년 5월 30일 2판 1쇄
1994년 8월 10일 3판 1쇄
2007년 1월 25일 4판 1쇄
2020년 6월 10일 5판 1쇄
2024년 5월 10일 5판 3쇄

저자 | 아르투어 쇼펜하우어
번역자 | 김중기
발행인 | 임동규
발행처 | **(주)집문당**
등록 | 1971. 3. 23. 제2012-000069호
주소 | 03134 서울시 종로구 돈화문로 82, 5층
전화 | +82-1811-7567
이메일 | sale@jipmoon.com
홈페이지 | www.jipmoon.com

ISBN 978-89-303-1878-5 03100

가격 15,000원

(주)집문당 이순신돋움체B (저작권자 아산시, 무료글꼴)

차 례

Ⅵ. 성애의 철학적 이해

Ⅶ. 도덕의 근원

Ⅷ. 천재에 대하여

Ⅸ. 예술에 대하여

Ⅹ. 역사와 문학

XI. 음악의 형이상학

XII. 금욕에 대하여

XIII. 죽음에 대하여

내 절반의 인생

—베를린 대학에 제출한 쇼펜하우어의 이력서(1819년)—

내 절반의 인생에 대한 보고를 하려고 하니 다른 보고를 쓸 때보다 훨씬 할 말이 많은 것 같다. 그럴 수밖에 없는 것이 내가 종사하고 있는 직업, 즉 내가 탐구하고 있는 학문연구는 다른 직업처럼 우연히 하게 된 것이 아니고 남들이 신중히 고려하여 나에게 맡긴 것도 아니며, 내가 나의 자유의지에 의해 택한 것이기 때문이다. 내가 오늘에 이르기까지 걸어온 길은 평탄하고 즐거운 것과는 거리가 멀 뿐더러 곳곳에 장애물이 놓여 있는 험한 길이며, 처음에는 나도 어떻게 발길을 디뎌야 할지 몰랐던 것이다.

나는 단치히에서 태어났다. 내가 이 세상에서 햇빛을 보게 된 것은 1788년 2월 22일이었다. 부친은 하인리히 프로리스 쇼펜하우어이다. 모친은 오늘날에도 건재하며 일련의 저작으로 유명하지만, 처녀시절에는 요한나 헨리에테 트로지나라고 불렸다. 탄생 당시의 사정이 조금이라도 달라졌던들, 나는 이미 영국인이 되었을 것이다. 왜냐하면 모친은 해산달이 임박해서 비로소 영국을 떠나 고국에 돌아왔기 때문이다. 존경해 마지않는 나의 부친은 부유한 상인으로 폴란드 왕국의 궁정 고문관이기도 하였다. 그러나 본인은 남들이 그렇게 부르는 것을 달갑게 여기지 않았다.

부친은 엄격하고 성급한 성격의 소유자였지만, 한편 품행이 바르고 정의감이 강하여 남에 대한 신의를 반드시 지키면서도 장사에 대해서는 뛰어난 통찰력을 갖고 있었다. 내가 부친의 신세를 얼마나 졌는지 이루 말할 수 없을 정도다. 거기에는 다음과 같은 여러 가지 이유가 있었다.

부친이 나에게 원하는 직업이 그의 안목으로는 적합한 것이었을지라도 내 정신에는 결코 적합하다고 할 수 없었지만, 어쨌든 부친의 덕택으로 나는 젊었을 때부터 실용적인 지식을 얻을 수 있었다. 그리고 나는 자유와 여가를 비롯해서 나의 천직인 학자로서의 교양을 얻는 데 필요한 모든 것, 나의 목적을 추구하는 데 없어서는 안 되는 모든 수단을 손에 넣을 수 있었다. 또한 나는 청장년기에 접어든 후에도 부친의 덕택으로 쉽사리 여러 가지 이득을 손에 넣을 수 있었다. 나의 성격이나 기질로 보아 이것은 매우 바람직한 일이었다. 즉, 나는 자유롭게 사용할 수 있는 시간과, 생계를 유지하기 위한 걱정에서 완전히 벗어나 여유를 갖게 된 것이다. 그 덕택에 오랜 시일에 걸쳐서 나는 돈벌이와는 관계가 없는 학문연구나 매우 어려운 탐구와 명상으로 시간을 보낼 수 있었다. 그리하여 나는 번거로움이나 방해를 전혀 받지 않고 연구하고 숙고한 것을 집필할 수 있었는데, 이 모든 것은 그분의 덕택이다.

제왕이라 하더라도 나에게 이와 같은 여유를 주지 못할 것이다. 그 때문에 나는 살아 있는 한 이 엄청난 부친의 공적과 은혜를 마음속에 아로새겨 아름다운 추억으로 삼고자 한다.

1793년, 선정을 베푸는 가장 고귀한 어버이라고도 할 수 있는 프러시아 왕이 단치히 시를 그 지배하에 두었을 때, 자유보다도 고향의 거리에 관심이 많던 내 부친은 낡은 공화국의 멸망을 눈으로 바라보고만 있을 수 없었다.

프러시아군이 단치히를 점령하기 몇 시간 전에, 부친은 처자를 데리고 시를 도망쳐 하룻밤을 교외의 별장에서 밝힌 다음에 이튿날 함부르크를 향하여 길을 재촉하였다. 그러나 그와 그의 가족을 단치히 시의 운명으로부터 떼어놓기 위해서는 적지 않은 재산을 잃어버려야만 했다. 상업에 종사하는 자가 거처를 옮기는 것은 매우 불리한 일이며, 또한 그 시대의 관례에서 볼 때 아주 불손한 발언을 한 것을 곁들여, 그는 재산의 10분의 1을 국고에 납입해야만 하였다. 그러나 그는 이것으로써 단치히 시의 사슬에서 완전히 벗어나게 되었다.

이리하여 나는 어렸을 때부터(그 당시에 내 나이는 다섯 살이었다) 고향을 잃고, 그 후로 새로운 고향은 전혀 얻지 못하게 되었다. 부친은 함부르크에 거처를 옮기고 죽을 때까지 이곳에서 장사를 하였으나, 끝내 시민자격을 얻으려고 하지 않아 외국인에 관한 법률에 의해 보호시민으로서 살아갔던 것이다.

하나밖에 없는 아들, 그나마 당시에는 자식이라고는 나밖에 없었는데—여동생은 나보다 나이가 10세나 아래였다—부친은 나를 훌륭한 상인으로 키우는 한편, 세상물정에도 밝고 고귀한 인품을 지닌 인간으로 만들려고 결심하였다. 그리하여 부친은 이를 위해 내가 프랑스어에 능통해야 한다고 생각하게 되었다.

1797년, 부친이 영국과 프랑스로 관광여행을 떠날 때 당시 이미 나이가 10세나 되어 개인교수로부터 일반과목을 배운 나를 데리고 갔다. 파리를 구경하고 나서 우리는 르아브르에 갔는데, 부친은 나를 완전히 프랑스인처럼 만들려고 그 시에 사는 친구의 집에 나를 남겨 놓았던 것이다.

부친의 친구는 선량하고 온순한 분으로, 나를 마치 친자식처럼 대접했으며 같은 또래의 아들과 함께 나를 정성껏 가르치는 것이었다. 우리

둘은 통근하는 가정교사로부터 소년에게 적합한 지식과 교양을 얻게 되었다. 나는 그 때문에 프랑스어 이외에 여러 가지 학과를 배우고 라틴어도 초보의 가르침을 받았다. 덕분에 그 후 나는 라틴어를 들어도 생소하지 않게 되었다. 센 강가의 바다를 낀 이 아름다운 도시에서 나는 유년시절의 제일 즐거운 한때를 보냈다.

이곳에 2년 남짓 머물러 12세가 끝나갈 무렵에 나는 혼자서 뱃길로 함부르크에 돌아왔다. 선량한 부친은 내가 마치 프랑스인처럼 프랑스어를 지껄이는 것을 듣고 무척 싱글벙글하였다.

그러나 내가 모국어를 깡그리 잊어버렸기 때문에 나에게 사리를 깨닫게 하는 데 무척 애를 먹었던 모양이다. 함부르크에서 나는 명문 자제들의 교육에 대한 저작도 있는 룽게 철학박사가 교장으로 있는 사립학교에 입학하였다. 이 훌륭한 교장을 비롯해서 이 학교에서 봉직하고 있는 교원들의 가르침으로 나는 상인으로서 유익하고 교양인으로서도 필요한 모든 과목을 철저히 공부하게 되었다.

그러나 라틴어 수업은 한 주일에 한 시간뿐인데다가 그나마 형식적으로 가르치고 있었다. 나는 이 학교에서 약 4년 동안 교육을 받았다. 이 학교에서 학업을 마칠 무렵부터 나는 학자로서 일생을 보내려는 열망에 사로잡혀, 부친에게 언제나 나의 장래에 대하여 무리한 주문을 하지 말며, 더구나 장사꾼으로 만들 생각은 절대로 하지 말라고 간청하였다.

그러나 부친은 내가 학자가 되는 데 대해 매우 불만이었다. 그리하여 당신이 생각하고 있는 길을 가는 것이 제일 좋은 일이라고 아주 결정하고 있었기 때문에 좀처럼 꺾이려고 들지 않았다. 한편, 나는 나대로 부친이 아무리 거절해도 주춤하지도, 마다하지도 않고 일년 내내 부친을 향해 소원을 호소해 왔을 뿐더러, 룽게 박사 또한 내가 상인에게 필요한 학력과는 다른 보다 높은 소질을 갖고 있다고 보장해 주었으므로, 그토록 확고부동하던 부친의 신념이 흔들리기 시작해 썩 내키지는 않지만 내 의견을 존중하여 김나지움중·고등학교에 취학시켜주겠다고 약속하였다.

부친의 애정으로 말하면, 그는 무엇보다도 내가 안정된 생활을 보내기를 원했으며, 그의 머릿속에는 학자와 가난이란 두 개념은 떼어놓을 수 없는 것이었다. 그러므로 그는 내가 이 두렵고 험한 길을 가는 것을 미리 막기 위해 최대의 관심을 표시했던 것이다. 그는 장차 나를 함부르크의 카노닉스종교참사회의 일원로 만들려고 결심하고, 이 지위에 오르기 위해 필요한 조건을 검토하기 시작하였다. 그런데 카노닉스에 취직하려면 상당한 비용이 들며 이것은 무시 못 할 거액임을 알자 그만 단념할 수밖에 없었다.

이럭저럭 나날을 보내는 동안에 내가 장래에 택해야 할 생활 코스를 어떻게 변경하느냐 하는 문제도 한동안 보류하게 되었다. 부친으로서는 이렇게 분명히 금을 긋지 않는다면 나도 자연히 자기의 지망을 변경하리라고 기대하였던 것이다. 모든 인간의 자유에 대하여 본래부터 존경심을 갖고 있던 부친은 억지로 우겨서 자기의 의견을 관철할 의향은 없었다. 그러나 책략을 써서 내 심정을 시험하기를 조금도 주저하지 않았다.

부친은 내가 세계를 두루 구경하고 싶어 하고, 그리운 옛 친구들과 만나기 위해서도 한 번 더 르아브르를 찾아가고 싶어 한다는 것도 잘 알고 있었다. 그래서 그는 나에게 이듬해 일찌감치 어머니를 동반하고 유럽의 대부분을 지난번보다 훨씬 오랫동안 관광여행을 하겠다고 말하고, 만약 귀국 후에 내가 상인이 되겠다고 약속만 하면 이 근사한 여행에 함께 데리고 갈뿐더러 르아브르를 다시 방문할 기회를 주어도 좋지만, 이와 반대로 끝내 학자가 되기를 원한다면 라틴어를 배우기 위해 함부르크에 남아도 좋으니 어느 쪽을 택하든지 나의 자유라는 것이었다.

이러한 유혹은 젊은이의 심정으로는 뿌리치기 어려운 것이다. 나는 생각한 끝에 부친이 원하는 대로 상인이 되겠다고 약속하였다. 이리하여 1803년 봄 16세가 된 나는 양친과 함께 함부르크를 떠났다. 우리는 먼저 네덜란드를 구경하고, 그 후 프랑스를 거쳐 영국으로 건너갔다. 2개월 반 동안 런던에 머문 후에 양친은 잉글랜드에서 스코틀랜드를 향하여 떠나고, 나는 런던 근교에 살고 있는 성직자의 집에 머물게 되었다. 그것은 나에게 영어를 가르치기 위해서였는데, 사실상 나는 이 고장에 머물러 있는 3개월 동안에 거의 그 목적을 달성했던 것이다.

양친이 런던에 돌아오자 나도 그들과 함께 살게 되었다. 우리는 런던에 한 달 반 동안 머문 후에 다시 네덜란드에 가서 겨울의 대부분을 보내기 위해 벨기에를 거쳐 파리로 갔다.

우리는 파리에서 다시 르아브르를 방문하였다. 이어서 우리는 보르도 · 몽펠리에 · 님 · 마르세이유 · 툴롱 그리고 이에르 제도를 찾아갔다. 그리고 리옹을 거쳐 스위스로 향하였다. 스위스 전국을 샅샅이 여행하고 나서 빈으로 가다가 다시 드레스덴 · 베를린을 거쳐 단치히에 도착하였다. 이 그리운 옛 고장을 찾아간 연후에, 그러니까 거의 2년이나 지난 1805년 정초에 우리는 함부르크에 돌아왔던 것이다.

이 2년에 걸친 긴 여행에서 원래는 젊은이로서 고전에 관한 여러 가지 학문과 고전어공부에 보내야 할 가장 소중한 세월을 허비하였다는 생각도 들었지만, 오늘에 와서는 그때의 오랜 여행이 나에게 크게 도움이 되지 않았을까, 그 여행을 가지 않았다면 얻을 수 없었으리라고 생각되는 이득과 같을 정도로, 아니 이것보다 더 뜻깊은 것을 얻게 되지 않았나 생각하고 있다.

인간의 영혼이 여러 가지 인상에 가장 민감하게 반응을 보이고 모든 사물을 받아들여 이를 인식하기를 원하는 호기심이 매우 왕성한 청년 시절에 나의 정신은 흔히 세상에서 찾아볼 수 있는 것처럼 본인이 아직 있는 그대로의 올바른 지식을 전혀 갖고 있지 못한데도 불구하고, 공허한 말이나 사물에 대한 헛된 보고에 충만된 일도 없고, 또 이러한 학습에 의해 오성이 본래 지닌바 예리함을 잃는 일도 없었다. 오히려 사물을 자기의 눈으로 확인하고 올바른 지식을 얻어 사물이란 무엇인가 어떻게 되어 있는가를 사물의 모습이나 변화에 관하여 주장하는 여러 가지 의견을 받아들이기 전에 배울 수 있었던 것이다.

특히 내가 다행으로 생각하고 있는 것은, 이런 방법으로 교양을 얻는 길을 택하였기 때문에 내가 젊었을 때부터 사물에 대하여 단지 그 이름만을 아는 데 만족하지 않고 이를 관찰하며 탐구하여 사물을 자기 눈으로 확인하며 이를 인식하는 것이 말만 듣고 짐작하는 것보다 훨씬 바람직하게 생각하는 버릇을 가질 수 있었던 것이다. 이 때문에 나는 후년에 말만으로 이것을 사물 자체인 줄 아는 위험에 빠지는 일이 없었다. 이러한 견지에서도 이 여행에 대하여 불만을 표시할 계제가 못되었던 것이다.

그런데 여행에서 돌아온 후 나의 입장은 매우 거북하게 되었다. 그것은 실로 한심하기 짝이 없는 것이었다. 왜냐하면 함부르크에 돌아오면 나는 약속한 대로 즉시 상업에 대해 배워야만 했기 때문이다.

이 목적을 위해 나는 함부르크의 유명한 상인이며 시의 참사회원이기도 한 사람에게 가서 견습생 노릇을 해야만 하였다. 그런데 사실 나보다 못한 상인은 구경할 수 없었다. 나의 성격은 이런 일에 철저히 반발하였다. 그리하여 언제나 다른 일에만 관심을 갖고 있던 나는 자기의 의무를 등한히 하고 날마다 집에 돌아가 책을 읽거나 적어도 생각에 잠기거나, 또는 공상에 사로잡힐 수 있는 시간을 얻기에만 전념하였다. 상점에는 언제나 책을 감춰 두고 남의 눈을 피하여 독서에 정신이 없었던 것이다.

유명한 천문학자로 두개골에 관한 학문의 창시자이기도 한 가르가 함부르크에 왔을 때에는 그 강연을 듣기 위해 날마다 주인을 속여가며 상점을 빠져나오곤 하였다. 이와 같이 악덕에 물든 것도 탈이지만, 나는 큰 실의에 빠져 있었기 때문에 태도도 자연히 공손하지 못하고, 따라서 남들에게도 불쾌한 느낌을 주게 되었다. 이렇게 된 곡절의 하나는 언제나 기분전환을 할 수 있던 저 오랜 여행과는 딴판으로 일 년 내내 싫증만 나는 일을 하거나 굴종을 참아내야만 했기 때문이다. 그리고 내가 그릇된 인생 항로를 걷고 있다는 것을 날이 갈수록 통감하였을 뿐더러 나 스스로 저지른 잘못을 시정할 수 없다는 생각으로 절망에 빠져 있었기 때문이다.

이런 불행한 시기에 세상에 보기 드문 무서운 타격을 받게 되었다. 사랑하는 선량한 부친에게 갑자기 닥친 이 비통한 사건으로 인하여 나의 어두운 심정은 더욱 흐려지고, 거의 우울증에 가까운 증세를 보이기에 이르렀다. 나는 어머니가 뭐라고 성화를 한 것도 아닌데 너무나 깊은 슬픔에 잠겼기 때문에 정신력을 모조리 소모해 버렸을 뿐만 아니라, 그가 세상을 떠났다고 해서 부친의 뜻을 던져 버린다는 것은 양심에 꺼리는 일이었다. 그리고 고전어를 다시 공부하기엔 이미 나이가 지났다고 생각했기 때문에 나는 그 상업견습을 계속하기로 하였다.

일찍이 시빌라그리스 신화에 나오는 예언의 여신—역주가 타르키니우스의 사람들을 다룬 것처럼 운명이 나를 다루고 있으리라고는 꿈에도 상상할 수 없었다. 나는 거의 2년 동안 상가에서 보냈지만 결국 밥만 헛되이 축내고 만 셈이었다. 이 생활도 끝장이 날 무렵에 나는 감당할 수 없는 고뇌에 사로잡혀 바이마르에 살고 있던 모친에게 편지를 보내어, 인생의 목적을 상실하고 헛된 일에 세월을 보냈기 때문에 젊음도 활기도 잃게 되었으며, 나이도 나이이므로 일단 선택한 인생 코스를 버리고 새로운 길을 찾을 수도 없게 되었다고 고뇌에 찬 심정을 그대로 전하였다.

그러자 참으로 뛰어난 재주의 소유자이며 당시에 모친과도 친교가 두텁던 유명한 페르노프가 나의 편지의 진정한 뜻을 알고 나와는 전혀 안면이 없었지만 나에게 편지를 써 보내려고 생각하게 되었다. 그는 이 편지에서 내가 지금까지 헛되이 보낸 것으로 생각하고 있는 세월도 결코 낭비한 것이 아니며, 자기 자신도 그렇지만 상당히 나이를 먹고 나서 공부하여 학자의 생활에 들어간 다른 유명한 학자의 예를 들면서 나더러 모든 것을 버리고 우선 고전어부터 공부하라고 충고하였다. 나는 이 편지를 받고 너무나 감격하여 울음을 터뜨리고 말았다. 나도 갈피를 잡지 못하고 있다가 이때 비로소 한번 해보려는 결심을 하게 되었다. 나는 상점의 주인에게 작별의 인사를 하고 곧 바이마르로 향하였다. 때는 1807년, 내 나이 막 18세가 되려던 때였다.

페르노프의 충고에 따라 나는 주저하지 않고 고타에 가서 그 시의 유명한 학교로 번영하고 있던 김나지움에 입학하였다. 그러나 라틴어의 지식이 전혀 없었으므로 나는 모국어로 강의하는 수업에만 참석하게 되었다.

그런데 김나지움의 교장으로 명성을 떨친 데링은 날마다 두 시간씩 나에게 개별적으로 라틴어를 가르쳐 주었다. 당시의 나의 라틴어 지식은 한심하기 짝이 없어서 어휘의 변화부터 외워야만 하였다. 그러나 내가 믿을 수 없을 정도로 빨리 따라오므로, 데링은 장래의 전망이 매우 밝으며 절대로 자신 있다고 예언하게 되었다. 이 말을 듣고 나도 실의에서 벗어나 다시 새로운 희망을 품고 간절한 마음으로 처음 목표를 향해 나가게 되었다.

그런데 또다시 불운이 닥쳐왔다. 나는 자기 자신을 파멸로 인도할 농담을 삼가야 한다는 것을 미처 알지 못하였다. 나는 얼굴도 모르는 단츠라는 김나지움의 교사가 나도 독일어로 가르치는 수업에 출석하고 있는 「선발 클래스」에 대하여 신문지상에 오만한 내용의 논설을 실었다. 공공기관을 통하여 발표된 이 기사를 나는 식탁에서 잡담을 할 때 익살까지 섞어가며 반박하였다.

이와 같은 나의 대담한 행동은 슐츠에게 즉시 밀고密告되어, 그 결과 데링은 나에 대한 개인교수를 그만두게 되었다. 그는 나를 가르치기가 무척 즐거웠으나 일단 약속한 일은 지켜야 한다고 말하고 나서 이 김나지움에 그냥 남아 있어 달라고 하였다. 그리고 다른 사람에게 가서 라틴어의 개인교수를 받는 것이 좋겠다고 충고해 주었다. 그러나 이것은 내가 원치 않았다. 1학기가 끝나자 나는 고타를 떠나 바이마르에 가서, 이곳에서 지금 브레슬라우 대학교수로 명성을 떨치고 있는 파소로부터 처음에는 라틴어, 이어서 그리스어의 개인수업을 받았다.

이윽고 파소는 그리스어만 가르치게 되었으므로, 나는 라틴어 회화에는 견줄 만한 사람이 없다 할 정도로 박식한 바이마르 김나지움의 교장 렌츠에게서 라틴어 회화를 배우게 되었다. 나를 위해 무척 애써 주신 이 두 분에게 무어라고 감사해야 좋을지 알 수 없다.

역시 나는 그때까지 내 인생을 헛되이 보내었던 것이다. 그래서 뒤늦

게나마 노력에 노력을 더하여 잃어버린 시간을 되찾기 위해 마치 미친 사람처럼 공부에 열중하였다.

나는 생활을 즐겁게 하기 위한 여러 가지 설비를 마련하는 데 필요한 돈에 대해서는 전혀 무관심하였다. 그러나 조금이라도 시간을 내기 위해 무척 욕심을 부렸다. 마치 자기 육체에 날마다 영양을 제공하기 위해 애쓰는 것처럼 날마다 밤마다 지식을 흡수하기 위해 읽기와 쓰기에 힘을 기울였다. 그리고 나는 모친과 함께 지내지 않고 파소와 같은 집에서 살고 있었으므로 언제나 선생과 마주 대할 수 있었다. 내가 제일 힘써 공부한 것은 고전어였지만 그 밖의 책을 통하여 전부터 익혀온 수학과 역사 공부에 힘을 기울였다.

이렇게 하면서 나는 바이마르에서 만 2년 동안을 소비하였는데, 나중에 선생은 나에게 대학에 들어갈 자격이 있다고 인정하였다. 내가 이렇게 말하면 좀 이상하게 들릴지 모르지만 사실 나는 이 2년 반 동안에 전에 허송한 세월에 해당하는 공부까지 다 하였다고 자부한다.

이것이 사실이라는 반가운 증거를 나는 곧 얻을 수 있었다. 나는 대학에 입학한 후에 제공된 여러 기회를 통하여 고전어의 지식에 있어서는 다른 학생들과 어깨를 견주게 되었을 뿐더러 거의 모든 학생, 아니 언어학자까지도 나를 따르지 못한다는 것을 알게 되었다. 그 이유는 적어도 부분적으로는 독학자인 내가, 일정한 과정으로 한 걸음 한 걸음 공부해 나가는 김나지움 출신 학생 이상으로 많은 고전 작가들의 작품을 읽었기 때문이다. 나는 대학에 다닐 때 언제나 그리스·로마의 작가들의 작품을 읽었으며, 그 때문에 하루에 두 시간을 보냈다.

나는 이 학습을 통하여 다음과 같은 이득을 얻게 되었다. 우선 나는 차츰 고전에 익숙하게 되어 고대사회가 얼마나 뛰어났던가를 이해하는 안목이 점점 익어갔다. 특히 내가 금년의 후반에 이탈리아에 갈 기회를 얻어, 고대의 존귀한 그리고 당당한 기념물을 목격하고 사소한 것에도 그 시대의 유물로서 고대의 독특한 정신이 깃들어 있음을 파악하게 되었을 때 새삼스럽게 그것을 통감하게 되었다.

그리고 고전 작가, 특히 그리스 철학자의 저서를 계속해서 읽어 나감으로써 나의 독일어 문장과 문체가 근본적으로 개선되고 아름다워졌다. 뿐만 아니라 내가 언제나 고전 작가들과 친밀히 지내 온 덕택에 단시일에 배우기는 하였으나 나의 고전 지식은 잊어버리는 일이 없게 되었다. 또한 고전은 내 마음속에 깊이 뿌리를 박았으므로, 그 후에 여러 가지 다른 종류의 학문을 연구하는데도 오늘에 이르기까지 생생하게 내 머릿속에 남아 있다.

그리하여 최근에 라틴어 회화나 작문실력에 해독이 된다는 이탈리아어를 계속해서 사용해야 하는 처지에 놓였을 때에도 나는 조금도 해를 입지 않았다. 이것을 실제로 입증하기 위해 나는 진지한 마음으로 이 이력서를 라틴어로 기록하면서 남의 도움을 전혀 받지 않았으며, 이것을 베를린에 발송하기 전에 아무에게도 보이지 않았음을 분명히 서약하는 바이다.

물론 나도 문장을 잘못 쓰는 경우가 있을 것이다. 그러나 이것은 어디까지나 인간이 지닌 약점과 불완전함에 그 원인을 돌려야 할 성질의 것으로, 결코 나의 학식이 얕고 변변치 못한 소치는 아니다. 내가 설사 잘못을 저질렀다고 하더라도 그것은 내가 19세가 되어 비로소 Mensa라틴어로 책상을 뜻함—역주라는 단어의 활동을 공부한 인간이었다는 사실에 비추어 용서를 바랄 수 있을 것이다. 그렇지 않으면 내가 서술한 것은 허영심을 그대로 드러낸 큰소리로 터무니없는 말일 것이다.

1809년 말에 성년에 도달하자 나는 모친으로부터 유산을, 즉 부친이 남긴 유산 중에서 이미 소비한 부분을 제외한 3분의 1을 받게 되었다. 이것으로 나는 생계를 충분히 유지해나갈 수 있었다.

그 후에 나는 괴팅겐 대학에 들어가 처음에는 의학과에 등록하였다. 그러나 내가 자기의 본성을 알고 극히 표면적이기는 하였으나 철학에 접하게 된 후에 비로소 계획을 바꿔 의학을 포기하고 나서 철학에 전념하게 되었다. 그러나 내가 의학 공부에 소비한 시간은 결코 헛된 것은 아니었다. 나는 철학에도 유익한, 아니 반드시 필요한 강의만 골라 들었던 것이다.

괴팅겐 대학에서 보낸 2년 동안에 나는 그때까지의 습성대로 학문의 연구에만 전념하였다. 그러므로 다른 학생들과의 교제로 학업을 중단하거나 등한히 하는 일은 절대로 없었다. 그럴 수밖에 없는 것이 나는 당시 상당히 나이를 먹어 경험이 풍부했으며, 게다가 남들과는 동떨어진 성격을 타고 났으므로 언제나 그들과 떨어져 고독하게 보내는 경향이 있었던 것이다. 그리하여 강의에는 꼬박꼬박 얼굴을 내밀면서 독서에도 충분한 시간을 가질 수 있어 특히 플라톤과 칸트의 저작을 탐독하게 되었다.

이 2년 동안에 나는 G.E. 슐체의 논리학 · 형이상학과 심리학 강의를 듣고, 티보로부터 수학, 헤르에게는 고대사 · 근대사 및 십자군의 역사와 민족학, 류더에게는 독일제국사, 브루멘바하에게는 자연사 · 광물학 · 생물학 · 비교해부학, 헴펠에게서 인체해부, 슈트로마이어에게서 화학, 토비아스 마이어에게서 물리학과 천체물리학, 그리고 슈라더에게서 식물학을 각각 배우기로 하였다. 내가 이들 훌륭한 사람들로부터 배운 학문은 매우 수확이 많았으므로 지금도 감사하고 있다.

1811년 가을에 나는 베를린으로 가서 베를린 대학생의 일원一員이 되었다. 나는 이 대학에 우글거리는 유명한 교수들에게서 내 정신과 정조를 갈고 닦기 위해 힘껏 노력하였다. 나는 이곳에서 볼프의 그리스·로마 시인들 및 그리스고대사, 그리스문학사 강의를 들었다. 전자기에 대한 에르만의 공개강연을 듣는 것은 매우 즐거운 일이었다. 그리고 새학기를 통하여 리히텐슈타인의 동물학을 청강한 이외에 크라프로트에게서 다시 화학을 배우고, 또한 피셔에게서 물리학, 보데에게서 천문학, 바이스에게서 지질학, 호르켈에게서 생리학, 그리고 로젠타르에게서는 인간의 뇌해부의 강의를 각각 들었다. 뛰어난 교수들로부터 받은 훌륭한 지식에 대해 나는 언제나 감사하고 있다.

나중에는 피히테의 철학 강의도 올바로 평가하기 위해 열심히 듣기로 하였다. 언젠가 나는 피히테가 청강생 일동을 위해 개최한 토론회에 출석하여 장시간 그와 논쟁을 한 적이 있다. 그때 함께 있었던 사람들은 아마도 이에 대해 기억이 새로울 것이리라.

1813년 후반에 들어와서 전쟁으로 말미암아 나는 2년 동안 베를린에 머물러 있었다. 이곳을 떠나야 한다는 것은 나로서는 매우 유감스러운 일이었다.

그럴 수밖에 없었던 상황이, 당시에 나는 유명한 베를린 대학 철학과에서 박사학위를 받기 위해 열심히 준비하고 있었으니 말이다. 나에게 각별한 호의를 갖고 있던 유능한 리히텐슈타인으로부터 박사학위 취득을 위한 조건이나 필요사항에 대하여 가르침을 받은 후에 나는 <충족이유율의 네 가지 근거Über die vierfache Wurzel des Satzes von Zureichenden Grunde>에 관한 집필을 시작하였다. 이것을 독일어로 쓴 것은 칭찬이 대단한 철학과의 규칙에 따른 것이다.

뤼첸의 전투러시아 원정 이후의 나폴레옹과 프러시아의 전쟁의 결과가 판명되지 않고 베를린 시도 위협을 받고 있는 처지라 많은 사람들이 피난을 가기 시작하였다. 그 대부분은 프랑크푸르트 혹은 브레슬라우로 향하였지만, 차라리 적을 향해 나가는 편이 현명하다고 생각한 나는 드레스덴으로 향하여 도중에 여러 가지 사건과 위험에 직면하면서 하루가 지난 후에 간신히 목적지에 도착하였다.

처음에는 이곳에 머물러 있을 생각을 하였으나 이 거리에도 위험이 닥칠 것을 예감한 나는 다시 바이마르로 향하였다. 나는 이곳 모친의 집에 일단 머물러 있었으나, 가정환경이 언짢아 달리 묵을 장소를 찾은 끝에 결국 루돌슈타트에 눌러 앉기로 하였다.

나는 이곳 여관에 머물면서 그 해의 나머지를 보내었지만 뭐니 뭐니 해도 루돌슈타트는 고향을 잊은 자에게는 가장 적합한 피난처였다. 게다가 나는 그 무렵에 다시 정신적으로 깊은 고뇌에 사로잡혀 낙심하고 있었다. 그것은 주로 내가 살아가고 있는 이 세상이 자기가 지니고 있는 재능과는 전혀 다른 재능을 필요로 하고 있는 듯이 생각되었기 때문이다.

루돌슈타트에 묵고 있는 동안에 나는 이 고장의 독특한 매력에 이끌리게 되었다. 나는 군사적인 것은 질색이었다. 그 때문에 전쟁이 한창 불을 뿜는 어느 해 여름에도 사방 나무들이 울창한 산에 에워싸인 골짜기 속에서 병사의 모습은 한 사람도 찾아볼 수 없고, 군대 북소리도 전혀 듣지 못하고 지낼 수 있었던 나는 행복하기 짝이 없었다. 나는 고독하고 무엇에 의해서도 한눈을 팔거나 방해를 받지 않고 계속해서 이 세상의 움직임과는 동떨어진 여러 가지 문제에 대해서 생각하며 규명해 나갈 수 있었던 것이다. 책을 읽고 싶을 때에는 언제나 바이마르의 도서관에 가기만 하면 되었다.

이리하여 나는 <충족이유율의 네 가지 근거에 대하여>라는 논문을 완성, 박사학위를 따기 위해서도 베를린으로 돌아가려고 하였다. 그러나 그렇게 할 수는 없었다. 베를린에 이르는 길은 휴전 중에도, 그 후 전투가 재개된 후에도 폐쇄된 채였다. 그러나 박사학위를 따는 것은 그 당시의 나로서는 매우 중요한 것이었다. 그래서 나는 가장 가까운 예나 대학의 존경할 만한 철학자에게 그 논문의 <서론>을 써서 보내고 철학박사의 학위를 주십사 하고 의뢰하였는데, 그 철학과에서는 내 소망을 마침내 받아들였다.

겨울에 내가 몸담고 있던 한적한 전원에도 군대가 침입해서 온통 주위가 쑥밭이 되었으므로 나는 다시 바이마르로 돌아와 이곳에서 겨울을 지냈다. 그런데 그 무렵에 내 고뇌를 위로해주었을 뿐만 아니라 내 생애에서 가장 기쁘고 행복했던 하나의 사건이 일어났다.

그것은 이 세기의 참된 영광이요 영예이며 독일 국민의 자랑이고, 그 이름이 모든 시대 사람들의 입에 오르게 된 대 괴테가 나에게 우정을 표시하여 친히 교제를 갖게 되었던 것이다. 그때까지 나는 그를 먼발치로 바라보기만 하고 그도 나에게 말을 걸어오는 일이 없었으나, 내 논문을 읽고 나서 그는 나더러 자기의 색채론 연구를 해줄 의사가 없느냐고 물었던 것이다. 그 경우에 그는 여기에 필요한 도구를 빌려주고 설명을 해주겠다고 약속하였다. 이 문제, 즉 색채론에 대해서 나는 그의 견해에 동의한 적도 있고 반대한 적도 있었지만 아무튼 그 겨울에 때때로 주고받은 우리 두 사람의 대화 주제가 되었다.

처음으로 이야기를 시작한 지 몇 주일이 지나 그는 색채현상을 재현하는 데 필요한 기계와 기구를 나에게 보내 왔다. 그 후에 그는 손수 시도한 실험을 내 앞에서 보여주었다. 괴테는 내가 선입관에 매혹당하지 않고 그의 주장의 정당성을 인정한 것을 기쁘게 생각하였다. 여기서 그 세부에 이르기까지 설명할 수는 없지만, 두말할 것도 없이 그의 색채론은 많은 사람들로부터 마땅히 받아야 할 동의와 승인을 받지 못하고 있었던 것이다.

이 해 겨울에 나는 가끔 그의 집을 방문할 기회를 얻게 되었다. 이야기의 내용은 색채론에 관한 여러 가지 문제에 그치지 않고 모든 철학상의 문제에도 미쳐 몇 시간씩 계속되기도 하였다. 이와 같은 친밀한 교제에서 나는 엄청난 학문적인 이득을 얻게 되었다.

1814년 초에, 전란이 끝나 세상이 평온해지자 나는 학문을 계속해서 연구하기 위해, 특히 머릿속에서 이미 완성된 철학체계의 기초를 다지려고 드레스덴으로 향하였다.

이 도시에서 즐길 수 있는 것은 시설이 완벽한 도서관이었다. 그리고 유명한 화랑이나 실물과 모조품이 뒤섞여있는 고대 조각 전시장, 그리고 과학연구를 위해 완비된 기계 기구도 나의 연구를 크게 도와주었다.

이 매혹적인 도시에서 나는 아무 걱정 없이 4년 반 동안 살면서 여러 가지 과학연구에 몰두하였는데, 특히 주력한 것은 일찍이 생존했던 모든 철학자, 즉 타인의 견해를 해석하고 그것을 재탕하여 제공해 준 사람들이 아니라 자기 자신의 생각을 짜낸 사람들의 서적을 읽는 것이었다.

이러한 연구를 하면서 틈틈이 시간을 내어 1815년, 새로운 색채론을 완성하였다. 괴테도 단지 물리적인 색채의 발생과정을 발견했을 뿐 일반적인 색채론을 전개한 것은 아니었다. 이것을 나는 분명히 알고 있었다. 내가 보기에는 일반적인 색채론은 물리적인 것도 화학적인 것도 아니고 오직 생리학적인 것이었다.

나는 나의 색채론에 대하여 서술한 초고를 괴테에게 보내었다. 그 후

1년 동안이나 그와 이 문제에 관하여 서신교환을 계속하였다. 그 위인은 이유를 분명히 밝히지 않은 채 끝까지 내 견해에 찬동하기를 거부하였다. 그럴 수밖에 없는 것이, 내 학설은 뉴턴의 그것과는 모든 면에서 정반대일 뿐만 아니라 더욱 세밀한 부분에 대해서는 괴테의 학설과도 일치되지 않는 면이 있었기 때문이다. 베르람의 베이컨도 '사물에 대한 사고방식은 건조한 빛과 같은 것이 아니라 의지와 정열에 의해 영향을 받게 마련이다'고 말하고 있다.

이 색채에 관한 논문은 1816년 내가 괴테의 최초의 동의자임을 조금도 주저하지 않고 공표하였다. 그리고 나는 이 논문 속에서 전개한 이론만이 정당하고 이 견해만이 옳다는 확신을 더욱 굳히게 되었다.

나는 나의 주장이 가까운 장래에 받아들여지지 않는다 해도 불만스럽게 생각지 않았다. 악의에 가득 찬 침묵이나 완고한 부인도 결단코 진리를 왜곡하고 억압할 수가 없다는 것을 알고 자위하였다. 여기서 내 문제에 대하여 리비우스의 입을 빌어보면, 진리란 때로는 완강한 저항을 받게 되지만 진리를 절멸시킬 수는 없는 것이다.

1818년, 나는 드디어 5년 동안이나 계속해서 탐구한 철학체계를 완성하였다(≪의지와 표상으로서의 세계≫). 이와 같이 11년 동안이나 학문연구를 계속한 나는 휴식을 취하기 위해 여행을 떠나기로 하였다.

나는 빈을 거쳐 이탈리아에 가서 베네치아 · 볼로냐 · 피렌체를 구경한 다음 로마에 도착하여 이곳에서 근 4개월 동안 머물면서 고대의 기념물과 근대의 예술작품을 감상하였다. 이어서 나폴리 · 폼페이 · 헤르쿨라네움 · 프테오리 · 바야 · 크레마 등지를 구경하고 감탄하였다. 법왕청에도 들어가 보았다. 2500년에 걸쳐 조금도 상처를 받지 않고 서 있는 고대의 장엄한 포세이돈의 도시의 사원들을 눈으로 바라보며, 아마도 플라톤도 와서 보았으리라고 생각되는 이 고장에 나도 서 있다는 것을 생각하자 경건한 마음으로 하여 전신이 짜릿하였다.

그 후 나는 다시 한 달 가량 피렌체에 머물고 베네치아를 또 방문하여 파도바 · 비첸차 · 베로나 · 밀라노 등을 구경하고 나서 성 고트하르트 산을 넘어 스위스로 향하였다. 이리하여 11개월의 여행을 마치고 금년 8월에 드레스덴으로 돌아왔다. 그러나 지금까지는 오직 배우고 싶은 욕구에만 사로잡혀 있던 나의 심경에도 변화가 생겨 앞으로는 남을 가르치고 싶은 욕구를 지니게 되었다. 나의 이 욕구를 충족시키기 위해 지금 여기 베를린 대학의 영광스러운 철학과에 자리를 신청한 것이다.

I. 표상과 의지에 대하여

1. 표상으로서의 세계

모든 것을 인식하고, 어느 것에 의해서도 인식되지 않는 것이 주관이다. 그러므로 주관이야말로 세계의 지주이며, 현상하는 모든 것, 객관의 모든 것에 언제나 전제가 되는 조건이다. 왜냐하면 언제나 존재하는 것은 단지 주관에 있어서만 가능하기 때문이다. 누구나 주관으로서 존재하지만 그것은 그 사람이 인식할 경우에 그런 것이며, 그 사람이 인식의 대상이 되었을 경우에는 그렇지 않다. 그런데 그 사람의 육체 자체는 이미 객관이다. 그리하여 우리가 이 입장에 서게 될 때에는 육체를 표상이라고 부르게 된다. 육체는 분명히 직접적인 객관이기는 하지만 여러 가지 객관 중의 하나이며 객관을 지배하는 법칙에 종속된다.

육체는 모든 직관의 대상과 마찬가지로 이에 의해 다양성이 생기는 모든 인식형식에, 즉 시간과 공간 속에 존재한다. 그러나 인식할 뿐 결코 인식되지 않는 주관은 이 인식형식 아래에 있지 않다. 주관에 대해서는 오히려 다양성도, 다양성에서 오는 대립도, 그리고 통일도 없다는 것이 전제가 된다. 우리는 결단코 주관을 인식하지 못한다. 주관이란 인식되는 것을 인식하는 데 그치는 것이다.

또한 표상表象: 눈에 비친 모습으로서의 세계, 우리가 지금 여기 서서 관찰하고 있는 세계는 본질적으로, 그리고 필연적으로 불가분의 두 부분으로 이루어지고 있다. 그 하나는 객관이고 그 형식은 시간과 공간이며, 이것을 통하여 다양성이 생기게 된다. 또 하나는 주관이며, 이것은 시간이나 공간 속에 존재하지 않는다. 왜냐하면 주관은 전혀 부활되지 않고 표상하는 모든 존재 속에 있기 때문이다. 그러므로 주관 속에 오직 하나라도 존재하는 몇 백만의 주관과 마찬가지로 완전히 객관과 함께 표상으로서의 세계를 형성하기는 하지만 그 유일한 주관이 소멸되면 표상으로서의 세계는 이미 존재하지 않게 된다.

이 양자, 주관과 객관은 불가분의 관계에 있으며 사유 속에서도 불가분이다. 왜냐하면 양자 중에서 각각 타자에 의해 타자에 대해서만 의미를 갖고 존재하기 때문이다. 타자가 있어야만 일자가 있으며, 타자가 없으면 다른 일자도 소멸되어 버린다. 양자는 서로 직접 접경하여 객관이 시작되는 데서 주관은 끝난다. 양자의 경계가 공통된 것은 모든 객관의 일반 형식, 즉 시간·공간·인과율이 객관의 인식이 없이도 주관에 의해 완전히 인식되며, 칸트의 용어를 빌어 말한다면 아 프리오리(선천적)로 우리의 의식 속에 존재하는 것으로 증명된다.

이것을 발견한 것은 칸트의 중요한 업적으로 매우 위대한 것이다. 그러나 나는 이에 그치지 않고 「근거율根據律」이야말로 우리에게 선험적으로 의식된 객관의 형식을 공통으로 표현하는 것이며, 그로 인하여 우리가 순수하게 선험적으로 알게 되는 모든 것은 근거율의 내용이며 여기서 비롯되는 것, 즉 우리의 모든 경험에 앞서 확인되는 인식은 근거율 속에 표현된다고 주장하는 바이다.

근거율에 대한 나의 논문 속에서 나는 그것이 무엇이건 모든 객관은 근거율에 종속되어 있다는 것, 다시 말해서 객관은 다른 여러 객관과 필연적인 관계에 있으며, 한편으로는 제약되어 있고 다른 한편으로는 제약하는 것임을 상세히 논하였다. 그리고 모든 객관적 존재는 그것이 객관, 즉 표상인 한, 그 객관 상호간의 필연적인 관계에 귀착된다고 할 수 있다. 즉, 이러한 형식 속에 존재하는 이상 완전히 상대적인 것이다. 이에 대해 좀 더 상세히 논하고자 한다.

나는 앞에서 말한 논문에서 근거율이 일반적으로 표현하는 그 필연적인 관계는 객관이 각각의 가능성에 의해 분류된 종류에 따라 다른 형태로 나타나는 것을 지적하였다. 그리고 이에 의해 올바른 분류가 보증된다고 주장하였다. 나는 그 논문에서 주장한 것이 이미 널리 알려지고, 또 독자들도 잘 이해하고 있다는 것을 전제하고 이야기를 해나가려고 한다. 그 논문에서 내가 상세히 논하지 않았다면 이 책에 이를 논술해야 마땅한 것이다.

이 책의 소개도 겸하고 있는 그 논문을 통해서 그 형태가 아무리 천태만상으로 보이더라도, 근거율의 내용은 동일하다는 것을 분명히 이해하고 있는 사람은 근거율의 깊은 본질에 대하여 통찰하기 위해서는 그 형태의 가장 단순한 것을 인식하는 것이 얼마나 중요한가를 알게 되었을 것이다. 이 때문에 우리는 시간을 인식하였다. 시간 속에서 순간이 나타나는 것은 순간이 이에 선행하는 순간, 이를테면 자기의 부친을 멸망시킬 때에 국한되는 것이다. 그리고 현재의 순간은 자기 자신이 바로 멸망되는 데서 비롯된다(그 내용이 낳는 결과를 도외시하면).

과거도 미래도 마치 물결처럼 허망한 것이며, 현재는 양자를 떼어놓은 연장도 지속도 없는 경계선에 지나지 않는다. 이와 마찬가지로 우리는 근거율의 다른 모든 형태의 허망함을 재인식하고 시간과 마찬가지로 공간을, 그리고 공간과 마찬가지로 공간과 시간 속에 있는 모든 것, 원인과 동기에서 비롯되는 모든 것이 그와 같은 종류의 것으로 존재하는 다른 것에 의해 타자에 대해 상대적으로 존재하고 있다는 것을 알 수 있다.

이러한 사고의 본질의 기원은 매우 오랜 것이다. 헤라클레이토스는 이것을 알고 사물이 영원한 흐름과 같다고 한탄하였다. 플라톤은 이러한 사물은 언제나 생성하는 것이며 결코 존재하지 않는다고 보았다. 스피노자는 이것을 영원히 존재하고 지속되는 유일한 실체의 한낱 우유성偶有性에 지나지 않는다고 말하였다. 칸트는 이처럼 인식된 것을 물자체物自體: Ding an sich에 대한 단순한 현상이라고 하였다.

또한 인도인의 옛 지혜는 '죽어야 하는 자의 눈을 가리는 것은 거짓 베일, 즉 마야이며 마야는 죽어야 하는 자에게 존재한다고 말할 수 없고, 존재하지 않는다고도 말할 수 없는 세계를 보여준다. 왜냐하면 마야는 꿈과 같은 것이며, 여행자가 멀리서 보고 물이라고 생각하는 모래 위를 비추는 햇살 같은 것이다. 혹은 뱀으로 착각해서 내동댕이친 끄나풀과 같은 것이다'라고 말하고 있다(이러한 비유는 ≪베다≫나 ≪프라나≫의 도처에 서술되어 있다). 이에 대하여 생각되고 이야기된 모든 것은 우리가 지금 여기서 관찰한 바와 같다. 즉, 표상으로서의 세계는 근거율에 종속된다는 것이다.

2. 의지로서의 세계

우리는 이미 사물의 본질은 외부로부터 파악할 수 없으며 아무리 애써도 영상과 이름만 알 수 있을 뿐이라는 것을 살펴보았다.

이것은 성의 주위를 돌아보아도 입구가 어디인지 찾을 수 없어 할 수 없이 정면만을 스케치하는 인간의 태도와 비슷하다. 그리고 나 이전의 철학자들이 걸어온 길은 모두가 이런 길이었다. 단지 나의 표상으로서 존재하는 세계, 혹은 인식하는 주관의 한갓 표상으로서만 존재하는 이 세계에서의 파생물을 어느 정도 탐구하여 거기 어떤 의미를 부여한들 탐구자가 순수하게 인식하는 주관에 머물러 있는 한(육체가 없는 날개만 가진 천사의 머리인 한) 이 세계의 본래의 모습에 실제로 도달할 수 없다.

그러나 탐구자 자신도 세계에 뿌리를 박고 있다. 그는 개인으로서 그 속에 있는 것이다. 모든 표상으로서의 세계를 제약하는 자로서의 그의 인식은 그나마 그의 육체를 통하여 존재하지만, 이 육체의 작용이야말로 오성에게 그 세계를 알리는 출발점이 된다는 것은 주지하는 바와 같다.

이 육체도 이러한 관점에서는 순수하게 인식하는 주관이고 보면, 다른 것과 같은 표상의 하나에 불과하며 객관 속의 객관이라고 할 수 있다. 그렇다면 육체의 운동과 행동도 다른 모든 직관할 수 있는 객관의 변화와 꼭 같으며, 그 의미는 전연 다른 방식으로 해명되지 않는 한 기이하고 불가사의한 채 남게 된다.

만일 그렇지 않다면 인간은 다른 객관의 변화를 원인·자극·동기 등에 환원하는 것과 마찬가지로 자기의 행동도 자연법칙에 의해 출현한 동기에서 설명할 수 있을 것이다. 그러나 그 사람은 동기의 영광을 그 사람의 눈앞에 나타난 다른 사물의 작용과 그 원인과의 결합 이상으로 상세히 이해할 수 없을 것이다. 그 사람은 자기 육체의 출현과 그 행동에 대하여 자기로서는 알 수 없는 내적인 본질을 힘 · 성질 또는 성격이라고 간주할 것이다. 그렇다고 해서 그 본질에 대한 통찰을 깊게 할 수 있다고 할 수는 없다.

그러나 이것은 불가지론자의 입장을 가리키는 것은 아니다. 오히려 개인으로 나타나는 인식의 주관에는 수수께끼의 말이 주어져 있다. 이 말은 의지라고 한다. 이 말, 그리고 이것만이 그 사람에게 자기 자신의 현상의 열쇠를 부여하며, 그 의지를 분명히 하고 그 사람의 본질 · 행위 · 운동의 내적인 움직임을 보여준다. 자기와 육체의 합일에 의해 개인으로서 나타나는 인식의 주관에 이 육체는 두 개의 전혀 다른 형태로 존재한다.

하나는 여러 가지 직관에 있어서의 표상으로서, 많은 객관 속의 한 객관으로 객관에 관한 법칙에 종속하는 것으로서 주어진다. 그러나 육체는 동시에 전혀 다른 형태로 주어져있다. 즉, 누구에게나 직접 알려져 있는 것, 다시 말해 의지라는 말이 나타내는 것으로서 주어져 있다. 모든 인간에게 참된 의지의 행동은 곧 반드시 일어나는 육체의 운동으로 나타난다.

의지의 행동과 육체의 행동은 객관적으로 인식된 인과율에 의해 얽매인 두 개의 다른 상태가 아니다. 이 양자는 원인과 작용의 관계에 있는 것이 아니라 아주 동일한 것이지만, 단지 두 개의 다른 방식으로 나타난다. 하나는 직접적으로, 다른 하나는 오성을 위한 직관 속에서 나타난다. 육체의 행동은 객관화된, 즉 직관 속에 등장한 의지의 행동이다.

또한 우리가 이해할 수 있는 이것은 육체의 모든 운동에 대해서도 말할 수 있는 것으로 비단 동기에서 비롯된 운동뿐만 아니라 단지 자극에서 비롯된 기계적인 운동에도 마찬가지로 작용되는 것이다. 그리고 육체는 객관화된, 즉 표상이 된 의지라는 것이 판명된다.

이런 문제에 대해서는 모두가 이 책 속에 더욱 상세히 서술되어 있으므로 한결 명백하게 드러날 것이다. 나는 전술한 책 ≪의지와 표상으로서의 세계≫와 「근거율」에 관한 논문에서는 일부러 한쪽에서만 사물을 보는 입장(표상의 입장)을 취하였기 때문에 육체를 「직접의 객관」이라고 불렀으나, 다른 면을 고려한 본장에서는 육체를 「의지의 객관화」라고 규정하기로 한다. 그로 인하여 어느 의미에서는 다음과 같이 말할 수 있다. 즉, 의지는 육체의 선험적인 인식이며 육체는 의지의 후천적(아 포스테리오)인 인식이다.

장래의 일에 대한 결의는 인간이 언젠가는 원하리라고 생각되는 것에 대하며 이성이 단지 생각해 낸 것에 불과하다. 이것은 본래의 의지의 행동은 아니다. 다만 실천에 옮기는 데서만 그때까지는 아직 변할 가능성도 있던 의향에 불과하며, 이성 속에서 추상적으로만 존재하던 결의를 굳게 하는 것이다.

욕구와 행위는 반성 속에서만 별개의 것이다. 현실적으로는 양자가 동일하다. 의지의 모든 올바른 직접적인 행동은 바로, 그리고 직접으로 현상하는 육체의 행동이다. 한편, 이에 대응하여 육체에 대한 모든 작용은 바로 직접의지에 대한 것이다. 이 작용이 의지에 반발하면 고통이라고 부르며, 의지에 적응하면 쾌락 · 쾌감이라고 부른다. 이 양자 사이의 뉘앙스는 미묘하다. 그러나 고통과 쾌락을 표상이라고 부르는 것은 옳지 못하다. 고통이나 쾌락은 결코 표상이 아니라 의지의 현상인 육체에 있어서의 직접적 작용이다. 즉, 육체에서 받는 인상을 순간적으로 원하기도 하고 또 원치 않기도 하는 것이다.

3. Ding an sich

인간은 자기의 행위나 또는 행위의 토대가 되는 신체를 표상으로 보고, 이 표상으로 나타나는 자기의 본성이 의지라는 것을 직접 느낀다. 자기의 의지는 의식에 나타나는 가장 친밀한 것이며, 주관과 객관 사이에서 이루어지는 표상의 형태로는 나타나지 않고 주관과 객관을 분명히 나누지 않고 직접 나타난다. 그리하여 의지 자체는 의식에 나타나지 않고 각 개체에 하나하나의 행동으로서만 알려진다.

어쨌든 자기의 의지에 대한 직접적인 느낌은 구체적인 인식이지만, 그것을 명백하게 추상적으로 보면 자기의 본성은 의지가 되는 것이다. 여기서 이 확신을 받아들이는 자는, 동시에 자연의 가장 내면적인 본성이 무엇인가를 알 수 있는 열쇠를 손에 넣은 자로서 자기 자신에 대하여 직접의 인식을 얻게 되는 경우 이외에, 다만 표상으로서, 객체로서 간접적으로 인식하게 되는 모든 현상에도 이와 같은 확신을 적용할 수 있다.

또한 이와 같이 의지가 그 본성임을 볼 수 있는 것은 동물이나 인간뿐만 아니라, 동물 이외에 식물을 양육하는 힘도, 결정을 가져오는 힘도, 자기가 북극을 향하는 힘도, 물질의 친화관계로 이합되고 끌었다 튕겼다 하는 힘도, 또한 지구를 태양으로 끌어 모든 물질을 지배하고 있는 중력도… 이 모든 것은 각각 그 나타난 모습은 다르지만 그 내면적인 본성은 우리에게 잘 알려져 있어 그것이 명백하게 나타날 때에는 의지라고 부르는 것과 마찬가지임을 알 수 있다.

이와 같이 생각되는 것은 현상의 범위 내에서의 일이 아니라 물자체

物自體: Ding an sich에 이르게 된다. 현상은 곧 표상일 뿐 그 이외의 아무것도 아니다. 어떤 종류의 것도 표상은 모두 객관, 즉 현상이다.

그러나 물자체는 의지뿐으로 의지로서는 철두철미 표상이 아니라 이와 완전히 질이 다르며, 표상·객관·현상·보이는 것·객관성 등은 모두가 의지에서 비롯된다. 의지는 세계 전체 또는 그 개개의 부분의 가장 내면적인 것으로, 맹목적으로 움직이는 천연의 힘에도 나타나고 인간이 이모저모로 생각해 보는 행위에도 나타난다. 이것들은 의지가 나타나는 정도가 다를 뿐 결코 그 본성이 다른 것은 아니다.

이 물자체칸트가 이 말을 사용했으므로 그대로 쓰기로 한다는 도저히 객관화할 수 없는 것으로, 만일 객관이 된다면 그 자체가 아니고 단지 현상이 되어버린다. 그래서 이 물자체를 어떻게 해서든지 객관적으로 나타난 듯이 생각하려면 어떤 객관적인 이름과 개념을 빌어 그것이 현상으로서 객관적으로 나타난 것처럼 가정하지 않으면 안 된다. 그리하여 이해가 가도록 그 현상 속에서 그것을 완전하고 명백하게 나타내어 가장 발전을 이루고 또 인식에도 가장 직접적인 것이라야 하는 이러한 현상이 인간에게는 다름 아닌 의지이다.

그러나 의지도 다만 가장 현저한 특색에 따라 그렇게 이름을 붙여서 사용한 것으로, 흔히 사용하는 의미의 의지보다는 훨씬 넓은 개념이다.

플라톤이 말한 바와 같이 차별된 현상 속에 평등을 인정하고 유사한 것 속에 그 차이를 인식하는 것은 철학의 일이다. 그런데 지금까지는 자연 속에 움직이고 있는 힘과 의지가 같다는 것을 몰랐으며, 그 때문에 동일한 종류속에서의 다른 종에 불과한 잡다한 현상을 동일류로 인정하지 않고 별종으로 보았던 것이다. 그리하여 그 종류 전체의 개념을 나타내는 말조차 없었다. 그러므로 이 종류를 나타내려고 그 중에서 우리에게 제일 가깝고 모든 간접적인 인식에 선행하는 직접적인 인식으로 가장 두드러진 것을 취하여 그 이름을 붙인 것이다.

따라서 그와 같이 의지라는 개념을 확대하여 생각하지 못하고, 의지라면 오늘까지 특수한 의지로서 인식에 의거하여 동기에 따라 움직이는 의지, 또는 이성에 의해 이끌리고 추상적인 동기에 따라 나타나는 의지를 가리키는 것으로 생각하는 사람들은 지금 내가 말하는 의지의 성질에 대하여 오해할 것이다.

결국 동기에 의해 나타나는 의지는 의지의 명백한 발동이기도 하지만 의지 자체는 그보다 훨씬 깊은 데 있다. 우리는 이러한 의지현상의 제일 깊숙이 있는 본성을 판별하고, 다른 불투명한 현상에도 이 본성이 있다고 생각할 때 비로소 이 개념을 확대시킬 수 있는 것이다.

또한 현상 자체의 본성을 의지라고 부르더라도 다른 이름으로 부를 수도 있다고 생각하는 사람이 있을 테지만 이것도 오해이다. 만일 이 물자체가 어떤 추론의 결과로 생기거나 간접적 또는 추상적 인식에서 생긴 것이라면 무엇이라고 불러도 무방하며, 그 명칭은 다만 어떤 알려지지 않은 미지수의 표식으로서 통용될 수 있을 것이다.

그런데 지금 우리가 의지라고 부르면서 그것으로 사물의 가장 내면적인 본성을 어떤 주문처럼 포함시키려고 하는 것은 미지수를 나타내는 것이 아니며, 또는 추론으로 미루어본 어떤 무엇이라는 의미도 아니다. 오로지 직접 인식에 들어온 것, 다른 무엇을 어떠한 경우에 아는 것보다도 확실히 알고 또 이해할 수 있는 것이다. 지금은 힘이라는 개념 아래 의지라는 개념을 종속시켰으나, 그것을 반대로 해서 어떤 자연의 힘도 의지로서 생각해 보고자 한다.

의지라는 개념 중에서 유일한 것, 즉 그 근거를 현상에 두지 않고 각자의 의식의 한 끝에서, 즉 가장 직접적인 의식에서 생기는 것으로 누구나 자기의 개체로서의 본성을 직접 의식하며, 주관과 객관의 대립이나 그 밖에 모든 형식 없이 자기 자신을 거기에 인식하고 발견한다. 즉, 의지에서는 인식하는 주관과 인식되는 객관이 하나가 되어 있다.

물자체로서의 의지는 그 현상과는 달라서 현상의 존재방식 밖에 있다. 현상의 존재방식은 의지가 객관성에 나타나는 경우의 방식으로 의지 자체는 이에 관계하지 않는다. 즉, 일반적으로 「근거의 원리」라는 말로 표현하고 그 속에 시간과 공간을 포함시키며, 이러한 존재방식에 의해 다수라는 현상이 생기지만 이것들은 의지 자체를 지배하지 않는다.

인식이란 무엇인가? 그것은 무엇보다도 우선 표상이다. 표상이란 무엇인가? 동물의 뇌수에 일어나는 매우 복잡한 생리적 작용으로 생기는 하나의 현상의 의식이다. 그리고 우리는 인식하는 주관일 뿐만 아니라, 한편 스스로가 인식되는 본성을 지니고 스스로가 물자체인 것이다.

그러므로 자기의 고유한 내적 본성은 사물의 외면에서가 아니라 내면으로부터 길이 열려 있어, 이를테면 외부로부터의 공격으로는 점령할 수 없는 요새에 내부의 호응을 얻어 지하를 통해 비밀 연락을 받고 침입해 들어가는 것처럼 물자체는 그대로 직접으로만 의식에 오를 수 있으며, 그것이 스스로 자신을 의식할 뿐이다. 그러므로 이것을 객관적으로 인식하려 한 것은 자가당착을 초래할 뿐이다. 객관적인 것은 모두가 표상에 그치는 것이며, 따라서 현상으로서 뇌수의 그림자에 불과한 것이다.

Ⅱ. 고뇌의 삶에 대하여

1. 생존은 고뇌

스토아학파의 윤리학은 대체로 말해 인간의 위대한 특권인 이성을 중요한 실리적인 목적에 이용하려고 한 것이다. 그것은 소중한, 그리고 높이 평가할 만한 시도이다. 스토아학파의 윤리학은 다음과 같이 가르쳐 이성을 모든 생명에 따르는 고뇌와 고통에 전혀 사로잡히지 않은 초연한 것으로 보고자 하였다.

> 너는 얼마나 경쾌한 기분으로 살아가기를 원하고 있는가. 영원히 만족할 수 없는 욕망도, 그다지 쓸모없는 사물에 대한 두려움도 기대도 너를 괴롭히는 것을 원치 않는다.

스토아학파의 윤리학은 이렇게 지침을 세우고 인간에게 최고의 위엄을 갖게 하려고 하였다. 인간은 이성적인 존재로서 다른 동물과 완전히 대립되어 있다. 스토아학파의 주장은 바로 이런 의미로 해석된다. 나도 스토아학파의 윤리에 대하여는 이와 같이 생각하고 있다. 그럼 이성이란 무엇이며 이성에는 어떤 능력이 있는가를 검토해 보아야 할 것이다. 분명히 스토아학파에서 주장하는 인생의 목적은 이성을 활용하여 단지 이성적인 윤리에 따르기만 하면 어느 정도에 도달할 수 있다.

경험이 가르치고 있는 바와 같이 흔히 실천적 철학자라고 부르는 저 온전히 이성적인 성격의 소유자—이 호칭은 적절하다. 본래의, 즉 이론적인 철학자는 삶을 개념 속에 옮겨 놓은 것과는 달리 그들은 그 개념을 삶 속에 옮겨 놓고 있으니까—는 가장 행복한 자라는 것을 부인할 수 없다.

그러나 그러한 생활이 완벽하여 이성을 실제로 잘 활용함으로써 삶에 따르는 모든 부담이나 고통이 해소되고 행복에 도달할 수 있느냐 하는 점은 단언하기 어렵다. 행복이라는 표현을 쓰기에는 부족한 점이 얼마든지 있는 것이다. 오히려 괴로움을 당하지 않고 산다는 것, 즉 흔히 사용되고 있는 「복된 생활」이라는 말 자체에 완전한 모순이 숨어 있다. 내가 지금부터 서술할 내용을 끝까지 읽고 난 사람은 반드시 그 의미를 분명히 알게 될 것이다.

이 모순은 순수이성의 윤리학 속에도 분명히 나타나 있다. 왜냐하면 스토아학파의 가르침을 숭상하는 사람들은 복된 생활(이것이 언제나 그들의 윤리학의 근본사상이다)에의 지침 속에서 자살을 권장하고 있으니 말이다(눈부신 장식물과 가구에 에워싸인 동양의 전제군주들이 독이 든 값진 병을 옆에 놓아두는 것처럼). 그들이 자살을 권장할 때는 육체의 고통이 너무 심하여 어떠한 철학적인 가르침이나 결론을 배워도 어떻게 할 수 없을 정도에 이르고 그들의 유일한 목적인 행복도 이미 바랄 수 없게 되고 죽음에 의해서만 고통에서 벗어날 수밖에 없게 되었을 경우다. 그러나 자살을 하려면 일반 약품을 마실 경우와 마찬가지로 태연한 태도로 임해야 한다는 것이다. 이 점에 있어서 스토아학파의 윤리학과 어떠한 고통을 당하더라도 직접 덕 자체를 참된 목적으로 삼고, 고통에서 벗어나기 위해 목숨을 끊기를 원치 않는 가르침과의 대립이 분명히 드러나 보인다.

하긴 이 덕을 목적으로 하는 가르침은 어찌하여 자살을 비난해야 하느냐 하는 이유를 밝히지 않고 갖은 이론을 들어 자기주장을 내세우려고 할 뿐이다. 그러나 자살에 대한 의견의 대립은 본질적으로는 단지 행복론의 한 특수형태에 지나지 않는 스토아학파와, 덕을 목적으로 하는 가르침 사이에 놓인 본질적인 근본원칙에 관계되는 차이를 분명히 드러내 보여주고 있다. 그런데 양자는 때때로 같은 결론을 내려 비슷한 점도 상당히 엿보인다. 그것은 어쨌든 스토아학파의 윤리학이 근본적인 사고방식에서 개재된, 앞에서 말한 바와 같은 내적인 모순은 스토아학파의 현자들이 부르짖고 있는 이상이 결코 생명력은 갖고 있지 않으며, 또한 시적인 진실성을 지니지 못하고 어떻게 다뤄야 할지 알 수 없는 모델 인형에 지나지 않는다는 데도 나타나 있다.

또한 스토아학파의 현자들 자신이 인간의 본질과는 완전히 대립되어 결코 분명히 표상되지 못한 그들의 현재의 지혜, 즉 완전한 안정과 만족 그리고 행복이 무엇인지 모르고 있는 것이다. 그들과 비교해 보면 옛 인도의 지혜가 우리에게 전해 준 세계 극복자나 자유의지에 의거한 속죄자 및 깊은 생명력과 위대한 시적 진실과 최고의 의미를 지니고 최고의 고통에 시달리면서도 완전한 덕과 거룩함과 숭고함을 보여준 저 뛰어난 존재인 기독교의 구세주 등은 얼마나 다른 모습을 보여주는 것일까!

이리하여 우리는 인간의 존재 속에 의지의 본질적인 운명을 관찰해 보고자 한다. 아마도 동물의 생활 속에도 아직 미미하고 여러 가지 뉘앙스의 차이는 있어도 인간의 경우와 같은 현상이 나타나 있음을 찾아볼 수 있을 것이다. 그리고 동물이 고통을 받고 있는 모습에서도 본질적으로 모든 삶이 괴로움에 충만해 있음을 충분히 확신할 수 있을 것이다.

인간이 인식할 수 있는 모든 단계에 있어서 의지는 개인으로서 나타난다. 무한한 공간과 시간 속에서 인간은 유한한 존재에 불과하며, 따라서 자기가 투입된 저 어마어마하게 거대한 것과 대립되는 존재이다.

이 거대한 것은 끝이 없다. 인간은 단지 상대적인 존재라 그 존재가 언제부터 있으며 또 어디에 있는지 절대로 분명히 밝힐 수 없다. 왜냐하면 인간이 차지하고 있는 장소나 존속되는 시간은 무한한 것의 한 부분에 지나지 않기 때문이다.

인간의 존재의 본질은 오직 과거에 침잠함으로써 자기 스스로 죽음을 향하여 점점 끌려가고 있는 것 외에 아무 것도 아니다. 왜냐하면 인간의 과거의 생활은 그 의지가 그 사람 속에 어떻게 나타났는가를 보여주는 것이기는 하지만, 현재에 어떤 관련을 갖고 있는 경우를 제외하고는 이미 완전히 결말이 난 것, 죽어 버린 것이며 이미 존재하지 않기 때문이다.

이성적으로 생각해 보면 과거의 생활이 괴로웠다거나, 혹은 즐거웠다는 것은 아무래도 무방한 것이다. 그러나 현재는 언제나 그 사람의 손아귀를 거쳐서 과거로 과거로 옮아간다. 장래는 매우 불확실할 뿐더러 짧은 것이다. 이리하여 그 인간의 존재는 이미 형식상으로만 보더라도 현재의 죽은 과거의 탈락, 끊임없는 사멸인 것이다.

물리적인 측면에서 고찰해 보더라도 우리의 발길이 쓰러지려는 것을 단지 간신히 지탱하고 있는 데 불과한 것처럼, 우리의 육체의 생활이 끊임없이 언제나 죽음을 방지하고 있는 것, 즉 연기된 사망이라는 것은 분명한 사실이다.

그리고 우리의 정신작용도 언제나 어떻게 해서든지 권태를 제거하는 것에 불과하다. 숨을 쉬는 것도 항상 침범해 들어오는 죽음을 방지하는 일이다. 우리는 일초일초, 한숨한숨을 쉴 때마다 죽음과 싸우고 있는 것이다. 더욱 긴 시간을 두고 보더라도 우리는 음식을 먹거나 자거나 몸을 따뜻이 하거나 하면서 죽음과 싸우고 있다. 그런데 결국 승리는 죽음에게 돌아간다. 왜냐하면 우리는 이미 탄생과 동시에 죽음의 소유물이 되어 있기 때문이다. 다만 한동안 죽음은 먹이를 삼키기 전에 그것을 희롱하고 있을 따름이다.

우리는 자기의 생명에 큰 관심을 갖고 각별히 주의를 기울여 오래 연장시키려고 하지만, 이것은 파괴될 줄 알면서 풍선을 될 수 있는 대로 더 크게 확대시키려는 것과 다를 것이 없다.

이미 보아온 바와 같이 인식 능력이 없는 자연물도 그 내면적인 본질은 한결같이 목표가 없는, 그리고 쉴 사이 없는 부단한 노력이다. 이것은 동물이나 인간을 관찰해 보면 더욱 잘 나타나 있다. 그 모든 본질은 충족시킬 수 없는 갈증과 같은 욕망과 노력이다. 그러나 결국 모든 욕망의 근원은 동물이나 인간이 본질적으로 본래 지닌바 부족·결핍 그리고 고통이다.

이와 반대로 너무 손쉽게 원하는 것을 손에 넣을 수 있기 때문에 욕망이 감퇴하여 욕망의 대상이 없어지면 이번에는 무서운 공허와 권태에 빠지게 마련이다. 즉, 자기의 본질과 생존 자체가 감당할 수 없는 부담이 된다.

이러한 삶은 마치 시계추처럼 삶의 본질적인 구성 부분인 고통과 권태 사이를 왔다 갔다 하고 있는 것이다. 이 사실은 이상한 말이기는 하지만 인간이 모든 고뇌를 지옥으로 추방한 뒤에는 천국에 권태밖에 남지 않는다는 것을 의미한다고 하겠다.

그런데 의지의 모든 현상의 본질을 이루고 있는 끊임없는 충동은 의지의 객체화의 더욱 높은 단계에서도 다음과 같이 그 최초의 가장 일반적인 기반을 얻게 된다. 즉, 이 단계에서는 의지는 영양을 취하는 것을 원칙으로 하는 살아 있는 육체로서 나타난다. 이 철칙에 위력을 주는 육체는 객관화된 삶의 의지에 불과하다는 것이다. 의지의 가장 완성된 객체화인 인간은 그로 말미암아 오히려 모든 존재 중에서 가장 결핍의 정도가 심하다.

인간은 욕구가 구체화된 존재이며 몇 천을 헤아리는 욕망덩어리다. 이런 욕망을 걸머진 인간은 지상에 살면서 자기의 욕망과 고통을 제외하면 모든 것이 확실성이 없다. 그리하여 날마다 봉착하는 어려운 일들을 걸머지고 그럭저럭 자기를 꾸려 나가기 위해 걱정에 싸여 있는 것이 대체로 인간의 생활 내용이다.

이에 직접 결부되어 있는 제2의 욕구로서는 종족의 번식이 있다. 동시에 인간은 거기서 벗어나기 위해 끊임없이 경계심을 필요로 하는 여러 가지 위험에 사방으로 에워싸여 있는 것이다. 인간은 세심한 주의를 하여 걱정스러운 눈으로 주위를 두루 살피면서 자기의 길을 걸어가고 있다. 수많은 우연과 수많은 적이 인간을 노리고 있기 때문이다. 인간은 황폐한 땅에서 살기도 하고 문화의 꽃을 피우기도 할 것이다. 그러나 어차피 인간에게 안전하고 마음 든든한 고장은 찾아볼 수 없는 것이다.

기쁨은 전혀 찾아볼 수 없는 어둠 속에서 끔찍한 위험을 당하면서까지 인간은 얼마나 그 짧은 순간의 삶을 영위하고 있는 것일까!

대부분의 인간생활은 자기의 생존이 결국은 상실될 줄 분명히 알고 있으면서 이것을 유지해 나가기 위해 끊임없이 싸우는 것이다. 대다수의 사람들은 어찌하여 이런 괴로운 싸움을 계속하면서 생활해 나가는 것일까? 그것은 삶에의 애착도 아니고, 인간의 배후에 도사리고 있는 앞으로 벗어날 길 없고 언제 닥칠지도 모르는 죽음에 대한 공포도 아니다. 삶 자체가 인간으로서 최대의 주의와 배려를 기울여 피해 나갈 수밖에 없는 암초와 소용돌이가 도처에 널려 있는 존재의 바다이다.

인간은 노력에 노력을 기울이고 슬기를 다하여 이 바다를 헤쳐나갈 수 있다고 하더라도 한 발짝 내디딜 때마다 피할 길 없고 돌이킬 수 없는 난파에 직접 더 가까이 다가간다는 것을, 아니 난파, 즉 죽음을 향해 항해를 계속하고 있다는 것을 잘 알고 있다. 죽음이야말로 고난에 가득 찬 항해의 최종목표이며, 인간으로서는 피해 온 모든 암초보다 더욱 악질적인 것이다.

그리고 한편으로는 삶의 고뇌가 너무 손쉽게 쌓여가기 때문에 거기서 벗어나는 것이 생활의 목적인데도 오히려 죽음까지도 바람직하다고 생각해서 스스로 죽음을 택하는가 하면, 고뇌가 조금이라도 중단되는 기회를 얻자마자 곧 권태를 감당할 수 없어 어떻게 해서든지 시간을 보낼 수 있는 대상을 찾아 헤매는 것이 인간의 모습임을 분명히 알아야 한다.

살아 있는 모든 인간들이 힘쓰며, 그들을 움직이는 원동력은 생존의 추구이다. 일단 생존이 확보되면 그들은 자기의 생존을 어떻게 다루어 나가야 할지 갈피를 잡지 못한다. 그리하여 그들을 움직이는 제2의 것은 생존에의 쾌락에서 탈출하자, 여기에 무감각하게 되자, 시간을 죽이자, 즉 권태에서 벗어나려고 노력한다.

이로 말미암아 일 년 내내 고통에 시달리고 진저리를 치던 인간들이 그때까지 짊어지고 있던 모든 무거운 짐에서 일단 해방되면 이번에는 자기 자신이 무거운 짐이 되어 전에는 시간을 보내기만 하면, 즉 되도록 그것을 보유하기 위해 전력을 다해 온 자기의 생애의 일부를 소비하기만 하면 이득을 본 것 같은 심정으로 돌아가게 된다.

그런데 권태는 뭐니 뭐니 해도 크게 문제 삼을 필요가 없는 해악에 지나지 않는다. 그러나 권태를 방임해 두면 나중에는 그것을 느끼고 있는 인간의 얼굴에 절망의 표정이 나타나게 된다. 권태를 느끼기 때문에 본래는 서로 사랑하는 일이 극히 적은 인간과 같은 존재도 반려의 필요를 느끼고 이로 말미암아 사교가 시작된다. 다른 모든 해악에 대항하는 것도 마찬가지로, 국가에서는 권태를 물리치기 위한 공공 시책을 강구하게 되었다.

왜냐하면 권태라는 해악은 이와는 전혀 대조적인 해악인 기아와 마찬가지로 인간을 최대의 무법상태에까지 이끌어가기 때문이다. 민중은 빵과 서커스를 필요로 한다.

필라델피아의 엄격한 법률이 징계의 방법으로 죄수를 고립시켜 아무 일도 시키지 않는, 극도의 권태에 사로잡히게 하는 것을 생각해 보았다. 이 형벌은 너무나 지독하기 때문에 견디다 못해 자살하는 죄수도 있었다.

결핍이 민중에게 끊임없는 무서운 채찍인 것처럼, 권태는 상류계급에 가해지는 형벌이다. 시민생활에서도 궁핍이 6일간의 일하는 날로 표시되는 것처럼, 권태는 일요일에 의해 표시된다.

모든 인간생활은 오직 욕망과 그 충족 사이를 걸어가고 있을 뿐이다. 그 본성으로 보아 욕망은 고통이며, 욕망을 충족시키면 곧 싫증이 난다. 목표라는 것은 일시적인 것에 지나지 않는다. 원하는 것을 손에 넣게 되면 이미 자극이 없어져 버리고 새로운 형태의 욕망이나 욕구가 다시 고개를 치켜든다.

이 경우에 만일 새로운 욕망이 일어나지 않으면 쓸쓸한 공허감, 권태가 등장하며 이것을 물리치는 것은 곤궁과 싸우는 것 못지않게 어려운 일이다. 욕망은 그 만족 사이의 시간이 아주 짧지도 않고, 혹은 반대로 너무 길지도 않은 상태에서 계속될 경우에는 괴로움이 적어진다. 그리고 욕망과 그 만족감의 양이 적절하면 가장 행복한 생애가 이루어진다. 왜냐하면 보통 삶의 가장 아름다운 부분, 가장 순수한 기쁨을 가져오는 것은 우리의 현실을 생존에서 초월케 하여 욕망 없이도 삶을 관찰하게 하기 때문이다.

이와 동일한 것에 욕구가 제거된 인식, 미의 향수, 예술작품의 참된 감상 등이 있다. 이러한 기쁨을 맛보기 위해서는 흔히 볼 수 없는 특별한 소질을 필요로 한다. 그러므로 극히 소수의 사람들만 이 기쁨을 얻을 수 있으며, 이와 같은 혜택을 입은 사람들도 꿈결같이 매우 짧은 한동안만 즐길 수 있을 뿐이다.

그런데 이와 같이 뛰어난 정신적 소질을 지니고 있기 때문에 이런 혜택을 받은 소수의 무리들은 둔감한 사람들보다 고통에 대해 훨씬 민감하다. 그리고 이들 소수의 무리들은 본질적으로도 색다른 자들 축에 끼어 있기 때문에 고적한 감을 금치 못한다. 그렇게 되면 소수자의 기쁨도 상쇄되어 버린다.

그러나 인류의 대다수는 순수한 정신적인 기쁨을 느끼지 못한다. 순수한 인식 속에 있는 기쁨을 맛본다는 것은 전혀 불가능한 것이다. 그들은 거의 욕망에 의해 좌우된다. 어떤 무엇이 그들의 관심을 불러일으켜 흥미 있는 것으로 보이더라도(이것은 흥미 있다는 말 자체가 이미 표시해 주고 있는 바와 같이) 의지가 어느 모로나 그들을 자극하였기 때문이다. 이 경우에 의지와 매우 먼 연관성밖에 갖고 있지 않거나, 또는 의지와 결합할 가능성이 있는 데 불과하더라도 무방하다. 어쨌든 의지가 전혀 얼굴을 나타내 보여주지 않으면 안 된다. 그것은 그들의 생존이 인식 속에서보다 훨씬 의지 속에 가까이 놓여 있기 때문이다.

행동과 이에 대한 반동만이 그들의 유일한 요소이다. 그들의 이러한 특성이 소박하게 나타나는 모습은 일상생활의 사소한 다반사에서도 찾아볼 수 있다. 예컨대 그들은 관광지를 여행하면 함부로 자기 이름을 써놓고 오는데, 이것은 명승고적이 그들에게 작용해 주지 않으므로 그들 쪽에서 명승고적과 관련을 맺으려고 시도하기 때문이다.

그리고 그들은 기이한 낯선 동물이 있으면 이것을 구경하는 것만으로는 도저히 만족하지 못하고 어떤 행동과 반동을 실감키 위해 이 동물을 자극하거나, 놀려 주거나, 골려 주지 않고서는 직성이 풀리지 않는다. 의지에 의해 움직이는 가장 특징적인 욕망은 카드놀이의 발견과, 그것을 오늘까지 즐기고 있다는 데 잘 나타나 있다. 카드놀이야말로 인간의 빈약한 측면을 그대로 드러내 보여주는 것이다.

그러나 자연의 행운이 아무리 도와주더라도, 또 어떤 것을 소유하고 있더라도, 어떤 사람도 삶의 본질적인 고통을 제거할 수는 없는 것이다.

> 아킬레우스는 크게 외치고 나서 창공을 바라보았다.
> (그리고 다시금)
> 제우스, 크로노스의 아들은 바로 나다.
> 그러나 나는 무한히 괴로움을 느끼고 있다.

괴로움을 추방하기 위해 끊임없는 노력을 계속해 보아도 괴로움의 형태를 바꾸는 것밖에 되지 않는다. 그 이상의 아무 것도 할 수 없는 것이다. 본래의 괴로움은 오직 곤궁, 그리고 생명을 유지하기 위한 걱정이다. 매우 어려운 일이지만 설사 이와 같은 형태의 고통을 추방할 수 있다고 하더라도 그 고통은 즉시 몇 천이나 되는 다른 형태로 나타난다.

괴로움은 나이와 환경에 따라 성욕 · 미칠 듯한 애욕 · 질투 · 시기 · 증오 · 불안 · 야심 · 탐욕 · 질병 등 여러 가지 형태로 등장한다. 그 밖에 어떤 형태를 취해 나타날 수 없는 경우에도 나중에는 잿빛 쓸쓸한 혐오스러운 베일을 쓰고 나타난다. 이 권태의 퇴치에 대해서는 여러 모로 시도하고 있다. 그러나 설사 이 권태의 퇴치에 성공하더라도 고통이 전과 같은 형태로 등장하여 왈츠를 다시 되풀이하지 않도록 하기는 매우 어려운 노릇이다. 왜냐하면 모든 인간의 생활은 고통과 권태 사이를 오고가는 것뿐이기 때문이다. 이러한 견해는 분명히 우리의 마음을 어처구니없게 하는 것이지만, 나는 여기서 마음의 위로를 느낄 수 있을 뿐만 아니라 아마도 현존하는 나의 불행에 대하여 취할 수 있는 스토아적인 무관심한 태도 이외의 측면에 주목하고자 한다.

우리가 이러한 재난에 대하여 도저히 참을 수 없는 심정으로 돌아가게 되는 것은, 이러한 재난이 우연히 일어나므로 무언가 조금만 달리했던들 이런 일이 없었으리라고 생각되는 원인의 계속으로 일어난 것으로 생각하기 때문이다. 우리는 필연적이고 일반적인 재난, 예컨대 노쇠나 죽음, 그 밖의 일상생활의 불편과 같은 피할 수 없는 것에 대하여는 슬퍼하지 않는다.

우리를 괴롭히며 괴로움을 부채질하는 것은, 실은 우연히 그렇게 되었다는 데서 일어나는 것이다. 그러나 이러한 고통은 삶에 본질적이고 또 불가피한 것이며, 고통이 나타나는 형태나 형식은 우연에 좌우되고, 우리의 고통은 현재의 시점에서 버티고 있기 때문이며, 이 고통이 없어졌다고 하더라도 현재 이 고통이 있기 때문에 고개를 치켜들지 못하고 있는 다른 고통이 곧 등장하게 마련이라는 것, 그리고 본질적인 면에서 보면 운명은 우리에게 거의 해를 입히는 일이 없다는 것을 충분히 인식할 뿐더러 이 반성이 참으로 실효를 거둘 수 있는 확신이 서게 되면, 고도의 스토아적 무관심이 마음속에 움터 자기의 행운과 불운에 벌벌 떨면서 걱정하는 마음도 한결 줄어들 것이다. 그러나 실제로는 이성이 직접 느끼게 마련인 괴로움을 초연히 억제한다는 것은 좀처럼, 혹은 절대로 없을 것이다.

또한 고통이 피할 수 없는 것이며, 하나의 고통은 다른 고통에 의해 억제되고, 현재의 고통이 사라지면 새로운 고통이 등장한다는 지금까지의 관찰을 그대로 추진하면 역설 같지만, 결코 혼란을 일으킨다고는 할 수 없는 자유와 같은 가설에 도달하게 된다. 즉, 모든 개개의 인간이 지닌바 본질적인 고뇌의 양은 그 사람의 성격에 따라 언제나 일정하며, 설사 고통의 형태는 매우 다양할지라도 그 고뇌의 정량은 많아지거나 적어지는 일이 없다는 것이다.

그 사람의 괴로움이나 즐거움은 이런 의미에서도 외부에서가 아니라 그 사람이 갖는 고뇌의 정량, 그 사람의 소질에 의해 규정된다. 각자가 갖는 이 소질은 시간의 차이나 육체의 건강상태에 따라 다소의 변동은 있지만 전체적으로 보면 불변이다.

이것은 인간의 성질이라고 부르는 것, 혹은 플라톤이 ≪국가≫의 제1장에서 「가벼운 감각과 무거운 감각의 정도」라고 표현하고 있는 것이라고 생각된다. 이러한 가설을 밑받침하는 것으로 잘 알려진 다음과 같은 경험이 있다. 우리가 너무나 큰 고뇌를 짊어지고 있으면 그보다 작은 모든 고뇌에 대해서는 무감각하게 되며, 반대로 큰 고뇌가 없으면 사소한 고뇌도 우리를 몹시 괴롭혀 불쾌하게 한다는 것이다.

그리고 경험은 이런 것도 가르치고 있다. 즉, 생각만 하여도 소름이 끼치는 큰 불행이 실제로 일어났을 경우에도 최초의 고통을 극복하기만 하면 우리의 기질은 대체로 거의 변화가 없다. 그리고 이와는 반대로 전부터 동경하고 있던 행운이 찾아온다 하더라도 우리는 그 이전과 비교하여 오래도록 즐거움에 잠기지는 못한다. 커다란 슬픔이나 전연 뜻밖의 기쁨이 찾아왔다 하더라도 그 순간에만 평소에는 느끼지 못하던 강렬한 감각에 사로잡힐 뿐이고, 이러한 감각은 본래 환상에서 비롯된 것이므로 곧 소멸해 버린다.

왜냐하면 이런 종류의 감각은 현재의 괴로움이나 즐거움을 위해 일어나는 것이 아니고, 오직 이러한 괴로움이나 슬픔 속에 예상되는 미래의 일로 환기되었기 때문이다. 이와 같이 괴로움이나 기쁨은 미래의 일과 관계가 있기 때문에 분명히 한때 이상할 정도로 강하게 느껴질 경우가 있지만 결코 오래 계속되는 감각은 아니다.

앞에서 서술한 가설, 즉 괴로움이나 기쁨을 막론하고 또는 그것이 인식의 경우이든 감각의 경우이든 간에 그 대부분이 주관적으로 선험적인 제약을 받는다는 이 가설을 입증하기 위해 다시 다음과 같은 설명을 첨가해 보기로 한다.

우선 인간의 명랑성이나 비애와 같은 것은 분명히 외부적인 상황인 부자라든가 특권계급 같은 것에 의해 결정되지 않는다. 부유한 사람들이나 가난한 사람들 중에서도 명랑한 표정을 한 사람들은 거의 비슷하게 찾아볼 수 있다. 그리고 자살을 하는 사람들의 동기는 전혀 같지 않다. 우리는 이와 같은 처지에 놓인다면 어떤 성격의 소유자라도 자살하지 않을 수 없을 것이라고 단정하는 커다란 불행이나, 이 정도라면 자살할 생각을 하지 않으리라는 조그마한 불운을 분명히 밝힐 수는 없는 것이다.

우리의 명랑성이나 비애의 정도도 언제나 같다고 할 수는 없지만, 위에서의 고찰로 미루어 보아 이 정도는 외부적인 상황의 변화에서가 아니라 우리의 내부적인 처지와 육체적인 상태에 의해 결정된다고 생각할 수 있을 것이다. 아닌 게 아니라 환희라는 기분이 생겼다고 하더라도 이것은 결코 외부의 유인에 의해 비롯된 것은 아니다. 분명히 우리는 고통이 일정한 외부적인 관계에서 발생하며, 이로 말미암아 현저히 우울해지고 비애에 잠기는 경우를 경험한 적이 있다.

그러므로 우리는 이러한 상황이 끝나기만 하면 크게 만족스러울 것이라고 믿고 있다. 그러나 이것은 환상이다. 우리의 고통과 행복의 정량은 앞에서 말한 가설에 따르면 대체로 모든 시점에서 주관적으로 규정된다. 비애가 생기는 그 외부적인 동기는 고통과 행복의 정량에 대한 관계에서 보면 육체에 대한 발포약과 같은 것이다. 이 약은 신체의 곳곳에 분산되는 고약한 액체를 한곳에 집중시킨다.

우리의 내부에 만일 그 일정한 고통의 외부적인 원인이 없었던들 몇 백으로 분해되어 우리가 현재로서 간과하고 있는 사물의 몇 백이나 되는 조그마한 불쾌감이 기분이라는 형태를 취하여 나타날 것이다. 그것은 현재 이 시점에서는 고통을 느끼는 우리의 능력이 그 커다란 재해에 의해 말살되어 있으며, 만일 이것이 없었던들 고개를 치켜들었을 터인 여러 가지 분산된 고통이 한곳에 집중하게 마련이기 때문이다.

다음과 같은 관찰도 이 사실을 밑받침하고 있다.

우리를 몹시 괴롭혀 오던 큰 걱정이 다행스러운 결말에 의해 우리의 마음에서 제거되었다 하더라도 그 대신 다른 걱정이 나타나게 된다. 이 걱정의 원인은 전부터 있었지만 우리의 의식을 건드리지 않았던 것이다. 그럴 수밖에 없는 것이, 고통을 느끼는 우리의 능력이 이런 것에까지 관여할 여지가 없어 이 걱정의 소인은 느껴지지 않는 어두운 영상이 되어 지평선의 한 끝에 머물러 있었기 때문이다. 그런데 이제는 고뇌를 위한 공석이 생겼기 때문에 이 걱정은 곧 관록이 충분한 고통의 소재로 등장하여 현재의 지배적인 관심사로서 왕좌에 오르게 된다.

객관적으로 생각해 보면 이 새로운 걱정도 그 내용으로 보아 방금 퇴치한 종전의 중대한 관심사와 비교하면 대단한 것이 못될 터이지만, 그래도 새로운 걱정은 금세 큰 고통의 형태를 취하기 때문에 어느새 종전의 중대한 관심사와 맞먹을 정도로 중요한 것이 되어 현재 이 시점의 최대 관심사로서 완전히 왕좌를 차지하게 된다.

엄청난 기쁨과 심한 고통은 언제나 같은 인간 속에 등장하는 것이다. 왜냐하면 양자는 서로 상대방을 제약하고 또 함께 정신활동이 활발한 경우에 나타난다는 조건하에 놓였기 때문이다. 앞에서 말한 바와 같이 양자는 결코 현재의 상태에 의해서가 아니라 미래를 예상함으로써 나타나게 된다. 그런데 고통은 삶의 본질적인 것이며, 그 정도는 주관의 성격에 의해 규정되기 때문에 언제나 외부적인 상황이 갑자기 변하더라도 개개인이 느끼는 고통의 정도는 변함이 없다.

이와 같이 허다한 환희와 고통은 항상 오류와 미망에 의거해 있다. 그러므로 이렇듯 과도한 격정의 분출은 깊은 통찰에 의해 피할 수 있다. 과도의 환희는 모두가 실제로는 차례가 오지 않는 무엇을 삶에서 찾아보려는 미망에 의거해 있는 것이다. 다시 말해서 언제나 마음을 번거롭게 하는 소망이나 관심을 계속해서 만족시킬 수 있다는 그릇된 생각에서 비롯되는 것이다. 나중에야 이런 헛된 꿈에서 반드시 깨어나게 마련이지만, 이 미망이 소멸되면 미망이 생겼을 때 기쁨이 컸던 만큼 이번에는 심한 고통이 대신하게 된다.

이것은 하산하려면 추락할 수밖에 없는 산의 경우와 마찬가지이다. 이런 폐단은 피해야 한다. 뜻하지 않은 큰 고통은 바로 그 산에서의 전락이며, 그 미망의 소멸이요, 미상에 의해 좌우되는 것이다. 사물을 전체적인 입장에서 모든 관련성을 고려하여 분명히 통찰하고, 자기가 끔찍이도 바라던 색채의 옷을 열심히 사물에 입히기를 피하였던들 지나친 환희나 고통은 피할 수 있을 것이다.

스토아학파의 윤리학은 사람의 마음을 이러한 미망의 결과에서 해방시키고 그 대신 동요되지 않는 안정감을 주는 것을 가장 중요시하고 있다. 호라티우스가 다음과 같은 유명한 송가를 불렀을 때 이런 통찰에 충만해 있었던 것이다.

너는 괴로움 속에 놓여 있더라도
너의 영혼은 침착할지어다.
그런데 너에게 행운이 찾아오면
환희에 도취되는 수치스러운
일이 없도록 하여라.

그러나 흔히 우리는 고통이 삶의 본질적인 것인 한 그것은 외부에서 우리에게 흘러들어 오는 것이 아니라, 누구나 고갈되는 일이 없는 원천을 자기 자신의 내부에 간직하고 있다는, 쓰고 좋은 약에라도 비유할 인식에 눈을 감고 있는 것이다. 오히려 우리는 우리에게서 잠시도 떠나지 않는 고통에 대해서 언제나 외부적인 원인을, 이를테면 구실이라도 발견한 듯이 찾고 있다.

이것은 자유를 누려 구속되는 일이 없는 자가 주인을 갖게 되었기 때문에 우상을 만드는 것과 같다. 왜냐하면 우리는 끊임없이 욕망에 욕망으로서 좇아다니며 당초에는 끔찍한 것으로 약속되었던 만족을 막상 얻었다고 하여도 하나도 우리를 만족시키지 못하며, 그 대부분은 수치스러운 망상이었음을 금세 알게 되어도 자기가 *다나오스의 물통으로 물을 긷고 있다는 것을 모르고 여전히 새로운 욕망을 향해 발길을 재촉하기 때문이다.

> 큰 욕구를 아직 충족시키지 못하고 있을 때에는 도처에 엄청난 것이 도사리고 있는 듯이 보인다.
> 그러나 한 가지 욕구가 충족되면 또 다른 욕구가 우리를 사로잡는다.
> 삶에의 갈망은 여전히 남아 우리의 갈증에는 끝이 없다.
>
> ―루크레티우스

이리하여 우리는 무한한 욕망에 사로잡히게 된다. 우리는 결코 만족을 느낄 수 없는 욕망의 포로가 되어 여기서 벗어날 수 없는 처지에 놓이게 된다. 이와 같이 하여 우리는 추구해온 것을 손에 넣게 된 셈이다. 우리가 순간마다 우리의 고뇌의 원천으로서 자기 자신의 본질 대신에 고발할 수 있는 것이 바로 이것이다. 이리하여 우리는 고뇌는 본질적인 것이며 참된 만족은 얻기가 불가능하다는 인식으로부터 다시 멀리 떠남으로써 자기 운명과는 등지게 되지만, 그 대신 자기 자신과는 화해를 하게 된다.

이러한 결과로 말미암아 우울한 기분에 사로잡히게 된다. 이런 기분에 사로잡혀 언제나 유일한 큰 고통에 시달리기 때문에 다른 모든 조그마한 괴로움이나 기쁨은 보잘것없는 것으로 생각된다. 이러한 현상은 세상에서 흔히 찾아볼 수 있다. 그리고 이러한 태도는 일 년 내내 하나의 환영에서 다른 환영을 뒤쫓는 태도보다 훨씬 위엄을 갖추고 있다.

---

* 다나오스 왕의 딸들이 남편을 살해한 죄로 구멍이 뚫어진 물통으로 언제나 물을 긷게 했다는 그리스신화—역주

2. 허망한 생물의 생활

앞에서 서술한 사고방식에 의해 우리는 우선 한꺼번에 바라볼 수 없을 정도로 많은 동물의 계열을 음미하고, 동물의 형태의 다양함과 동물의 성장과정이나 생활방식에 따라서 언제나 다른 상태로 변모하여 나타나는 모습을 관찰해 보기로 하자. 그리고 동시에 모든 동물이 제각기 특이한 방법으로 교묘하게 집을 마련해서 살아가는 방법을 조사해 보기로 하자. 이와 함께 어떤 동물이나 그 생애를 통하여 끊임없이 에너지와 기교와 지혜를 다하여 활동하고 있는 모습을 관찰해 보자.

아니 그뿐만 아니라 한걸음 더 나아가서 연구를 거듭하면 빈약하고 조그마한 개미가 쉬지 않고 활동하고 있는 모양이나 벌들이 놀라울 정도로 예술적인 작업을 하고 있는 것도 차분히 바라보기로 하고, 조그마한 갑충 한 마리가 자기 몸의 40갑절이나 될 듯한 둥지에 알을 까놓고 장래의 유충에게 먹이를 마련해 주기 위해 이것을 이틀 동안에 땅 속에 묻는 모습을 관찰해 보기로 하자. 또한 이 경우에 대체로 대부분의 벌레들의 생활은 그들의 알에서 까게 마련인 장래의 유충에게 먹이와 둥지를 제공하기 위해 부지런히 일하며, 앞에서 까진 유충은 먹이를 다 먹어버리고 고치의 생활에 들어가지만 여기서 그 놈은 어미벌레와 마찬가지 일을 처음부터 되풀이한다는 것을 유의해 두자.

또한 이와 마찬가지로 새들의 생활도 그 대부분은 먼 거리를 애써 날아와서는 둥지를 만들거나 새끼에게 먹이를 주워다 주기에 분주하며, 새끼들도 이듬해부터는 어미새와 같은 일을 하며 끝내는 모든 것이 허무로 돌아갈 미래를 위해 언제나 열심히 일하고 있다는 것을 상기해 보자.

이러한 관찰을 마친 다음에는 마땅히 이런 정성과 노력의 대가는 무엇인가, 동물이 이를 달성하려고 꾸준히 노력을 계속하고 있는 목적은 무엇인가에 대하여 생각하지 않을 수 없게 될 것이다. 여기서 가장 짤막한 의문의 형식을 취해 보기로 하자.

대체 여기서 무엇이 생기는가? 말할 수 없을 만큼 엄청난 준비를 요구하고 있는 이들 동물의 생존에 의해 무엇이 얻어지는가? 이에 대한 답변으로는 식욕과 성욕의 충족과 모든 동물들의 개체에게 그 무한한 고통과 노력의 사이사이에서도 간혹 허용되는 순간적인 보잘것없는 즐거움밖에는 들 수가 없다.

펜으로 기술할 수 없을 정도로 까다롭기 짝이 없는 기교를 다하여 준비하며 갖가지 방법을 동원하였는데도, 실제로 손에 넣은 노획물은 얼마나 빈약한 것일까! 이 양자를 견주어 보면 삶이란 거기에 소모한 비용이 수입을 훨씬 초과하는 사업임을 통감하지 않을 수 없다.

이것은 특히 단순한 생활을 하는 동물의 경우에 더욱 뚜렷이 나타난다. 예컨대 지칠 줄 모르는 동물인 두더지의 경우를 살펴보라. 몸에 비해 엄청나게 커다란 삽의 역할을 하는 앞발로 열심히 구멍을 파는 것만이 두더지의 전 생애의 활동이다. 두더지의 주위는 언제나 밤이 둘러싸고 있다. 미니어처Miniature와 같은 눈을 갖고 있지만 이것은 다만 빛을 피하기 위해서이다. 두더지만이 참된 「밤의 동물」이다. 밤에도 시력이 있는 고양이 · 박쥐 · 올빼미들과는 이야기가 다르다.

그런데 두더지가 이렇게 해서 즐거움을 등지고 애써 살아간 결과, 얻는 것은 무엇일까? 먹고 교미하는 것뿐이다. 즉, 새로운 개체 속에서 똑

같이 쓸쓸한 일생의 길을 계속해 나가는 수단을 얻을 뿐이다.

이와 같은 여러 가지 예에서 보더라도 살아가는 노력, 괴로움과 삶의 수확이나 이득 사이에는 아무런 관계가 없다는 것은 분명한 사실이다. 시력이 있는 동물에게는 눈으로 볼 수 있는 세계의 의식이 부여된다. 분명히 이들 동물의 경우에 그 의식은 오직 주관적인 것이며, 동기가 작용할 때만으로 한정되어 있기는 하지만 어쨌든 이들 동물에게는 생존의 객관적인 가치가 있는 듯이 생각된다. 그러나 맹목적인 두더지의 생활은 아무리 끊임없이 일하여도 새끼를 만들고 시장기를 느낀다는 두 가지 교호작용에만 한정되어 있다. 목적과 이를 위한 수단 사이의 불균형이 분명히 드러나 보인다.

이런 견지에서 마을에서 멀리 떨어진 한적한 지방에서 그들 자신에게만 맡겨진 동물의 세계를 관찰하는 것도 배우는 바가 크다고 하겠다. 이러한 동물 세계의 아름다운 모습이나, 인간이 전혀 손을 쓰지 않기 때문에 자연 자체가 이들 동물에게 부가하는 고통에 대해서는 훔볼트1769~1859, 자연탐구가—역주가 그의 저서 ≪자연의 견해≫에 서술하고 있다. 그리고 그는 이 책에서, 언제나 도처에서 자기 자신과 싸우고 있는 인류에 대하여 언급하기를 잊지 않았다. 그러나 손쉽게 들여다볼 수 있는 동물들의 생활에 의해 모든 존재의 노력이 얼마나 한심하고 허망한 것인가를 더욱 쉽고 정확하게 파악할 수 있는 것이다.

그 본성에는 무엇을 노획물로 삼느냐에 따라서 그 조직이 다종다양하게 되며, 매우 교묘한 수단을 사용하고 있다. 그런데 이렇다 할 최종 목적을 찾아볼 수 없는 것은 전혀 뜻밖의 일이다. 동물들은 아무래도 결핍 상태에 놓이기 때문에 다만 순간적인 즐거움과 극히 사소한 일시적인 기쁨밖에는 누릴 수 없음에도 불구하고 오랫동안 고생을 하며 언제나 투쟁 속에 휘말려 들어가고 있다. 저마다 먹이를 쫓고, 한편 먹이가 되어 쫓기고 있다. 동물의 생활은 곤경 · 결핍 · 곤궁 · 불안 · 비명 · 포효의 연속이다. 그리하여 이러한 광경이 끊임없이, 지구의 표피가 다시 붕괴할 때까지 계속되어 나간다.

융큰푼이 서술한 바에 의하면, 그가 일찍이 자바에 갔을 때 눈에 보이는 전 벌판이 뼈다귀로 덮여 있는 것을 보고 그는 이곳에 전쟁터가 있었을 것이라고 생각하였다. 그런데 이 뼈다귀는 길이 5피트, 폭 3피트, 그리고 높이도 엄청난 거북이의 뼈다귀였다.

알을 까기 위해 바다에서 기어오른 거북이가 이 벌판에 어슬렁거리자 들개의 습격을 받았다. 개는 자기 동료들과 힘을 합쳐서 거북이를 뒤집어엎고 비교적 부드러운 배의 껍질을 벗기고 산 채로 거북이를 먹어버렸던 것이다. 그러나 때로는 이 들개의 무리를 호랑이가 덮치는 경우도 있었다. 여하튼 비참한 광경이 1년 내내 몇 천 번이나 되풀이되었다. 이를 위해 거북이는 세상에 태어난 것과 다름이 없다.

대체 어떤 죄를 저질렀기에 그들은 이러한 고통을 당해야만 하는 것일까? 또 무엇 때문에 이 모든 잔인한 광경이 되풀이되는 것일까? 이에 대한 해답은 오직 하나뿐이다. 즉, 이와 같이 하여 비로소 삶에의 의지가 객체화되기 때문이다.

삶에의 의지가 객체화되는 모습은 도처에서 분명히 파악하고 관찰할 수 있다. 이리하여 그 본질과 세계 자체를 이해하게 되는 것이다. 그러나 일반적인 개념을 만들기 위해 트럼프로 집을 세우려고 한다면 이것은 불가능한 일이다. 삶에의 의지가 객체화되는 굉장한 드라마를 파악하고 그 특색을 이해하기 위해서는 세계에 신이라는 이름을 부여해야 한다. 이 20년 동안에 이에 대하여 열심히 논평하여 기쁨을 느끼고 있는 사람들이 속출하게 되었으며, 지금도 우리 조국 독일 안에서는 상당한 호평을 받고 있는 견해로 간주하고 있다. 「다른 존재에 있어서의 이념」 같은 것을 끄집어내어 세계를 해명하려는 것보다는 훨씬 엄밀한 관찰과 세밀한 탐구를 필요로 하는 것은 말할 나위가 없다.

이 세기에 등장된 여러 가지 체계가 모두 그 아류나 분파에 지나지 않는 범신론 혹은 스피노자주의에 따르면 현재의 만물은 모두 무한히 악전고투하면서 영원히 같은 상태를 지속해 나가는 것은 당연한 이치이다. 왜냐하면 세계는 완전히 유일한 신이며 이보다 더 선한 것은 생각할 수 없기 때문이다. 여기서부터 해탈할 필요는 전혀 없으며, 따라서 해탈 자체도 있을 수 없다.

그런데 어찌하여 이 세상에 온갖 희비극이 되풀이되느냐 하는 물음에 대하여 대답하는 것은 그다지 어려운 일이 아니다. 여기에는 관객이 없고, 배우들도 단지 약간의 소극적인 즐거움에 잠기는 일이 간혹 있을 뿐 무한한 고통을 견디어 나가야 하기 때문이다.

여기에 인류에 대한 관찰을 첨가하여 생각해 보도록 하자. 인류의 경우에는 분명히 사정이 더욱 복잡하며 특이한 위엄을 지니고 있다. 그럼에도 불구하고 근본적인 생각에는 조금도 다른 것이 없다. 즉, 인류의 경우에도 삶은 즐기기 위해 주어진 것이 아니라 뼈가 빠지도록 일해야 한다는 과제를 짊어지고 있다. 그러므로 신분의 고저, 신체의 대소를 불문하고 모든 사람들은 심신을 다해 전력을 기울이면서도 재난을 당하며, 끊임없이 일하고 언제나 분주히 투쟁에 나서서 무리한 일을 하지 않으면 안 되게 되어 있다.

각각 민족을 형성하고 있는 몇 백만의 사람들은 공동의 복지를 위해 노력하고 있으며 또한 각 개인은 자기의 행복을 위해 열심을 다하고 있다. 그러나 그 동안에 몇 천 명의 사람들이 희생되어 쓰러져가고 있다. 대체로 어리석기 짝이 없는 망상에 사로잡히거나, 혹은 애써 머리를 짜낸 끝에 수립한 정책에 따라 그들은 서로 싸움터로 끌려가게 마련이다. 오직 한 사람의 착상을 실행하거나, 그의 실패를 보상하기 위해 많은 사람들이 피땀을 흘려야 한다.

한편, 평화시에는 상공업의 활동이 성행하여 놀라운 발전을 하고, 해양의 항행이 촉진되고, 세계의 한 끝으로부터 맛좋은 음식을 운반해 오며, 헤아릴 수조차 없는 사람들이 서로 통신을 교환하게 되었다. 어떤 사람은 사색에 잠기고 어떤 사람은 행동에 나선다. 모든 사람들이 눈부신 활동을 하는 모습은 붓과 입으로 일일이 담을 수 없을 정도이다.

그런데 그 모든 활동의 최종목표는 대체 무엇일까? 허망하기 짝이 없는 고뇌에 시달리는 개인이 이로 말미암아 한동안 삶을 유지하고, 가장 행복한 경우라 하더라도 밀어닥치는 재난을 견디어 나갈 정도이며 비교적 고통을 느끼지 않고 살아갈 따름이다. 그러나 그럭저럭 하는 동안에 곧 권태에 사로잡혀 다시금 종족과 자기의 생활을 유지하기 위해 힘써야 한다.

나의 견해에 따르면 이렇게 힘을 기울이는 노력과 손에 넣는 보상 사이에는 분명한 불균형을 찾아볼 수 있으며, 삶의 의지는 모든 생물들이 아무런 가치도 없는 것을 향해 온갖 힘을 쏟고 있는 모습, 즉 객관적으로 보면 어리석은 일로서, 주관적으로 보면 미망으로서 나타난다. 그러나 더욱 세밀히 관찰해보면 삶에의 의지는 오히려 맹목적인 충동, 즉 전혀 근거가 없고 동기도 찾아볼 수 없는 충동임을 알 수 있다.

뱀의 커다랗게 벌린 입 속으로 먹혀 들어가고 있는 다람쥐의 다음과 같은 이야기가 1859년 5월 25일자 <쥬나르 드 마그네티즘>에 게재

되었다.

자바 섬의 여러 지방을 샅샅이 여행한 어떤 사람은 뱀이 놀라운 눈을 부라리고 있는 것을 발견하였다. 그는 네덜란드 사람이 후추산맥이라고 부르고 있는 한 산봉우리인 쥰진드 산에 오르기 위해 깊은 숲속에 발을 들여놓았을 때 머리가 하얗고, 설치류의 상냥하고 교묘한 움직임과 매력이 풍부한 다람쥐가 카자티레라는 나뭇가지 위에 뛰어오르고 있는 것이 눈에 띄었다. 나뭇가지가 서로 얽혀 있는 곳에 지푸라기와 이끼로 만들어진 공 모양의 둥지와 나무뿌리 근처에 뚫린 구멍을 다람쥐는 바라보고 있었다. 다람쥐는 조금 움직이더니 눈 깜짝 할 사이에 제자리로 되돌아왔다. 아마도 이 다람쥐는 나무 위의 둥지에 새끼들을 키우면서, 나무 밑의 구멍 속에 먹을 것을 모아둔 모양이었다. 이윽고 다람쥐는 공포에 떨며 쩔쩔매고 있었다.

이 여행자는 이 순진한 동물에게 위험이 닥쳐왔다는 것을 직감할 수 있었지만 막상 어떤 위험이 닥쳐왔는지 추측할 수는 없었다. 그는 나무 곁으로 다가가서 주의 깊게 주위를 살펴보았다. 나무뿌리에 있는 구멍 속에 한 마리의 뱀이 도사리고 있는 것이 눈에 띄었다. 이 뱀은 가엾은 다람쥐를 노려보고 있었다. 여행자는 무장을 하고 있었으므로 가엾은 다람쥐를 살려주고 뱀을 죽일 수도 있었을 것이다. 그러나 탐구욕이 다람쥐를 동정하는 마음보다 앞서 있는 그는 이 연극의 결과가 어떻게 될 것인가를 보고 싶은 생각이 들었다.

드라마는 비극적인 종말을 거두었다. 뱀은 점점 가까이 다가갔다. 똬리를 틀고 있던 뱀은 머리를 높이 치켜들어 한 번 흔들고 나서 다시 부동자세를 취하고 다람쥐에게서 눈을 떼지 않았다. 다람쥐는 이 가지에서 저 가지로 뛰어다니다가 점점 나무 밑으로 내려와 결국 나무뿌리까지 왔다. 그러니까 다람쥐는 이 위험에서 벗어나려고 하지 않았다. 다람쥐는 마치 현기증이라도 일어난 것처럼, 또는 뱀에게 말려들어 가기라도 하는 듯이 뱀에게 다가가자 뱀은 갑자기 이것을 잡아먹으려고 커다란 입을 벌렸다. 다람쥐를 삼킨

뱀은 믿을 수 없을 정도로 재빠른 속도로 나뭇가지를 향해 달려갔다. 뱀이 이렇게 움직인 것은 의심할 여지없이 천천히 수확물을 소화하고 나아가서는 한잠 푹 잘 수 있는 장소를 찾아내기 위해서였다.

이와 같은 예로 보아도 어떠한 정신이 자연 속에서 모습을 나타내고 자연을 약동하게 만드는가를 분명히 알 수 있다.

3. 도달할 길 없는 목표

실제로 모든 목표도 한계도 없다는 것은, 무한한 노력 자체인 의지의 본질에 속해 있다. 이것도 내가 전에 구심성求心性의 문제를 제기했을 때 언급했던 것이다. 또한 이것은 의지의 객체화의 가장 단순하고, 가장 낮은 단계인 중력 속에 나타나 있다. 중력이 끊임없이 노력하고 있으며 최종목적을 가질 수 없다는 것은 분명한 사실이다. 왜냐하면 모든 현존하는 물질이 하나의 형태로 변했다고 하더라도, 그 형태의 내부에서는 의지에 의해 중심점을 향해 노력하는 중력이 여전히 경직성 혹은 탄성의 형태를 취하는 불가입성과 언제나 투쟁하기 때문이다. 물질의 노력은 언제나 방해받고, 결코 만족하거나 충족감을 느낄 수 없다.

그런데 이것은 사실 의지의 모든 현상에 대해서도 대입하여 말할 수 있다. 현재 도달한 목표는 새로운 목표에 이르기 위한 새로운 코스의 출발점이며, 결국 같은 일이 무한히 되풀이된다.

식물계의 현상에 있어서는 싹이 터서 줄기와 잎사귀로 성장하고 다시 꽃을 피워 열매를 맺게 하지만 이러한 것도 실은 새로운 싹, 새로운 개체의 출발점에 불과하다. 새로운 싹은 다시 전과 같은 코스를 거치게 되며, 마찬가지로 무한한 시간 속을 지나간다.

한편, 동물의 생활도 마찬가지이다. 생식은 동물의 생활의 정점이다. 이 목적이 달성되면 첫 개체의 생명은 조만간 쇠퇴하고 그 동안에 자연의 새로운 생명은 종족의 보존을 확보한다. 그리고 같은 현상이 되풀이된다. 뿐만 아니라 이와 같은 끊임없는 충동과 교체의 현상으로서 모든 유기체의 물질이 언제나 갱신되어 간다.

생물학자들은 오늘에 와서는 이 현상을 운동에 의해 소비된 재료의 보급이라고는 생각하지 않게 되었다. 끊임없이 영양분을 취한다고 하더라도, 이것은 유기체의 기능의 손실을 완전히 같은 분량으로 보충하지 않으니 말이다.

영원한 생성, 무한의 유출이 의지의 객체화의 본성이다. 같은 일이 드디어 인간의 노력이나 욕망 속에도 나타난다. 인간은 욕망의 충족을 언제나 그들의 의욕의 최종목표로 삼고 있다. 그런데 이 욕망이 이루어지자마자 이번에는 같은 종류의 목표 같은 것은 돌아보지 않고, 모처럼 손에 넣은 목표도 시들해져서 곧 옛날 일을 잊어버리고 언제나 이것을 사라진 환상으로 돌려 버린다.

아직 어떤 욕구나 격려가 되는 것을 갖고 있는 자는 행복하다. 이런 사람들은 언제나 욕망을 느끼고 만족을 추구한다. 그 욕망이 일단 형성되면 그것을 곧 손에 넣게 되면 다행이지만 좀처럼 얻을 수 없으면 괴로움에 사로잡혀 새로운 욕망의 충족을 위해 애쓰게 된다. 이와 같은 사람은 생명력을 모조리 고갈시킬 무서운 권태에 빠지거나 일정한 목표도 없이 함부로 욕망의 노예가 되어 죽을 지경인 무료함을 자아내는 슬럼프에 빠지는 일이 없다.

이 모든 일들로 미루어 보더라도 인식이 그것을 분명히 밝히고 있는 것처럼, 의지는 현재 자기가 이 장소에서 무엇을 원하는가를 알고 있다. 그러나 자기가 일반적으로 원하는 것이 무엇인지 모르고 있다. 모든 행동은 목적을 갖고 있지만, 총체적인 욕구는 이렇다 할 목적을 갖고 있지 않다. 모든 개개의 자연현상이 이 장소, 이 시점에 등장하는 것은 충분한 원인에 의해 제약되어 있기는 하지만, 이러한 현상들 속에 나타나는 힘이 일반적으로 원인을 갖고 있지 않다는 것과 마찬가지이다. 그것은 이것이야말로 물자체 근거가 없는 의지의 현상단계이기 때문이다.

III. 삶의 의미

1. 인간의 형이상학적 요구에 대하여

인류를 제외하고 어떠한 중생도 자기 자신의 생존에 대하여 놀라는 일이 없으며, 그들은 생존을 알고도 남는 것으로 치고 주목도 하지 않는다. 동물의 평온한 눈빛 속에도 천연의 지혜는 나타나 있지만, 그들은 아직 의지와 지력이 충분히 분리되지 않고 서로 경탄하는 법이 없다. 즉, 여기현상 전체가 그 근원인 자연의 나무에 굳게 매어 있다. 자연(삶에의 의지가 객체화된 것)의 내적 본성은 의식이 없는 무기물과 식물이 되고 동물로 발전된 후에 인류가 되고 이성이 나타나 비로소 사려를 갖고, 자기 자신의 피조물에 놀라 이게 웬일이냐고 묻는다.

그러나 이 경탄이 특히 진지하게 되는 것은 비로소 의식을 갖고 죽음에 직면했을 경우이며, 이때 일체의 생존에 종말이 있고 모든 노력이 공허하다는 것도 다소 의식하게 된다. 이러한 사려와 경탄으로 말미암아 인류는 하나의 형이상의 필요를 느끼게 된다. 즉, 인간은 「형이상학적 동물」이 되는 것이다.

그런데 그 의식의 시초는 인간이 자기 자신을 어떤 당연한 존재로 간주하지만, 이윽고 사려와 반성이 지각되면 경탄을 느끼고 이것이 나중에 형이상학의 모체가 된다. 그러므로 아리스토텔레스도 그 ≪형이상학≫의 서두에서 "인류는 경탄에서 비로소 철학적 사색을 하기 시작한다"고 말하였다.

진정한 철학적 소질은 우선 습성화된 일상적인 일에도 경탄하는 능력으로, 이러한 능력이 있기 때문에 현상의 보편성을 문제 삼게 된다.

그런데 실물의 과학을 연구하는 사람은, 다만 탐구해 낸 희유의 현상에만 경탄할 뿐 문제는 어떤 이미 알려진 것에 귀착된다. 한 인간의 지력의 정도가 낮을수록 생존에 대한 놀라움과 의혹은 적으며, 아무 것이나 있는 그대로 자명한 일인 줄 알고 있다. 이것은 지력이 자연 그대로의 상태에 머물러 있어 동기의 도구로써 의지에 사용될 뿐 거기에만 충실하며, 따라서 자기 자신은 자연의 한 요소로서 자연과 세계에 밀착되어 있기 때문에, 이를테면 자연과 자기를 분리시켜 자연에 대해 한시라도 자기만으로 생존하여 세계를 순수하게 객관적으로 이해하지 않기 때문이다.

이와는 반대로 그 속에서 생기는 철학적인 경탄은 지력이 높은 단계에서 비롯된다. 그러나 여기에 그치는 것이 아니라, 철학적인 사려나 세계의 형이상학적 해석에 가장 큰 자극을 주는 것은 의심할 여지도 없이 죽음에 대한 이지이며, 다음에 삶의 고뇌와 궁핍을 들 수 있다. 만일 우리의 생명에 끝장도 고통도 없다면 아마 아무도 어찌하여 세계가 존재하고, 또 세계는 이 모양이냐고 묻는 자도 없고 모든 일을 다 자명한 것으로 간주할 것이다.

철학이나 종교의 학설이 주는 흥미는 무엇보다도 사후에 어떤 생존이 있느냐 하는 가르침에 쏠리는 것도 당연하다. 종교의 가르침이 그 신봉하는 신들의 존재를 주제로 하여 이를 열심히 옹호하려는 듯이 보이는데, 그것은 그 근저에서 이것과 불사에 대한 가르침이 밀착되어 떨어지지 않기 때문이며 이것이 종교에서는 중요한 것이다.

만일 불사가 종교 아닌 다른 방면에서 확인된다면 신에 대한 열의는 곧 식어질 것이며, 또 반대로 불사란 도저히 있을 수 없는 일이라면 신들에 대한 것은 거의 거들떠보지도 않을 것이다. 또한 신을 알 수 있다는 희망을 갖지 못한다면, 곧 신의 존재에 대한 흥미도 소멸되고 나중에는 신이 현세의 일에 어떤 작용을 하리라고는 생각지도 못할 것이다. 유물론이나 회의론이 대체로 숭상되지 않고, 또 오래 계속해서 맥을 못 추게 되는 것은 이 때문이다.

어느 나라, 어느 시대에도 신전이나 교회, 사당이나 사원 이 화려하고 웅장하게 세워지는 것은 인간에게 형이상학적인 요구가 있다는 증거이며, 이러한 요구는 매우 강하여 결코 소멸되지 않으며 형이하학의 물질적 필요에 직결되어 있다.

물론 풍자를 좋아하는 사람은 여기에 덧붙여 말할 것이다. 이 요구는 매우 겸손한 놈이라 몇 푼의 임금으로 만족한다고. 이 놈은 엉성한 우화나 터무니없는 옛말로 만족하는 수도 있고, 그런 이야기를 어렸을 때 주입시켜 두면 그것이 언제까지나 자기 생존의 해석이 되고 도덕의 지주도 된다.

예컨대 ≪코란≫을 보더라도 그런 터무니없는 책이 한 세계적 종교의 토대가 되며, 1200년 동안 수백 수천만 인간의 형이상학적 요구를 충족시킬 수 있었을 뿐만 아니라 그들의 도덕의 근본이 되고, 그들로 하여금 죽음을 경시하게 하고 오늘에 와서도 그들을 싸움터로 몰아내며 엄청난 침략에 흥분을 일으키게 한다. 나는 물론 ≪코란≫을 번역으로 읽으므로 그 진미를 잃어버린 대목도 많을 터이지만, 나는 그 속에서 가치 있는 사상을 전혀 찾아볼 수 없었다.

그러고 보면 형이상적 요구와 형이상적 능력에는 관계가 없다는 것을 알 수 있다. 그러나 이 지구 표면의 더욱 먼 고대에는 이렇지는 않았던가보다. 태고의 사람들은 인류의 발생이나 자연의 원류에 한결 접근해 있었기 때문에 인간에게는 직관능력이 오늘보다 훨씬 강하고, 정신상태가 우리보다 더욱 올바른 위치에 놓여 있었기 때문에 자연의 본성을 순수하게 직접 터득하는 힘이 강하며, 이로 말미암아 형이상적 요구를 충족시키는 데 더욱 고상한 방법을 취했던 것 같다. 그러므로 바라문의 조상, 성자들에게는 거의 인간 이상의 사상이 머리에 떠올랐던 모양이며, 그것이 나중에 ≪베다≫의 <우파니샤드>로 편성되었다.

그런데 한편으로는 인간의 형이상적 요구로 자기의 생계를 유지하여 되도록 많은 수확을 올리려는 자들이 어느 시대에나 있어, 어느 나라에나 그 전매권을 차지하고 대지주가 되는 사제가 있었다. 이들은 자기의 직업을 안전하게 유지하기 위해서, 인류의 판단력이 아침에 자리에서 일어나 아직 잠도 미처 깨지 않았을 때, 이를테면 인류의 유년기에 일찍 그들의 형이상의 학설을 인류에게 주어 그것으로 자기의 특권을 유지하려고 하였다. 이와 같이 해서 주입된 교양은 설사 무의미한 것이라도 사라지지 않고 오래 남게 마련이다. 만일 인간의 판단력이 성숙해질 때까지 기다리고 있어야 한다면 사제들의 특권은 성립될 수 없는 것이다.

인류의 형이상학적 요구로 생계를 유지하는 자들의 제2계급은 철학으로 살아가는 자들이며 그 수가 많지는 않다. 이들은 그리스에서는 궤변가소피스트라고 부르고 근세에는 철학교수라고 부른다. 아리스토텔레스는(≪형이상학≫ 2-2) 아리스티포스를 가차 없이 이러한 궤변가의 한 사람으로 간주하고 있는데, 그 이유는 그가 소크라테스의 제자 중에서 처음으로 철학을 가르치고 수업료를 받았으므로, 소크라테스가 그가 보내온 선물을 돌려주었기 때문이었다.

근세에도 철학으로 생활하는 자는, 극히 드문 예외는 있지만 대개 철학을 위해 살아가는 자와는 전혀 다르며, 그들은 대다수가 철학을 위해 살아가는 자에게 반대하며 불구대천의 적이다. 그럴 수밖에 없는 것이 철학에서 두드러진 일을 한 자는 그들에게 눈 위의 혹이 되어 이들의 견해나 주장에 따르지 않기 때문이다. 그러므로 그들은 이와 같은 진정한 철학자가 나타나지 못하도록 그 시대와 환경에 따라 탄압 · 은폐 · 묵살 · 무시 · 제거 그리고 배척 · 비난 · 공박 · 모욕 · 왜곡 또는 고발이나 박해 등을 상투수단으로 사용한다.

이 때문에 지금까지 많은 위대한 두뇌가 세상에 알려지지 못하였으며 존중되거나 응분의 보답을 받지 못하고 일생을 고생스럽게 보내게 되어, 사후에야 세상 사람들은 그와 그를 모함한 자들에 대하여 잘못 알고 있었다는 것을 깨닫는 경우가 있다. 그 동안에 그 작자들은 자기의 목적을 달성하고 그가 세상에 나타나지 못하게 하고 자기들을 따르게 하여, 그가 철학을 위해 살아가는 동안에 그들은 철학을 수단으로 해서 처자들과 잘 살아갔던 것이다.

그러나 그가 죽으면 사태는 전도되어 그 사이비 철학자들의 2세들은, 이번에는 그의 유산을 물려받아 그것을 자기네의 정도에 맞춰서 재탕하여 그것으로 생활해 나간다. 칸트가 철학으로 생활할 수 있었던 것은 사정이 달랐기 때문이다. 즉, 안토니누스로마의 황제, 스토아학파의 철학자. 저서로 ≪사색록≫이 있음—역주, 율리아누스고대 로마 황제, 고전철학과 밀교에 기울어 기독교를 박해함—역주 이래 처음으로 철학자로서 왕위에 오른 자가 있었기 때문이며, 그 사람 덕택에 ≪순수이성비판≫은 햇빛을 보게 되었던 것이다.

대학의 철학은 대체로 언제나 화장도구에 불과하며, 그 실제의 목적은 사고력의 최하위에 있는 학생들의 정신을 강좌를 장악하고 있는 문교당국의 견해에 알맞도록 인도하는 데 있었다. 정치가의 견지에서 보면 이것은 물론 정당하겠지만, 이로 말미암아 강단철학은 「다른 신경으로 움직이는 나뭇조각」이 되어버리고 진실한 철학이 아니라 국가의 어용철학으로 존재하게 마련이었다. 그러나 다행스러운 것은 이러한 감독 또는 지도는 단지 강단철학에만 미치고 진정한 철학에는 미치지 못한다는 것이다.

만일 세계에서 바람직한 일이 있다면 바로 이것으로, 거칠고 우매한 대중도 잘 생각해 보면 이런 철학을 금은보다 더 소중히 여겨 한 가닥 빛이나마 이 생존의 암흑 위에 비쳐, 비참하고 공허한 것밖에는 분명치 않은 이 알고도 모를 인생에 어떤 숨통을 열게 되는 것이다. 이것은 있을 수 있는 일이지만 문제의 해석에 강제와 압박이 따르기 때문에 허사가 되고 만다.

그러나 본론에 들어가 이런 강한 형이상학적 요구를 충족시키기 위한 여러 가지 방법이 있으니 이에 대하여 고찰해 보기로 하자.

여기서 형이상학이라고 말하는 것은 가능한 한도 내에서 경험 이상으로 자연, 즉 사물의 당면한 현상을 초월하여 이들 현상의 근원이 되는 것에 대한 해석을 시도하려는 인식으로, 좀 더 알기 쉽게 말해서 자연 속에 그 토대가 숨어 있는 것에 대한 인식을 가리킨다.

그런데 인간의 이해력에는 근본적으로 큰 차이가 있으며 게다가 그 수련에는 많은 시간을 필요로 하므로 개인차가 심하다. 이로 말미암아 한 국민이 야만의 상태를 벗어난 직후에도 사람들은 하나의 형이상학으로는 부족을 느끼게 된다. 그리하여 문명인들 사이에는 이에 전혀 다른 부류가 존재하는데, 하나는 자기 자신에게 신뢰하고, 하나는 자기 이외의 것에 신뢰를 둔다.

첫째의 형이상학설은 그 근거를 시인하게 되려면 사려나 소양 이외에 시간과 판단을 필요로 하므로 극히 소수의 사람에게만 허용되고 높은 문명 속에서만 발생하며, 또 존재할 수 있다.

이와는 달리 인간의 대다수는 스스로 생각하지 않고 사람을 신뢰하며, 근거를 시인하지 않고 성전의 가르침을 그대로 받아들인다. 민간의 시나 지혜(즉, 속담)가 그것이며, 민간 형이상학이라고도 말할 수 있을 것이다. 그리하여 이러한 학설은 종교라는 이름 아래 행세하며 극히 야만적인 종족들 이외의 어느 인민에게서나 찾아볼 수 있다.

종교는 일반인에게 없어서는 안 되는 것으로 소중한 혜택이다. 그러나 종교가 진리의 인식에서 인류의 진보에 대항하려고 하면 되도록 관대하게 그것을 옆으로 밀어 놓을 수밖에 없다.

여러 종교의 근본적인 차이를 흔히 유일신교 · 다신교 · 만유신교 또는 무신교 등으로 구별하지만 나는 여기에는 찬성하지 않으며, 다만 염세적이냐, 낙천적이냐에 따르면 된다. 즉, 종교는 이 세계의 생존은 그 자체로 근거이유가 있는 것으로 보며, 따라서 이를 찬양할 것인가 아니면 다만 그것을 우리의 죄과의 결과 때문에 있어서는 안 되는 것으로 보아야 하느냐에 따라서 구별되는 것이다.

그러므로 이러한 견해에 의하면 세계의 본래의 질서는 영원불변하며, 또 마땅히 그래야 하지만 고통이나 죽음은 그 속에 포함되어 있어서는 안 된다고 생각한다. 기독교가 유대교보다 우월하여 그리스나 로마의 이교를 제압한 힘은 실로 그 염세주의에 있었으며, 유대교나 이교가 낙천적인 데 반하여 기독교는 우리의 처지가 매우 비참하며 죄에 덮여 있다고 고백하였던 것이다. 이 진리는 누구나 깊이, 그리고 비통한 마음으로 느끼고 있으며, 그 힘으로 인심을 감화하고 또한 해탈의 요구가 그 밑받침이 되어 있다.

여기서 형이상학론의 다른 일면, 자기 자신을 근거로 삼는 철학에 대하여 고찰해 보기로 하자.

앞에서도 언급한 바와 같이 철학은 인간의 세계와 자기 자신의 생존에 대한 경탄에서 일어나는 것으로, 이것은 수수께끼처럼 알 수 없는 힘으로 인간의 지력에 호소해 오매 인간은 이를 해결하지 않고서는 견딜 수 없는 처지에 놓이게 된다. 우선 첫째로 유의해야 할 것은, 만일 세계가 스피노자의 주장대로 절대의 실체, 즉 필연의 본성을 갖는 것이라면 이러한 경탄은 일어나지 말아야 한다. 왜냐하면 이 견해에 의하면 세계는 커다란 필연에서 존재하며, 그 밖에 인간의 눈앞에 나타난 어떠한 이해도 모두 이 커다란 필연의 한 발현에 불과하기 때문이다.

그리고 절대의 실체는 어느 의미에서나 유일하여 언제 어디서나 하나로 우리 자신은 그 부분 · 양식 · 속성이라면, 그 본체의 존재나 속성이나 우리의 생존이 우리에게 기이하게 보여 의문이 생기기는커녕 그 반대로 자명하여 둘에 둘을 보태면 넷이 되는 것과 다름이 없을 것이다. 그러므로 우리는 세계가 존재하고 있는 대로 있다고 밖에는 달리 생각할 도리가 없으니, 그 존재를 곧 사고의 제목으로 할 수 없을 것이다. 그리하여 자기의 지구는 믿을 수 없을 정도로 빠른 운동을 하고 있어도 우리가 의식하지 못하는 것처럼 세계의 존재도 의식하지 못할 것이다.

그런데 결코 그렇게 할 수는 없다. 사려가 없는 동물은 세계와 생존을 자명한 일로 보고 있지만, 인간은 그것을 의문시하여 가장 야만스럽고 유치한 자조차도 어떤 빛을 받으면 이를 열심히 생각하여 사려가 깊어지고 사고의 대상이 많아진다. 또한 소양으로 이를 쌓아 둘수록 점점 분명히, 그리고 확실히 보유하여 그것들이 결국 철학적 사색에 능한 자의 두뇌에 들어가면 플라톤의 이른바 「놀라움, 커다란 철학적인 정열」의 경탄에 이르러, 이로 말미암아 어느 시대 어느 나라에서도 고상한 인류가 도저히 면할 길 없는 의문을 일으켜 좀처럼 마음의 안정을 얻지 못하게 되며, 드디어 이 경탄이 의문 전체를 포괄하게 된다. 형이상학의 세계가 이와 같이 조금도 쉬지 않고 움직이며 불안한 것은, 즉 이 세계는 존재하지만 이와 마찬가지로 존재하지 않을 수도 있다는 의식에서이다.

그리고 철학적 사색을 일으키는 이 놀라움은 세계의 해악과 재앙을 목격하기 때문이며, 이것들이 정의와 밀접한 관계가 있다고 하더라도, 또 이런 일보다 기쁨이 더 우세하다고 하더라도 이것들은 없어야 마땅한 것이다. 그런데 무에서 유가 생길 리가 만무하므로 이것들도 그 싹이 그 근원, 즉 세계의 핵심 자체 속에 깃들여 있을 것이다. 그러나 한편 형이하학의 세계가 광대하고 질서가 있으며 완벽한 것을 보면, 이와 같은 세계를 낳은 힘이 해악을 피할 수 없으리라고는 생각할 수 없다.

세계의 모든 현상을 탐구하는 것은 형이하학의 일이다. 그러나 형이하학 자체의 발판 위에 설 수는 없으며, 아무리 뽐내어도 그 토대로서 형이상학을 필요로 한다. 세계의 모든 사물, 눈앞에 나타난 자연상태를 순수한 물리적인 원인에서 해명한다면 거기서는 언제나 두 가지 불완전한 면을 모면할 수 없다. 즉, 하나는 모든 변화를 결부시키는 것은 원인과 결과의 사슬이며 모든 것을 이와 같이 설명하지만, 그 사슬의 시초는 도저히 파악할 수 없으며 끝까지 파고들어도 한 발짝 앞으로 도망쳐 버리곤 한다. 또 하나는 어떠한 해명에도 그 결과를 낳는 원인이 있는데, 그 원인은 도저히 완전히 설명할 수 없는 것, 즉 사물의 본원의 성질과 사물 속에 나타나는 자연의 힘에 의거해 있는 것이다.

자연주의가 절대로 성립될 수 없는 것은 경험상으로도 분명한 일이며, 물리적인 설명은 모든 것을 각각 그 원인으로써 하지만 이 원인의 사슬이 앞으로 앞으로 연장되어 끝이 없다는 것은 우리가 선천적으로 분명히 알고 있으며, 따라서 제1 원인이라는 것은 도저히 발견할 수 없다. 이 원인이 작용하는 것은 각각 자연의 법칙에 기인하지만, 끝내 자연의 힘으로 귀착되어 도저히 설명할 수 없는 성질의 것이다.

그런데 세계는 현상으로서는 설명할 수 있지만, 그 설명은 최고에서 최하에 이르기까지 모두 이 도저히 설명할 수 없는 것에 의거하여 있으므로, 이러한 설명은 완전히 상대적이며 이를테면 서로 「양보해서」 이루어진 것으로 진정한 의미에서 만족스러운 것이라고 볼 수는 없다.

그러므로 전에도 말한 바와 같이 형이하학로는 무엇이든지 설명할 수 있지만 아무 것도 설명할 수 없는 것이다. 이와 같이 도저히 설명할 수 없는 것이 일체의 현상을 관통하여, 예컨대 생식과 같은 최고의 현상에는 가장 두드러지게 나타나지만, 기계적인 최하의 현상에도 마찬가지로 나타나며, 이로써 미루어 보면 사물의 형이하학적 질서의 근저에는 완전히 차원이 다른 질서가 있으며, 이것이 곧 칸트가 물자체의 질서라고 말한 것으로 형이상학이 추구하는 대상이다.

객관과 객관적인 존재는 인식하는 주관에 철두철미 제약된 것, 즉 현상으로 물자체가 아니다. 또 객관은 주관의 덕택에 주관 속에만 나타날 수 있다는 사실을 고려하지 않고 유물론자들의 수법처럼 아무 검토도 하지 않고 객관을 그대로 인정하고 거기서 모든 것을 해명하려고 하는 것은 실로 터무니없는 일이다. 그러한 수법의 표본은 오늘 유행하는 물질론에 나타나 있으며, 약장수의 철학이 되어 있다. 이러한 견지에서 보면 물질은 얼마든지 실재요, 물자체이며 작용하는 힘이 이 물자체의 유일한 능력으로 모든 다른 성질은 이 힘의 현상이 되는데 이것은 너무 순진한 생각이다.

자연주의, 즉 순수한 물리적인 견해는 도저히 결말을 볼 수 없고 끝내 풀리지 않는 계산과 비슷하다. 처음도 끝도 없는 인과의 계속, 탐구해

낼 수 없는 근본 원동력, 무한 공간, 시작이 없는 시간, 끝없이 분할할 수 있는 물질, 그리고 이들 모든 것을 제약하여 인식하는 뇌수, 일체가 바로 이 뇌수 속에서만 꿈결같이 존재하며 이것 없이는 일체가 소멸된다. 이것들이 서로 모여서 미궁迷宮을 이루어 우리는 그 속에서 끝없이 방황한다.

근세에 와서 자연과학은 높은 지위에 오르게 되었으며, 그 점에서는 지금까지의 어느 시대도 눈 아래 내려다보며 인류가 오늘날까지 도달할 수 있었던 정점을 이루고 있다. 그러나 물리학이 아무리 크게 진보하여도 형이상학의 진보가 조금도 이루어지지 않은 것은, 마치 평면이 아무리 연장되어도 그 부피가 늘지 않는 것과 마찬가지 이치이다. 물리학이 아무리 고도로 발전하여도 현상의 지식을 완벽하게 할 뿐, 형이상학은 현상을 초월하며 현상에 나타나는 것을 추구한다. 그러므로 경험이 아무리 완전히 이루어져도 형이상학은 전혀 개선시킬 수 없다.

인간이 모든 항성의 별들을 돌아다닐 수 있어도 그것은 형이상학에 조금도 보탬이 되지 못한다. 뿐만 아니라 형이상학의 진보는 점점 형이상학의 요구를 증진시킬 뿐이다. 왜냐하면 자연에 대한 지식이 시정되고 풍부해지고 깊어지면, 한편으로는 지금까지의 형이상학의 낡은 주장은 그만큼 배제되어 마침내 매장되지만, 한편 형이상학의 문제는 그만큼 명백해지고 정당하게 드러나 형이상학 방면을 떠나 순결해지며 개개의 사물에 대한 본성은 더욱 정밀해지므로 전반에 걸쳐 전체의 설명은 더욱 필요하며, 전체의 인식이 올바르고 근본적으로 완벽해감에 따라 그만큼 수수께끼가 깊어지기 때문이다.

이것은 단지 국부적인 자연연구가로서 물리의 일부에만 열중하는 사람은 쉽사리 알지 못할 것이다. 뿐만 아니라 이러한 전문가는 오딧세이의 집에서 얌전한 시녀의 무릎 위에 평안히 잠들어 페넬로페의 일은 잊어버린다.

오늘날 자연의 외피에 대한 연구가 정밀의 극치를 이룰 수 있었던 것은 이 때문이며, 장에 붙어사는 기생충의 장이나, 벌레에 붙어사는 벌레도 머리털까지 세밀히 연구하고 있지만, 누가 가령 나와 같은 사람이 나타나 자연의 핵심 운운하여도 그들은 여기에 귀를 기울이지 않고 그것은 자기의 전문 분야가 아니라 하여 여전히 그 외피에 달라붙어 있다. 이와 같이 극단적으로 현미경적이고 정밀한 자연연구가는 자연의 두더지로 자부하고 있다고 말해도 무방할 것이다.

레토르트나 시험관이 모든 지혜의 원천이라고 생각하는 자들은 그 정반대의 스콜라 철학자들과 마찬가지로 그 방면에서 전도된 인간이다. 스콜라 학자들은 추상개념 속에 빠져 그 속을 헤매며 그 밖의 일은 전혀 모르며 탐구하지도 않는다. 이와 마찬가지로 자연의 두더지는 자기의 경험에 빠져 자기의 눈으로 본 것밖에는 용납하지 않고, 그것만으로 사물의 최후의 근거를 탐구해 내었다고 생각하여 현상과 그 속에 나타나 있는 물자체 사이에 깊은 홈, 근본적인 차이가 있는 줄은 전혀 생각조차 못하며, 또 이 구별은 현상의 주관적 요소를 인식하고 정확하게 그 경계를 구분하지 않으면 분명히 알 수 없고, 또한 사물의 본성에 대하여 가장 중요하고 근본적인 해결은 오직 자기 의식에서 찾아내야 한다고는 꿈에도 상상하지 못한다. 만일 이 의식이 없으면 직접 감각에 나타나는 것 이상으로는 한 발짝도 더 나아갈 수 없으며, 따라서 의문에 도달하는 데 그치고 만다.

그런데 여기서 주의를 기울여야만 한다. 자연의 인식을 되도록 완전하게 하는 것은, 형이상학의 문제를 정당하게 제기하는 데 있다는 것,

그러므로 누구나 미리 자연과학에 대하여 전반적으로, 그리고 근본적으로 명백히 관련된 지식이 없이는 형이상학의 문제를 제기해서는 안 된다는 것이다. 그런데 이 경우에 연구자는 눈을 안으로 돌려야 한다. 그 이유는 지식이나 논리상의 현상은 물리현상보다 중요하기 때문이다. 최후의 근본적인 비밀은 인간이 각자 자기 안에 지닌 것으로, 이것이 또한 자기에게 가장 직접적인 것이다. 그러므로 세계의 수수께끼에 대한 열쇠를 찾아내어 일체의 사물의 본성을 일거에 파악할 수 있는 것은 자기 내부에만 있다. 따라서 형이상학의 진정한 영역도 이른바 정신철학 속에 개재되어 있다고 하겠다.

그대는 나보다 먼저 태어난 자의 행렬을 보여주고
고요한 숲속에도, 대기 속에도, 그리고 물속에도
나의 형제가 있음을 가르쳐 준다.
....
그리하여 나를 평화의 동굴로 인도하여
나 자신을 나에게 보여주며
이리하여 깊이 감춰진 수수께끼는 내 가슴속에 스스로 나타난다.

Du führst die Reihen der Lebendigen
Vor mir vorbei, und lehrst mich meine Brüder
Im stillen Busch, in Luft und Wasser kennen :
....
Dann führst Du mich zur sichern Höhle, zeigst
Mich dann mir selbst, und meiner eignen Brust
Geheime tiefe Wunder öffnen sich.

2. 연상에 대하여

표상이나 사상이 의식에 나타나는 것은 물체의 운동과 마찬가지로 엄격히 인과의 법칙의 지배를 받아서이다. 물체가 원인 없이 운동할 수 없는 것처럼, 사상은 기회가 없이는 의식에 나타나지 않는다. 이 기회는 외부에서 오는 것, 즉 감각의 인상이나 또는 내부에서 오는 것, 즉 연합하여 하나의 사상이 다른 사상을 불러일으키는 데서 생긴다. 그리고 이 연합은 양자 사이에 인과의 관계가 있거나 또는 유사한 데 의거하거나, 양자가 공간에 나란히 위치하거나 하는 데서 비롯된다.

사상의 연합에 이 세 가지 밧줄이 있는데 그 어느 쪽이 우세하냐에 따라서 두뇌의 지력의 가치를 결정할 수 있다. 즉, 제1류는 사고력이 강하여 사물의 근원을 파악하는 두뇌이며, 제2류는 기지가 있고 재기가 풍부하며 시에 능하고, 제3류는 빈약한 두뇌의 경우에 많이 찾아볼 수 있다. 그리고 하나의 사상에서 이와 어떤 관계가 있는 사상을 불러일으키는 지속도 두뇌의 특질을 나타내어 그것이 빠른 것은 정신이 활발한 징조이다.

그러나 한편, 아무리 의지는 강하게 원하여도 충분한 기회가 갖춰져 있지 못하면 사상은 발생하지 않으며, 상기하려고 하여도 좀처럼 되지 않는 것은 이를 반증하고 있는 것이다. 기억을 불러일으키려면 연상으로 관련이 되는 어떤 실마리를 찾아내어야 한다. 기억술은 이런 이치에 따라 보존해 두어야 할 개념이나 사상이나 말에 어떤 찾아내기 쉬운 연관성을 맺어두는 것이다. 그런데 딱한 것은 이 관련을 찾아내려면 다시 다른 연관성을 갖추고 있어야 하는 점이다.

상기에 있어서 연관성의 역할은 매우 커서 만약 50가지 이야기를 모은 책을 읽고 나서 그대로 팽개쳐 두면 나중에는 하나도 상기할 수 없는 경우가 있다. 그러나 거기에 어떤 관련이 생기거나, 또는 그 이야기 하나와 관련이 있는 생각이 나면 곧 그것을 상기하며, 경우에 따라서는 50가지 이야기를 모두 상기하는 수도 있다. 그 밖의 독서에 대해서도 이치는 마찬가지이다.

기억술의 도움을 빌지 않고 직접 말을 기억하고 있는 것은 연상에 의해서이며, 또 대체로 언어의 힘은 다 직접 연상에 의거하는 것이다. 즉, 우리가 언어를 배우는 것은 하나의 개념을 하나의 말에 결부시키는 것으로 그 개념이 생각나면 말이 떠오르고, 말이 떠오르면 개념이 생각나는 것이다. 그리고 나중에 새로 다른 말을 배울 때에도 같은 경로를 반복하게 된다. 그러나 하나의 말을 배웠을 뿐 활용하지 않으면, 예컨대 그리스어의 경우처럼 읽기만 하고 대화를 하지 않을 경우에는 이 연결이 일방적이며, 말로 개념을 생각해 내지만 개념으로 말을 생각해 내는 일이 없는 것이다.

기억의 실마리를 찾더라도 눈을 뜨고 나서 잊어버린 꿈을 상기하려고 할 경우는 독특한 것으로, 몇 분 전에는 분명히 나타나 꽤 활발히 움직였는데 지금은 완전히 사라져 버린 것이다. 그래서 조그마한 실마리라도 있을 듯한 데서 어떤 남은 인상을 찾아 거기서부터 연상해서 그 꿈을 다시 의식에 오르게 한다.

잠은 추억의 끄나풀을 단절하며, 날마다 그것을 다시 결합시켜야 하며, 이러한 결합은 개개의 경우에 완전치 못하다. 가령 밤새 머리를 맴돌던 선율도 이튿날 아침이면 까맣게 잊어버리는 수가 있다.

우리의 머릿속에 생기는 사상의 경로는 단순치 않으며 여러 가지 일이 개입되어 있다. 예컨대 우리의 의식은 물과 같은 것으로 분명히 의식에 오르는 사상은 그 표면에 불과하며, 그 물 전체는 불투명하고 느낌이나 직관한 것과 경험한 것이 의지의 독특한 기분과 뒤섞여 있으며 이 의지는 우리의 본성의 핵심이다. 이 의식 전체는 지력 활동의 정도에 따라 많든 적든 유동하고 있기 때문에, 표면에 나타나는 것은 공상의 형상이거나 또는 사상이나 의지 결정을 분명히 의식하여 말로 표현할 수 있는 것이다.

사상이나 결심의 경로가 표면화되어 명백하게 생각한 판단만으로 이루어지는 경우는 매우 드물며, 그 내용을 자기 자신이나 타인에게 설명하려고 하여도 뜻대로 되지 않는 경우가 많다. 밖으로부터 얻은 재료를 저작하여 그것을 사상으로 다듬는 것은 깊은 어둠 속에서 이루어지는 경우가 상례이고, 이것은 대체로 무의식중에 이루어지며, 자양분을 혈액이나 신체의 성분으로 삼는 것과 마찬가지이다. 그러므로 가장 깊은 사상은 흔히 해명할 수 없으며 숨은 내부에서 생기는 것이다.

기발한 착상이나 결심이 깊은 내부에서 솟아나 예기치 않은 일이라 자기도 놀라는 일이 있다. 편지로 예상하지 않은 소식을 전해 듣고 사상이나 동기가 혼란을 일으킬 경우에 일단 이 일을 덮어 두고 생각하지 않기로 한 연후에, 이튿날이나 3~4일 지나 이에 대해 취할 바 태도가 분명히 머리에 떠오르는 경우가 있다. 의식은 우리 정신의 표면에 불과하며 그 내부는 지구의 내부와 마찬가지로 알 수 없고, 알 수 있는 것은 다만 껍질뿐이다.

연상의 법칙은 위에서 말한 바와 같으며, 그 활동을 일으키는 것은 결국 내부에 숨어 있는 의지이다. 의지는 지력을 구사하여 그 정도에 따라 사상을 연결시켜 유사한 것이나 동시적인 것을 환기시킨다.

표상에 나타나는 실마리가 되는 외부로부터(감각적)의 계기와 내부로부터(연상)의 계기가 서로 독립되어 끊임없이 의식에 작용하고 있기 때문에 사상의 연결이 단절되는 경우가 많으며, 이로 말미암아 사상에 혼란이 일어나기도 한다. 이것은 지력의 제거할 수 없는 점이다.

3. 달

보름달을 보면 어찌하여 유쾌하고 안정된, 그리고 고양된 기분이 되는 것일까? 그것은 달이 직관의 대상이며 의욕의 대상이 아니기 때문이다.

> 사람들은 별을 자기 소유로 만들려고 하지 않는다.
> 별의 아름다움을 즐길 뿐이다.

그리고 달은 숭고하다. 우리를 숭고한 기분으로 만든다. 그것은 달이 우리와는 아무 관계도 없고 지상의 영위와는 전혀 무관한 움직임, 모든 것을 보고 있기는 하지만 어느 것에도 관심을 갖지 않기 때문이다. 그 때문에 달을 바라보면 언제나 고뇌를 짊어진 의지는 의식에서 소멸된다. 그리고 의식은 순수한 인식을 하는 자에게로 돌아간다.

아마도 달을 바라볼 때 우리는 다른 수백만의 사람들과 함께 달을 바라보고 있는 것이며, 그때에도 개개인을 멀리하는 특수성이 소멸되는 느낌이 드는 것이다. 이 감각은 달은 빛날 뿐 따뜻이 해주지 않는다는 사실로 말미암아 더욱 강하게 느끼게 된다. 그 때문에 달을 동정이라고 부르며, 여신 다이아나와 동일시되는 것이다. 이와 같이 우리의 감각에 혜택이 많은 인상을 주기 때문에 달을 점차로 마음의 벗으로 생각하게 되는 것이다. 이와 반대로 큰 은혜를 주는 것은 오히려 직시하지 못한다. 그러므로 태양은 우리의 마음의 벗이 될 수 없다.

Ⅳ. 이기심과 가학의 심리에 대하여

1. 적극적인 고뇌와 소극적인 행복

우리에게 직접 주어져 있는 것은 언제나 단지 결핍, 즉 고통이다. 그 반면에 만족이나 향락은 단지 그것이 등장하게 됨으로써 소멸된 그때까지의 고통이나 결핍을 상기함으로써 간접적으로 의식될 따름이다.

그러므로 우리도 실제로 손아귀에 넣은 재산이나 이득에 대하여 이것이야말로 내 것이라는 자의식도 갖지 않으며, 또한 그 가치를 인정하려고도 하지 않고, 이러한 것을 소유할 수 있는 것은 당연하다고 생각할 뿐이다. 그것은 이득이나 재산이 언제나 고통을 방해한다는 소극적인 역할을 할 따름이기 때문이다. 이러한 사물들이 없어져야만 비로소 우리는 그 진가를 통감한다. 왜냐하면 결핍 · 부족 · 고뇌는 적극적으로 직접 나타나기 때문이다.

이미 극복된 재난 · 질병 · 곤궁 등을 상기하는 것도 즐거운 일이다. 그것은 이런 일들만이 현재 얻은 여러 가지 이득을 즐기도록 해주는 유일한 수단이기 때문이다. 그리고 살려는 욕망의 형식인 이기주의의 관점에서 볼 때, 그리고 이 이기주의의 입장에 설 때, 남의 고통을 바라보거나 그 모습을 아는 것은 위에서 말한 이유에서 우리를 만족시켜 주고 즐겁게 해준다는 것을 부인할 수 없다. 이에 대하여 루크레티우스는 ≪사물의 본성에 대하여≫ 제2권 첫머리에 다음과 같이 아름답게 노래하고 있다.

네가 안전한 기슭에서,
빗발치는 성난 물결 속에 멀리 전개되는

재난과 노고를 바라볼 때,
네 마음은 기쁨에 젖는다.
그것은 남의 재난이
너를 얼빠지게 하기 때문이 아니라,
네가 그런 고통으로부터
벗어난 것을 아는 데서 오는 기쁨이다.

그러나 다시 한걸음 나아가 자기가 행복한 상태에 있음을 간접적으로 인정하는 데서 얻게 되는 이런 종류의 기쁨은 본래부터 적극적인 악의의 원천인 것도 사실이다.

모든 행복은 단지 소극적일 뿐 적극적인 것이 아니며, 그 때문에 행복을 손에 넣어도 계속해서 만족이나 기쁨을 얻을 수 없고 고작해야 고통이나 결핍에서 해방될 뿐이다. 그리고 행복을 얻었다고 하더라도 여기서 계속하여 새로운 고통을 찾아내지 못하면 무기력이나 터무니없는 동경 혹은 권태에 사로잡히지 않을 수 없다. 이러한 사실은 이 세상의 삶의 본질을 충실하게 반영한 거울인 예술, 특히 시 속에서 그 예를 많이 볼 수 있다.

모든 서사시나 연극은 언제나 오직 행복을 손에 넣으려는 투쟁·노력·전쟁을 다루고 있을 뿐 영속되고 완성된 행복 자체를 표현하고 있지 않다. 이러한 문예작품은 주인공들을 수많은 고난과 위험을 통하여 목표에까지 이끌어 간다. 그리고 이 목표가 달성되자마자 즉시 막을 내려 버린다.

왜냐하면 문예작품으로서는 주인공이 이곳에서야말로 행복을 발견했다고 생각한 황홀한 목표도 실은 주인공을 기만하는데 불과하고, 이 목표에 도달한 주인공은 결코 전보다 더 나은 처지가 된 것이 아님을 나타내 보이는 것 외에는 다른 방법이 없기 때문이다. 무슨 방법을 취하더라도 참으로 영속되는 행복은 얻을 수 없는 것이라면, 이런 것은 예술의 대상이 되지 못한다.

목가의 목적은 본래 이러한 행복을 묘사하려는 데 있는 것이다. 그러나 이러한 목가는 성립될 수 없다. 이러한 목가를 쓰려고 애쓰던 시인들은 곧 서사시적인 필치를 사용하게 되지만, 일단 완성된 것은 보잘것없는 고뇌, 작은 기쁨, 그리고 사소한 노고를 빚어서 만든 무의미한 작품에 불과하다. 대체로 이런 결과를 빚어내기 마련이지만 이와는 별도로 목가가 단지 사물을 기술하는 데 그치는 시, 자연미를 묘사하기만 하는 시가 되는 경우도 있다.

자연미의 묘사란 두말할 나위도 없이 사실상 의지로부터 자유로운 순수하고 유일한 인식이다. 본래 세상에서 일반적으로 말하는 행복은 이에 앞서 괴로움과 결핍이 있게 마련이며, 또한 행복을 얻은 후에도 후회·고뇌·허망·포만 등의 느낌이 따르게 마련이다. 그러나 자연미에 접할 수 있는 행복은 아주 순수한 것이다. 하긴 이 순수한 행복은 인간의 생애를 통하여 지속되는 것이 아니라 극히 한순간을 충족시킬 뿐이다.

우리는 시 속에서 찾아볼 수 있는 것을 음악에서도 다시 발견할 수 있다. 우리는 음악의 선율 속에서 자기 자신을 의식한 의지가 일반적으로 표현된 내면적인 역사를——깊은 삶, 동경과 고락, 마음의 간만 등을 다시 인식할 수 있다. 선율은 언제나 기본음으로부터의 이탈이며, 헤아릴 수 없는 불가사의한 미로를 통하여 가장 고뇌에 충만한 불협화음에 이르고, 드디어 의지의 만족, 안도감을 표현하는 기본음으로 돌아오게 된다. 그러나 기본음으로 그냥 있어서는 아무 소용도 없다. 기본음에 오래 머물러 있다는 것은 단지 불쾌한 아무 의미도 없는 단조로움을 느끼게 할 뿐 권태롭기 짝이 없기 때문이다.

이와 같은 관찰이 분명히 드러내려고 한 것, 즉 지속적인 만족이란 얻을 수 없고 모든 행복은 소극적인 것이라는 사실은, 다시 말해서 다른 모든 현상과 마찬가지로 인간생활도 의지의 개체화이지만 의지는 목표도 종말도 없는 노력이라는 것이다. 이 종말이 없다는 분명한 증거를 우리는 의지의 모든 현상의 온갖 부분에 나타나 있음을 찾아볼 수 있다.

그 일반적인 형식은 종말이 없는 시간과 공간에서, 모든 현상 중에서 가장 완성된 인간의 생활과 노력에 이르기까지 간파할 수 있다. 특히 인간생활의 세 가지 정점을 이론적으로 고찰하고, 이것을 현실의 인간생활의 요소로서 관찰하는 것도 가능하다.

첫째로 강한 의욕, 격심한 정열이 있다. 이것은 역사상의 큰 인물 속에 나타나며 서사시나 연극에 묘사되어 있다. 그러나 소규모의 무대에 나타나는 경우도 있다. 왜냐하면 대상의 크기는 그 속에서 의지가 움직이는 정도에 따라 측정되는 것이며, 외부적인 여러 가지 관계에 의해 측정할 수 없기 때문이다. 다음에 제2의 정점은, 인식을 의지에의 봉사에서 해방시킴으로써 얻을 수 있는 순수한 인식과 이념을 파악하는, 즉 천재의 생활이다. 끝으로 제3의 정점은 의지의 최대의 혼수상태, 의지에 얽매인 인식, 터무니없는 동경, 그리고 삶을 고갈시키는 권태이다.

개인생활이 이 세 가지 정점의 어느 하나에 머물러 있는 경우는 좀처럼 없고, 거의 모두가 이 세 정점이 매우 가볍게, 그리고 흔들리는 자세로 접근할 뿐이다. 개인생활은 사소한 대상을 적당히 원하거나 항상 같은 욕망에 사로잡혀 권태에서 벗어나고 있는 데 불과하다.

거의 대부분의 인간생활의 움직임은 외부에서 바라보았을 때 실제로 믿을 수 없을 정도로 의미도 내용도 없는 것이며, 또한 내부적인 감각으로 보더라도 어리석고 졸렬하기 짝이 없는 움직임이다.

이러한 사람들의 생활은 죽을 때까지 네 세대를 통하여 매우 시시한 일만 생각하거나, 천박한 동경에 사로잡혀 꿈이라도 꾸는 것처럼 헤매고 있을 뿐이다. 그들의 생활은 마치 태엽이 감겨 있으나 어째서 그렇게 되었는지도 모르고 무작정 똑딱거리는 시계와 같은 것이다. 새로운 인간이 태어날 때마다 인간의 삶이라는 시계의 태엽이 새로 감겨진다. 그것도 지금까지 무한히 연주를 되풀이해 온 곡목을 한 번 더 새로 되풀이하기 위해 설사 다소 변주가 있더라도 오직 주제도 박자도 천편일률적으로 되풀이하기 위해서이다.

모든 개인, 모든 인간의 얼굴, 그리고 그 생애는 무한한 자연정신의 삶을 고집하려는 의지의 일장의 꿈에 불과하다. 의지가 심심풀이로 그 무한한 화면이라고도 볼 수 있는 시간과 공간 위에 휘갈긴 허망하기 짝이 없는 그림에 지나지 않는 것이다. 의지는 인간의 삶을 무한한 시간에서 보면 극히 보잘것없는 한동안만을 종속시키지만, 이 삶도 새로운 삶에 자리를 넘겨주기 위해 곧 사라진다. 그러나 이 점에 바로 삶의 중대한 측면이 있다. 그것은 의지가 마음 내키는 대로 휘두른 그 허무하기 짝이 없는 그림들이 모두가 삶에의 의지에 의해 여러 가지 심한 고뇌를 강요당하며, 나중에는 오랫동안 두려워하던 죽음——드디어 모습을 나타낸 죽음에 의해 보상되어야 하기 때문이다. 우리가 시체를 보았을 때 무작정 엄숙한 기분에 사로잡히는 것은 이 때문이다.

모든 개인의 생활은 일반적으로 보았을 경우에 더구나 그 가장 의미심장한 특징만을 살펴보더라도 본질적으로 언제나 하나의 비극이다. 그러나 개인생활을 개별적으로 세밀하게 관찰하면 이것은 바로 희극의 성격을 지니고 있다. 일상생활의 움직임이나 고민, 언제나 직면하게 마련인 악착같은 남의 비웃음, 주일마다 고개를 치켜드는 욕망과 공포, 그때그때 단순한 동기로 움직이고 있는 우연에 의해 발생되는 시간마다의 재앙, 이 모든 것은 그야말로 희극의 한 장면에 불과하기 때문이다.

이 반면에 욕망이 언제나 달성되지 못한다는 것을 비롯하여 노력해도 보람이 없고, 희망이 운명에 의해 무자비하게 짓밟히며, 생애를 통하여 오류가 뒤따르고, 게다가 고뇌가 해마다 더 깊어지며, 결국은 죽어야 한다는 것은 그야말로 비극이 아닐 수 없다. 그리고 마치 운명이 우리의 불행을 끊임없이 비웃는 듯 우리의 생활은 비극의 모든 고약한 영향을 받으면서도, 우리로서는 결코 비극의 등장인물과 같은 위엄성을 지니지 못하고 일상생활의 세세한 분야에서는 아무래도 품위가 없는 희극배우와 같은 성격을 드러내지 않을 수 없다.

크고 작은 여러 가지 재앙이 뿌리 깊게 인간의 생활을 점령하고 언제나 불안과 동요를 일으키고 있다. 그리고 단지 살아가는 것만으로는 정신의 충족을 누릴 수 없고 생존의 무상함과 공허가 사라지는 것도 아니다. 뿐만 아니라 걱정이 없어지면 곧 나타나는 권태감이 추방되는 것도 아니다. 사정이 이러하므로 걱정이나 비애가 가득 차 있을 뿐만 아니라, 현실의 세계에서 부과하는 여러 가지 과업을 수행해야 한다. 그럼에도 불구하고 인간의 정신은 이것만으로는 결코 만족하지 않고 형태와 형식은 다르지만 여러 가지 미신이나 상상에서 비롯되는 세계를 창조하게 된다.

인간은 현실생활이 일단 안정되어도 이것을 조금도 즐길 수 없으며, 무작정 이러한 미신과 상상의 세계에 온갖 수단을 다하여 몰두함으로써 헛되이 시간과 노력을 허비한다. 이러한 경향은 본래 풍토가 온화하고 땅이 기름진 민족 사이에 특히 성행한다. 예컨대 인도인, 다음에 그리스인, 로마인 그리고 이탈리아인이나 스페인인 사이에 이러한 경향이 성행하게 되었다.

인간은 자기 모습을 닮은 악마나 신들, 성인을 만들어 이러한 것에 대하여 끊임없이 재물을 바치고 기도를 드리며 사원을 지어 기원을 하게 된다. 그리하여 그 기원이 성취되면 순례를 하거나 공손히 예배를 드리고, 신상을 눈부시게 장식하기도 한다. 신들이나 영혼에의 봉사는 도처에서 현실생활에 파고들 뿐만 아니라 그 생활을 더욱 모호한 것으로 만들어 버린다. 즉, 생활에서 일어나는 모든 사건들은 신들이나 영의 존재의 반작용으로서 받아들이게 된다.

그리하여 이러한 존재와의 교섭은 생활의 절반이나 차지하고 언제나 희망을 갖게 하며, 환상의 매력으로 하여 현실세계의 사물보다 더 큰 관심과 흥미를 자아내는 경우도 흔히 찾아볼 수 있다. 이러한 존재야말로 한편으로는 원조와 구원을 바라고, 다른 한편으로는 일과 심심풀이를 요구하는 인간의 이중의 욕구를 나타내고 있다.

그리고 인간은 재난을 만나 위험을 당하였을 경우에 귀중한 시간과 노력을 활용하는 대신에 기도나 재물을 바치면서 허비하게 된다. 이로 말미암아 설령 원조와 구원을 바라던 첫째의 욕구가 때때로 완전히 수포로 돌아가더라도 인간은 상상에서 오는 영계와 공상적인 대화를 나눔으로써 인간의 제2의 욕구인 심심풀이를 더욱 일삼게 된다. 그리고 이것은 무작정 경멸할 수 없는 모든 미신이 주는 이득이기도 하다.

2. 이기주의

우리는 시간과 공간을 갖고 있다. 왜냐하면 오직 이 양자에 의해, 그리고 양자 속에서만 개체화의 원리라고 부를 수 있는 다양성이 가능하기 때문이다. 시간과 공간은 의지에서 비롯된 인간의 본질적인 형식이다. 이리하여 세계의 도처에서 의지는 개개인의 다양성 속에 나타나게 된다. 그러나 이 다양성은 물자체로서의 의지는 아니다. 다만 의지의 현상에 해당된다. 의지는 그 현상 속에 전체로서 분할되지 않고 존재하며, 자기 주위에 자기 자신의 본질이 무수히 되풀이되고 있는 모습을 발견하게 된다.

그러나 의지는 참으로 현실의 것인 자기 자신의 본질을 다만 직접 자기 내부에서만 발견하게 된다. 이로 말미암아 만물은 자기를 위해 있으며, 자기를 위해 모든 것을 소유하기를 그리고 적어도 지배하기를 원하며 자기에게 대적하는 것을 멸망시키려고 한다. 또한 인식하는 존재에 있어서도 개인이 인식하는 주관의 소유자이며, 이 인식하는 주관이 세계의 소유자이다. 즉, 개인에게는 자기 밖에 있는 모든 자연이 다른 개인들도 포함하여, 다만 그 개인의 표상 속에 존재한다.

개인의 입장에서 보면 이 모든 자연을 단지 그의 표상으로서, 즉 간접적인 것으로서 그리고 그 사람 자신의 본질과 생애에 의존하는 것으로서 의식한다. 그것은 개인에게 그 사람의 의식과 함께 세계가 소멸되기 때문이다. 다시 말해서 그 사람의 의식의 소멸과 함께 세계가 있건 없건 아무래도 무방하게 된다.

그리고 모든 의식하는 개인은 진실한 삶에의 의지나, 혹은 세계 자체가 된다. 그리고 표상으로서의 세계를 완전한 것으로 만드는 조건은 매크로코스모스대우주와 마찬가지로 평가해야 할 마이크로코스모스소우주이다. 언제 어디서나 진실한 자연 자신이 개인에게 이 인식을 분명히 직접 부여한다. 이에 관한 인식은 모든 반성과 함께 전혀 연관이 없다.

이렇게 얻은 두 개의 필연적인 규정으로 하여 무한한 세계에서도 매우 보잘것없는, 거의 무와 다름없는 작은 개인이 자기를 세계의 중심점으로 삼고 있을 뿐더러, 자기의 존재와 행복을 다른 모든 것에 앞질러 걱정하고, 또한 큰 바다 속의 물 한 방울에 불과한 자기 자신을 조금이라도 더 오래 연장시키기 위해 다른 모든 것을 희생하고 전 세계를 멸망시키는 것도 개의치 않는다는 자연의 입장에 서게 된다. 이러한 사고방식이 자연의 만물에 있어서 본질적인 「이기주의」이다.

그러나 이 이기주의에 의해 의지는 자기 자신과의 내면적인 투쟁에서 사나운 모습을 취하게 된다. 이기주의가 어떻게 존재하고 존속되느냐 하면, 그것은 대우주와 소우주가 대립되기 때문이다. 다시 말하면 의지의 객체화가 「개체화의 원리」의 형태를 취함으로써 의지가 무수한 개인 속에 같은 방법으로, 그리고 「의지와 표상」의 두 측면으로부터 뚜렷하고 완전하게 나타나기 때문이다.

모든 개인에게 자기 자신은 완전한 의지, 완전한 표상으로 직접 주어진 것이다. 그런데 타인은 다만 그 사람의 표상으로서 주어져 있을 뿐이다. 따라서 그 사람으로서는 자기의 존재나 생존이 다른 모든 것을 합친 것보다 더 소중할 수밖에 없다.

누구나 자기가 죽으면 세계는 종말이라고 생각한다. 한편, 자기와 개인적으로 어떤 관계가 없는 한 이웃의 죽음을 접해도 거의 무관심하다.

최고도로 발달한 인간의 의식 속에서는 인식하는 힘이나 고통이나 기쁨과 마찬가지로 이기주의도 최고도에 도달하여, 이기주의에서 일어나는 개인끼리의 투쟁은 사나운 모습을 띠게 된다. 이러한 현상은 일의 대소를 불문하고 곳곳에서 찾아볼 수 있다. 때로는 폭군·악한의 생활이나 전쟁과 같은 사나운 장면에서, 희극의 테마에서 라 로슈코프가 추상적인 형태로 파악하여 표현한 것처럼, 특히 교만이나 허영심으로서 등장하는 우스운 장면에서 이 이기주의를 찾아볼 수 있다. 우리는 그 모습을 세계사에서도 찾아볼 수 있고 자기의 경험을 통해서도 잘 알고 있다.

그러나 이기주의가 가장 뚜렷이 나타나는 것은 한 집단의 사람들이 모든 법률이나 질서에서 해방된 직후의 일이다. 이 경우에는 홉스가 그의 저서 ≪시민에 대하여≫의 제1장에서 교묘하게 묘사한 것처럼 만물에 대한 인간의 투쟁상이 분명히 밝혀지는 것이다.

모든 사람은 단순히 자기가 가지고 싶던 것을 다른 사람에게서 빼앗으려고 할 뿐만 아니라, 심지어 자기의 사소한 행복을 위해 남의 행복 전체나 재산까지 파괴하려고 하는 사람도 종종 나타난다. 이것이야말로 이기주의의 최고의 형태이다. 이러한 점으로 보아서 이기주의의 출현은 아무런 이득을 얻지 못하면서 오히려 남을 괴롭히고 피해를 입히려고 하는 철두철미한 악의가 극도에 이르게 한다.

모든 삶에 있어서 본질적이고 불가피한 괴로움의 원천은 아레스불화의 신로서, 현실에는 결정적인 형태를 취하여 나타난다. 이것은 모든 개인의 싸움이고, 삶에의 의지가 그 속에 깊숙이 비장되어 있으며, 개체화의 원리에 의해 사람의 눈에 뜨이는 모습으로 나타나는 모순의 표현이다. 이 광경을 직접 분명하게 눈앞에 보기 위한 잔인한 방법은 동물들을 서로 싸우게 하는 것이다. 이와 같은 근본적인 대립이 존재하기 때문에 이에 저항하는 온갖 수단을 강구하고 있는데도 불구하고 괴로움의 원천이 고갈되는 일은 없다.

3. 악인의 괴로움

심한 괴로움은 터무니없는 욕망, 큰 의욕과는 끊을 수 없는 관계를 맺고 있다. 그러므로 큰 악인은 그 얼굴 표정에서부터 마음속의 고민이 역력히 드러나 보인다. 가령 그들이 모든 외면적인 행복을 획득하였다고 하더라도 순간적인 환희에 젖어있든가, 또는 일부러 자기를 기만하지 않는 한 언제나 불행한 표정을 하고 있다. 또한 그들의 직접적이고 본질적인 속마음의 고뇌에서 생기는 것은 단순한 이기주의에 입각한 희열이 아니고, 자기 자신에게 아무런 이익도 되지 않는데도 남이 괴로워하는 모습을 보고 기뻐하는 심정이다. 이것이야말로 진정한 악의이며, 때에 따라서는 잔인성을 드러내기도 한다. 악의를 품는 자에게는 남의 괴로움은 자기가 의도하는 목적을 달성하기 위한 수단이 아니라 목적 자체인 것이다.

이 현상에 대하여 좀 더 상세하게 설명해 보겠다. 인간은 의지의 현상이며, 분명한 인식능력을 구비하고 있다. 그리고 인간은 인식이 부여해주는 의지의 만족에 대한 가능성이 머리에 남아 있기 때문에, 실제로 느끼는 정도의 의지의 충족에 대하여는 언제나 불만을 품고 있다. 그리하여 선망이 생기게 된다. 모든 결핍감은 다른 사람이 누리고 있기 때문에 무한히 증진하게 마련이다. 반면에 다른 사람도 역시 같은 결핍감을 갖고 있다는 사실을 알게 되면 자기 자신의 결핍에 대한 감각도 완화된다.

모든 사람에게 공통된 생활과 불가분의 관계가 있는 재난은 우리를 그다지 비참하게 느끼게 하지 않는다. 기후의 조건이나 나라 전체에 걸친 재난의 경우도 마찬가지이다. 자기들의 고통보다도 더 큰 고통을 생각하면 고통이 완화되고, 타인의 고통을 보면 자기 자신의 고통도 가벼워진다.

가령 여기에 결심한 의지의 충동에 사로잡혀 있는 자가 있다고 하자. 그는 이기주의의 갈망을 충족시키기 위해 터무니없는 탐욕을 부려 모든 것을 자기 수중에 넣으려고 한다. 그러나 그는 모든 만족은 일시적인 것에 불과하며, 설사 그것을 손에 넣을 수 있다 하더라도 자기의 욕망이 약속한 것을 그대로 이룰 수는 없다. 즉, 악착같은 의지의 충동을 완전히 진정시킬 수 없다는 것을 알아야 한다.

또한 그는 욕망의 만족이란 단지 욕망의 형태를 바꾸는 것이며, 설사 욕망의 하나를 만족시켰다고 하더라도 곧 다른 욕망으로 말미암아 시달림을 받게 되며, 한편 욕망의 씨앗이 모두 동강이 났다고 하더라도 의지의 충동 자체는 인식된 동기가 없어도 그대로 남아 구할 길 없는 고통으로서 나타나는 사나운 공허감에 가득 차게 된다는 것을 알아야 한다.

이 모든 일들은 본래 평범한 의욕을 갖고 있는 자의 경우도 정도의 차이는 있지만 찾아볼 수 있는 것이며, 따라서 울적한 느낌을 갖는 것은 다를 바가 없다.

그러나 의지의 현상이 터무니없이 악의에까지 발전한 사람들에게도 필연적으로 과도한 내면적인 고뇌, 영원한 불안, 그리고 주체할 수 없는 고통이 발생하게 된다. 이러한 사람들은 자기가 직접 고통을 완화시킬 수 있기 때문에 남의 고통을 보고 자기의 고통을 진정시키려고 한다. 즉, 그로서는 타인의 고통 자체가 목적이 되어 그 모습을 보고는 기쁨을 느끼게 된다. 이리하여 역사가 네로나 도미티아누스, 아프리카의 추장이나 로베스피에르 등에서 자주 보여준, 피에 주린 문자 그대로의 잔인성이라는 현상이 일어나게 된다.

4. 괴로움을 주는 자와 괴로움을 당하는 자

괴로움을 주는 자와 괴로움을 당하는 자는 동일하다. 괴로움을 주는 자가 자기는 남에게 주는 고통과 관계가 없다고 생각하고, 한편 고통을 당하는 자가 자기에게는 죄가 없다고 생각한다면 양자가 모두 잘못이다. 양자가 다 눈을 올바로 뜨고 보면 남에게 고통을 준 자는 자기가 이 넓은 세상에서 고통을 당하는 모든 사람들 속에서 살아가고 있다는 것을 알게 될 것이다. 그리고 그가 이성을 지니고 있다면 이 세상에서 자기로서는 그 잘못이 어디 있는지도 모르고 크게 시달림을 당하는 자가 어찌하여 이토록 많이 발생하였는가 하고 섣불리 걱정할 것이다.

한편, 괴로움을 당하는 자는 이 세상에서 일어난 또는 현재 있는 악이 의지로부터 발생한 것이며, 이 의지는 괴로움을 당하고 있는 장본인의 본질이라 그 사람 속에도 나타나 있고, 그는 이러한 의지가 가져온 현상을 통하여 이러한 의지를 긍정함으로써 모든 고통을 자기가 당하며, 또한 그가 이 의지인 이상 모든 고통을 참는 것은 당연하다고 생각하게 될 것이다. 이러한 인식에 의거하여 예감에 넘치던 시인 칼데론1600~1681, 스페인의 세계적인 극작가—역주은 <인생의 꿈> 속에서 다음과 같이 노래하였다.

인간의 가장 큰 죄는
이 세상에 태어난 것이다.

영원한 규범에 의해 죽음이 우리를 기다리고 있는 한 어찌 탄생이 죄가 아닐 수 있겠는가? 칼데론은 또한 원죄에 대한 기독교의 가르침을 이 시구로 표현한 것이다.

5. 꼭두각시

만일 객관적인 판단이 통용된다면, 노화 · 결핍 · 질병에 의해 시달림을 받은 나머지 짓밟혀 비참한 처지에 놓인 사람들—일찌감치 갈 데로 가는 것이 바람직한—이 조금이라도 생명을 연장시키려고 마음속으로 기구하고 있는 모습은 종종 볼 수 있는 광경이다. 여기에 등장하는 것은 객관적인 판단 대신 삶에의 충동 · 욕망 · 살려고 하는 의도로서 맹목적인 의지일 뿐이다.

이것은 식물을 육성시키는 것과 마찬가지이다. 이 삶에의 욕망은 인간의 세계라는 인형의 연극무대 위에 수평으로 펼쳐져 있고, 또한 때로는 눈에 잘 보이지 않는 실로 인형을 늘어뜨리고 있는 그물과 비교할 수 있다. 그러면서도 언뜻 보면 발밑에 있는 무대(객관적인 삶의 가치)에 의하여 지탱되고 있는 것처럼 보인다. 그렇지만 이 그물이 약해지면 인형의 자세는 무너지고, 이 그물이 끊어지면 밑의 무대가 인형을 지탱하고 있는 것은 겉보기에만 그런 것이므로 인형은 무대 위에 떨어지고 만다.

즉, 삶에의 욕망이 쇠퇴하는 것은 신경질, 격심한 울화, 우울로 나타나 삶에의 욕망은 소멸되어 자살하고 싶은 충동이 일어난다. 자살하고 싶은 기분은 전혀 보잘것없는 계기가 있을 때, 아니 계기가 없이 단지 그런 것이 있다고 생각되었을 경우에도 일어난다. 이 경우에 인간은 자기를 사멸로 인도하기 위해 자기 자신과 투쟁하게 된다.

이것은 많은 사람들이 남을 멸망케 한다는 목적을 위해 투쟁하는 것과 같은 경우이다.

한편, 삶에 집착하거나 삶을 위해 우왕좌왕하는 것도 마찬가지이다. 이러한 행동은 결코 자유로이 선택된 것이 아니라, 본래는 누구나 쉬고 싶어 하지만 재난과 권태에 얻어맞는 데서 일어난다. 이 채찍이야말로 팽이의 운동을 지탱하는 것이다. 이로 말미암아 인간은 일반적으로 어느 개인을 보더라도 강요된 상태에 놓여 있음을 보여주고 있다.

실로 게으름뱅이인 인간은 누구나 고요를 원하면서도 끊임없이 전진하지 않으면 안 된다. 이것은 전진하고 있는 힘이 멈춰서기를 허용하지 않기 때문이며, 마치 태양에서 떨어져 들어갈 수 없는 별과 같은 처지에 놓여 있다.

6. 걸인의 꿈

성난 파도가 울부짖는 끝없는 바다에서 작은 배에 탄 사공이 자기의 보잘것없는 배를 신뢰하는 것처럼, 고뇌로 충만한 세상에서 인간은 「개체화의 원리」, 혹은 개인이 현상으로서의 사물을 인식하는 형식에 온전히 몸을 맡겨 이것을 신뢰하여 안심하고 살아가고 있다.

무한한 과거와 미래를 갖고 곳곳에 고뇌로 가득 찬 끝없는 세계는 인간과는 무관한 것, 아니 하나의 우화에 지나지 않는다. 인간에 있어서 거의 보잘것없는 그 인간의 존재나 극히 짧은 현재, 그야말로 순간적인 기쁨만이 가장 현실적인 것이다. 그리고 보다 우수한 인식에 눈을 뜨지 못하는 한 인간은 이러한 것을 획득하기 위해 전력을 기울이게 마련이다.

실제로 눈을 뜨지 않아도 인간 속에 깊숙이 박혀 있는 의식은, 무한한 과거와 미래를 지닌 저 고뇌에 충만한 끝없는 세계는 실제에 있어서는 인간과 결코 무관한 것이 아니라 매우 밀접한 관계가 있다. 더구나 그 세계에 직면하면 개체화의 원리는 인간을 보호해 주지 않는다는 사실을 어렴풋이나마 예감하게 한다. 이 예감으로 말미암아 모든 인간에게 (아니, 아마도 현명한 동물에게도) 공통된 예로서 제거할 수 없는 공포심이 생기게 된다. 이 공포심은 인간이 어떤 우연에 의해 개체화의 원리를 신뢰할 수 없게 되고, 한편 근거율이 그 어떤 형태 속에서 예외가 있다는 것을 인정하게 될 때 갑자기 인간에게 밀어닥치게 마련이다. 그것은 아무런 원인도 없이 사물이 변화할 때, 죽은 사람이 되살아났을 때, 무엇인가 과거에 일어났던 일, 혹은 미래에 일어날 일이 현재 나타났을 때, 또한 먼 후일에 일어날 일이 목전에 닥쳐왔을 경우 등이다.

이러한 사태에 직면하여 몹시 놀라게 되는 것은 무슨 까닭인가? 그것은 인간 개개인을 다른 세계에서 분리하여 지탱하고 있는 현상을 인식하는 형식이 갑자기 쓸모없게 되었기 때문이다. 그렇지만 개인과 그 밖의 세계와의 분리는 바로 현실 속에서만의 일로서, 물자체속에 있는 것은 아니다. 더구나 이 점에 바로 영원한 정의가 의존하고 있다.

개인과 그 밖의 세계와의 분리만이 인류를 재앙에서 보호하고 즐거움을 부여해 준다. 인간은 단순한 현상이며, 각자가 타인과 다른 것, 어느 누구도 남이 짊어지고 있는 괴로움과는 관계없이 있을 수 있다는 것은 현상의 형식에, 즉 개체화의 원리에 근거를 두고 있다. 그렇지만 사물의 참된 본질에서 본다면 누구라도 삶에 대한 집요한 의지를 갖고 있으며, 즉 전력을 기울여 삶을 긍정하고 있는 한 세계의 모든 괴로움은 사실은 나 자신의 괴로움이며, 단지 가능성이 있는 괴로움이라 할지라도 모두 자기 자신에게 있어서는 현실적인 괴로움이라고 간주하지 않으면 안 된다.

개체화의 원리를 간파한 인식에 있어서는 일시적인 행복한 생활 등은 우연의 덕택이다. 또는 수많은 사람들이 괴로워하고 있는 가운데서 머리를 써서 우연히 박탈한 것이다. 개인의 일시적인 행복 등은 다음과 같은 걸인의 꿈과 같은 것이다. 이 걸인은 꿈속에서 임금이 되었다. 그런데 잠을 깨었을 때 극히 터무니없는 미망이 그를 생애의 고뇌로부터 떠나게 해주었다는 사실을 깨닫게 되었던 것이다.

V. 의지의 불멸에 대하여

1. 생식과 죽음

육체 자체의 힘으로 육체를 보존하는 것은 같은 의지의 긍정 속에서도 정도가 낮은 것이다. 따라서 육체의 사멸과 함께 육체 속에 현상된 의지도 소멸하게 된다. 그러나 이미 성욕을 충족시키는 것 자체가 짧은 기간밖에 존속되지 않는 자기의 생존의 긍정 이상의 것이며, 개인의 죽음을 초월한 무한한 시간에 있어서의 삶을 긍정하는 것이 된다. 언제나 진실하고 한결같은 자연은 이 경우에는 매우 천진난만하여 분명히 생식행위의 본질적인 의의를 우리에게 보여준다.

생식행위에 대한 우리 자신의 의식이나 강한 성욕은 생식행위 가운데서 결정적인 삶에의 의지의 긍정이 순수하게(다른 개인의 부정과 같은), 부질없는 부가물이 없이 표현된다는 것을 가르쳐 주고 있다. 이리하여 시간과 인과의 계열 속에서, 즉 자연 속에서 생식행위의 결과로서 새로운 생명이 나타난다.

분명히 현상면에서는 태어난 자는 어린이와는 다르지만, 그 자체로 보면 혹은 이념에 따르면 태어난 자는 어버이와 동일한 존재이다. 무릇 생명을 지닌 모든 종족이 각각 개체를 전체에 결부시켜 이러한 형태로 영원히 존속될 수 있는 것은 이 생식행위의 덕택이다.

어버이의 입장에서 보면 생식은 자기의 결정적인 삶의 의지를 긍정하는 표시, 또는 징후에 지나지 않으며, 한편 태어난 자의 입장에서 보면 생식은 그 태어난 자 속에 나타나는 의지의 근거는 아니다. 그것은 의지가 그 자체로서는 아무런 근거도 결과도 모르기 때문이다. 생식이라 하더라도 다른 모든 원인과 마찬가지로 이 때, 이 고장에 있어서의 의지의 현상의 일시적인 원인에 지나지 않는다.

물자체로서는 어버이의 의지로 태어난 자의 의지도 다를 것이 없다. 왜냐하면 물자체가 아니라 다만 현상만이 개체화의 원리에 따르고 있기 때문이다. 자기의 육체를 통하여 삶에의 의지를 긍정하고, 새로운 육체를 낳음으로써 삶의 현상에 이르는 고뇌와 죽음도 새로운 육체에 이양된다.

그리고 여기 발생한 가능성을 완전히 인식하기만 하면 이 경우에 해탈하려고 하더라도 전혀 허사임을 분명히 알 수 있다. 성교를 부끄러워하는 참된 이유는 실로 여기에 있다. 이 견해는 기독교의 가르침 속에 다음과 같이 신비적으로 표현되어 있다. 우리는 저마다(분명히 성욕의 충족에 지나지 않았다) 아담의 원죄에 관계가 있으며, 이에 의하여 고뇌와 죽음을 받아야 한다는 것이다.

이 기독교의 가르침은 이 점에 관해서는 근거율에 이르는 견해를 초월하여 인간의 이념을 인식하고 있다. 즉, 인간은 무수한 개인으로 분열되어 있어도, 인간의 통일은 모든 것을 결부시키는 생식이라는 유대에 의해 재생된다는 이념이다.

이런 견해에서 기독교의 가르침은 모든 개인을 한편으로는 삶의 정점의 대표자인 아담과 동일시하고, 따라서 죄[원죄] · 고뇌 · 죽음을 당하게 되었다는 것이다. 그러나 다른 한편으로는 이념의 인식에 의거하여 모든 개인이 구세주의 자기희생과 관련이 있으며, 구세주의 공덕에 의해 해탈하여 죄와 죽음, 즉 세계의 사슬에서 구원를 받는다는 점에서 삶에의 의지를 부정하는 대표자인 구세주와도 동일시하고 있다.

지금까지 성욕의 만족은 개인의 생명을 초월한 삶에의 의지의 긍정이라고 주장해 왔으나, 이 견해를 신화적으로 표현한 다른 예로서 프로셀피나에 대한 그리스신화가 있다. 그녀는 음부의 *석류열매를 먹지 않으면 여기서 몸을 뺄 수 없으며, 음부의 과일을 먹었기 때문에 완전히 여기에 속하지 않을 수 없게 되었다. 이 신화에 대한 괴테의 뛰어난 표현에 의해 이 신화의 진의가 분명히 드러나게 되었다. 특히 프로셀피나가 석류열매를 먹자마자 파르체운명의 3여신—역주의 보이지 않는 합창이 들려오는 장면이 여기에 해당된다.

너는 우리의 것이다.
먹지만 않으면
너는 돌아가게 되어 있었다.
그러나 능금을 먹었기 때문에

알렉산드리아의 클레멘스3세기 사람으로 신앙·철학의 수립을 시도했음—역주가 같은 형식과 같은 표현으로 다음과 같이 서술하고 있는 것은 주목할 만한 일이다. <천국 때문에 모든 죄를 단념하는 자는 행복하다. 그는 이 세상에 매어 있지 않다.>

성욕이 자연 그대로의 인간이나 동물에게 최종목적이며 삶의 최고의 목표라는 사실로 보더라도 성욕이 삶을 결정적으로 가장 강력히 긍정하고 있다는 것이 증명된다. 자연 그대로의 인간으로서는 자기보존이 첫째의 노력이지만, 일단 이것이 확보되면 이번에는 종족의 번식에 노력하게 된다.

단지 자연에 머물러 있는 상태에서는 이 이상의 것은 절대로 추구하

---

* 괴테의 시에는 석류가 아니라 사과로 되어 있다.

려고 하지 않는다. 참된 본질은 삶에의 의지가 깃들어 있는 자연도 동물과 마찬가지로 힘껏 인간을 번식시킨다. 그리하여 번식이 이루어지며, 자연은 개인에 대해서는 일단 그 목적을 이룬 셈이 된다. 자연은 개인이 사멸되건 말건 아랑곳하지 않는다. 삶에의 의지인 자연으로서는 다만 종족을 유지하는 것만이 문제이며 개개인은 안중에 없기 때문이다.

성욕 속에 자연의 내면적인 본질인 삶의 의지가 가장 강력히 나타나기 때문에 고대의 시인이나 철학자, 즉 헤시오도스나 파르메니데스는 매우 의미심장하게, 에로스는 최초의 창조자이며 만물의 근원이 되는 원리라고 말하였다(아리스토텔레스의 ≪형이상학≫ 1의 4 참조). 페레키데스는 '제우스는 세계를 지으려고 했을 때 에로스로 변신하였다'고 말하고 있다(플라톤의 ≪티마이오스≫ 참조). 이 대상에 대한 상세한 해명은 1857년 출간된 G.F. 세만의 ≪조물주로서의 애욕에 대하여≫ 속에서 찾아볼 수 있다. 그 작용과 조직이 가상의 세계인 인도인의 마야도 역시 '사랑'에 의해 설명되어 있다.

밖에서 볼 수 있는 육체의 어느 부분보다도 특히 생식기는 인식이 아니라 단지 의지에 속해 있다. 뿐만 아니라 여기에서 의지는 인식에서 거의 독립되어 있다. 식물에는 단순한 자극만으로 재생에 봉사하고 있는 부분이 있다. 여기서는 인식과는 무관한 자연계와 마찬가지로 의지가 맹목적으로 작용하고 있는데, 인간의 생식기의 사정도 마찬가지이다. 왜냐하면 생식은 다만 새로운 개인에게 옮겨지는 재생이기 때문이다. 마치 죽음이 단지 다음의 생식력을 위한 배출물에 불과한 것처럼, 생식도 마찬가지로 다음의 생식력을 위한 재생이다.

그러므로 생식기는 의지의 초점이며, 따라서 세계의 다른 측면인 표상으로서의 세계, 즉 인식의 대표인 두뇌와는 완전히 대립된 관계에 있다. 생식기에 통용되는 원칙은 생명을 유지하고 무한한 삶을 위해 시간을 확보하는 것이다. 이러한 특징으로 말미암아 생식기는 그리스인에게 파르스로서, 인도인은 링검lingam으로서 숭배하였으며 양자는 모두가 의지의 긍정의 심벌이었다. 이와 반대로 인식은 의욕의 소멸, 자유에 의한 해탈, 이 세상의 극복 및 부정의 가능성을 부여하고 있다.

우리는 삶에의 의지를 긍정하기 위해서는 이 삶에의 의지가 죽음과 어떤 관계가 있는가, 즉 삶에의 의지가 죽음을 결코 부인하는 것이 아님을 관찰해 볼 필요가 있다. 죽음은 삶 속에 이미 어느 정도의 관련을 갖고 있으며 삶에 속해 있는 것이다. 또한 죽음과 직결되는 생식은 죽음과 완전히 평형을 이루고 있으며, 삶에의 의지에 대해서는 개인이 죽어감에도 불구하고 모든 시기를 통하여 삶을 확보하고 보증해 주는 것이다.

이 사실을 표현하기 위해 인도인은 죽음의 신 시바에게 링검을 속성으로서 바쳤던 것이다. 그리고 삶을 완전히 긍정하는 입장에 서서 마음이 건전한 자는 두려움 없이 죽음에 직면한다는 데 대해서는 이 책 후반에 상세히 기록하려고 하므로 여기서는 이 문제에 대하여 언급하지 않는다.

그러나 대부분의 사람들은 확고한 각오도 없이 이 입장에 서서 마지못해 삶을 긍정하고 있다. 이 삶을 긍정하는 본보기로서, 무한한 시간과 공간 속에 언제나 고뇌에 시달리고 끝없는 생식과 죽음을 거듭하는 무수한 개인을 품고 있는 세계가 존재하는 것이다.

그런데 이 사정에 대해서는 아무도 비난을 하지 않는다. 왜냐하면 의지는 자기 돈을 지불하여 큰 비극과 희극을 상연하고, 자기 자신이 연극의 관객으로 앉아 있기 때문이다. 세계란 바로 이러한 것이다. 그것은, 세계가, 그 현상인 의지가 그러한 것이며, 또 그러한 것이기를 원하고 있기 때문이다. 고뇌가 정당화되는 까닭은 의지가 현상에 대해서 자기를 긍정하는 데 있다. 그리고 이 의지 자체의 긍정도 의지가 고뇌를 짊어지고 있다는 것으로 정당화되어 형평을 얻고 있다. 이런 점에서 영원한 정의에 대하여 우리의 눈이 열리게 된다.

2. 종족을 위한 희생

해달은 쫓기면 새끼를 물속에 집어던진다. 숨을 쉬기 위해 수면에 오를 때에도 새끼를 몸으로 뒤덮고 있으므로 새끼만은 구할지 모르나 자기 자신은 사냥꾼의 화살을 면할 수 없는 것이다. 어미고래를 불러들이기 위해 새끼고래를 잡는 경우도 있다. 새끼고래가 아직 살아 있는 동안은 어미고래는 몇 번씩 작살을 맞아도 새끼의 곁을 떠나려고 하지 않는다(스코아 즈비, ≪포경일기≫ 참조).

뉴질랜드 근처에 있는 삼왕도三王島에는 바다의 코끼리라고 부르는 거대한 바다표범이 살고 있다. 그들은 섬의 주위를 규칙적으로 떼지어 헤엄치며 물고기들을 잡아먹고 사는데, 정체불명의 적에게 습격을 당하여 중상을 입기가 일쑤였다. 그래서 그들이 함께 헤엄칠 때에는 독특한 일종의 전술을 쓰는 것이었다. 어미가 새끼에게 젖을 먹일 때에는 섬에 올라오는데, 그 기간은 7~8주일이나 되었다. 그리고 모든 수컷들은 암컷 주위를 에워싸고 암컷이 시장기를 참지 못해 바다로 들어가는 것조차 막으려고 한다.

그래도 암컷이 바다에 들어가려고 하면 수컷들은 물면서 방해한다. 이리하여 암컷은 모두가 7~8주일 동안이나 아무것도 먹지 못하여 깡마르게 된다. 이것은 오로지 새끼들이 헤엄을 잘 칠 때까지 바다에도 들어가지 않고 반복해서 밀거나 깨무는 실습교육에 의해 필요한 전술을 새끼들에게 보여주기 위해서이다. 여기에도 모든 의지의 노력과 마찬가지로 어버이의 애정이 동물을 영리하게 만들고 있다는 것을 보여주고 있다.

들오리 · 꾀꼬리, 그 밖의 많은 조류는 사냥꾼이 둥지에 가까이 다가오면 그 발머리에서 날카로운 소리를 지르고, 마치 날개에 상처를 입은 것처럼 퍼덕이며 여기저기 날아다니는데, 이것도 사냥꾼의 주의를 끌면서 새끼들을 위험에서 멀리 떠나게 하기 위해서이다. 종달새는 둥지를 향해 뛰어오는 개의 주의를 몸으로 분산시키려고 한다. 이와 마찬가지로 암사슴은 사냥꾼에게 새끼가 공격을 당하지 않도록 하기 위해 불붙은 집 속으로 뛰어든다. 델프트 시에서는 큰 화재가 났을 때 황새가 아직 날 수 없는 새끼에게서 떠나지 않으려다가 둥지 속에서 타죽었다(H. 유니우스의 ≪네덜란드 소식≫). 딱새의 일종은 무서운 용기를 내어 둥지를 지키면서 솔개를 상대로 싸우는 경우도 있다. 개미를 두 토막으로 잘랐더니, 전반부만 여전히 번데기를 안전한 곳에 옮기는 광경을 본 사람도 있다. 암캐는 배를 갈라 태아를 끄집어내자 다 죽어가면서도 태아가 있는 곳까지 기어갔는데, 끝내 태아를 빼어 버리자 그때서야 비로소 크게 울기 시작했다고 한다(부아다하의 ≪경험의 학문으로서의 생리학≫).

3. 의지의 불멸

가을이 되자 곤충들의 자그마한 세계를 관찰하고, 어떤 종류의 곤충이 동면을 하기 위한 알맞은 장소를 마련하는 광경이나, 다른 종류의 벌레가 번데기가 되어 겨울을 지내고 봄이 오면 완전히 변모한 벌레로서 눈뜰 수 있도록 누에고치를 만들고 있는 모양, 그리고 대다수의 곤충들이 죽음의 소용돌이 속에서 안정을 누리도록 염원하면서 알에서 새로운 유충이 여러 마리 태어날 수 있도록 조심스럽게 알에 알맞는 침상을 준비하는 광경을 살펴보기로 하자. 이러한 광경이야말로 대체로 잠과 죽음 사이에는 근본적인 차이가 없으며 잠이든 죽음이든 생존을 그처럼 위태롭게 하는 것은 아니라는 사실, 즉 위대한 자연의 불사를 가르쳐 주는 데 지나지 않는다.

벌레들은 조심스럽게 굴이나 둥지를 마련하여 알을 그 속에 넣고 돌아오는 봄에 새로 태어날 애벌레를 위해 식량을 준비하고 자기 자신은 편안히 죽어간다. 이와 같은 곤충의 조심성은 인간이 잠자리에 들기 전에 이튿날 아침에 입을 의복이나 먹을 식량을 준비해 놓고 나서 천천히 잠자리에 드는, 세심한 주의를 하는 것과 똑같다. 마치 잠자리에 드는 인간이 이튿날 아침에 자리에서 일어나는 것과 마찬가지로, 가을에 죽는 곤충이 이듬해 봄에 태어나는 유충과 동일하지 않다면 곤충으로서는 구태여 이처럼 정성이 깃든 일은 하지 않을 것이다.

이와 같은 관찰을 한 후에 우리 자신과 우리의 종족 인류에게로 돌아와서 시선을 먼 미래로 돌리면, 몇 백만이라는 인류가 제각기 다른 몸가

짐을 하고 기묘한 풍속이나 습관을 몸에 익히며 살아갈 장래의 세계를 역력히 보는 것처럼 예상할 수 있다. 그렇지만 그 동안에 '이 모든 사람들은 대체 어디서 오는 것인가?', '그들은 현재 어디 있는가?', '현재는 숨기고 있지만 와야 할 세대를, 그리고 세계를 잉태하고 있는 무의 풍요한 자궁은 어디 있는가?' 하고 질문을 하였다고 치자. 이 질문에 대하여 다음과 같은 진지한 해답을 웃으면서 할 수는 없을까?

와야 할 세대의 사람이 지금 있는 곳은 그곳만의 본래의 장소이며, 장래에는 본래의 장소가 되는 현재와 이 현재가 내부에 지니고 있는 것 이외에는 아무 것도 있을 리가 만무하다. 그뿐이 아니라, 어리석은 질문을 한 너 이외에는 없는 것이다. 너는 자기 자신의 본질을 완전히 오해하고 있다.

너는 나뭇잎이 가을이면 시들어서 땅 위에 떨어지려고 할 때 자기의 멸망을 탄식하고, 새해 봄에 나무를 에워싸는 새 잎사귀를 연상함으로써 자기를 위로하려고 들지 않고 '새로운 잎사귀는 내가 아니다. 새로운 잎사귀는 전혀 다른 잎사귀다!' 하고 탄식을 하는 것과 꼭 같다. 얼마나 어리석은 나뭇잎인가! 너는 어디로 가려고 하는가! 다른 잎사귀는 어디서 오는가? 내가 두려워하고 있는 그 무의 심연은 어디에 있는가? 너 자신의 본질, 생존에 대한 갈망으로 충만해 있는 것은 대체 무엇인가를 인식하라. 그리고 나뭇잎의 발생이나 시드는 것과는 관계없이, 잎사귀의 모든 세대를 통하여 언제나 동일한 수목의 내적인 추진력을 인식하라. 그리고 이러한 말도 기억하라.

나뭇잎과 똑같이
인간의 세대도 바뀌게 마련이다.

지금 나의 주위를 날고 있는 파리가 저녁에 잠자고 이튿날 아침에 다시 날아다니는 것과, 저녁 때 죽어서 이듬해 봄에 그 파리알에서 태어난 다른 파리가 날아다니는 것은 똑같다. 그러므로 이 두 가지 사건을 근본적으로 다른 두 가지로 간주하는 인식은 언제 어떠한 경우에도 타당할 수 없는 상대적인 인식, 물자체가 아닌 현상에 대한 인식이다. 파리는 내일 또 여기에 있다. 파리에게 겨울과 밤을 구별하는 능력이 있겠는가? 부아다하의 ≪생리학≫ 제1권에 이런 것이 씌어 있다.

> "오전 10시까지는 약제 속에 적충류가 한 마리도 발견되지 않았지만, 정오가 가까워오자 액체 속에는 적충류가 잔뜩 꿈틀거리고 있었다. 저녁 때에는 모두 죽어버리고 이튿날 아침에 새로운 것이 발생하고 있었다. 니치 씨는 이 광경을 6일간이나 관찰하였다."

4. 눈짓

생성과 멸망이 사물의 본질을 이루는 것은 아니다. 사물의 본질은 이와 같은 것들에 의해 영향을 받는 일이란 전혀 없으며, 따라서 불멸하게 마련이다. 생존하기를 바라는 것은 모두 현실적으로 지속되고 있으며, 종말이 없다는 사상만큼 저항할 수 없는 힘을 갖고 있는 것은 없다.

이와 같은 사고방식에 의하면, 어떠한 시점을 취하여도 자그마한 모기에서 비롯하여 코끼리에 이르기까지 모든 동물의 종족은 어느 하나 결원이 없이 함께 공존하고 있는 것이 된다. 이들 동물은 이미 몇 천 번인지 헤아릴 수 없을 정도로 여러 번 다시 태어나고 있지만 종전과 동일한 상태에 머물러 있다. 그들은 자기들 이전에 생존한 자기의 동지들에 대한 것을 알지 못한다. 모든 시대를 통하여 삶을 지속하고 있는 것은 종족이다. 그리고 종족은 멸망하는 일이 없다. 자기들도 종족과 동일하다는 의식이 있기만 하다면 개체는 씩씩하게 살아갈 수 있는 것이다. 삶에의 의지는 무한한 현재 속에 현상된다. 그것은 이 무한의 현재야말로 종족의 삶의 형식이며, 그것으로 말미암아 결코 노화하지 않고 언제나 싱싱한 채로 존속되기 때문이다. 무한한 현재에 있어서의 죽음은 개인의 수면과 같고 눈에 있어서는 윙크와 같은 것이다.

인도의 여러 신들은 인간의 모습을 하고 나타날 경우에도 윙크를 하지 않음으로써 그들이 여러 신들이라는 것을 인정하게 된다. 밤이 찾아오는 것과 동시에 세계는 시선에서 사라져버리지만, 결코 눈 깜짝할 사이에도 세계가 존재하지 않을 수 없는 것과 마찬가지로 인간이나 동물은 죽음에 의해 언뜻 보아 소멸하여 버린 것 같지만 그 참된 본질은 아무런 방해도 받지 않고 존속된다. 여기서 무한한 속도에 의해 진동하는 죽음과 탄생의 교체를 생각해 본다면, 마치 폭포 위에 서는 무지개처럼 사물의 본질의 지속적인 이념인 의지의 객체화가 엄연히 존재한다는 사실을 알게 될 것이다. 이것이야말로 시간 위에서의 불사인 것이다.

그리고 이것으로 말미암아 죽음과 부패가 수없이 누적되어 왔어도 아무 것도 이룰 수 없다. 물질의 원자, 더구나 물질의 내적인 본질은 조금도 소멸되지 않는다. 따라서 우리는 어느 순간이나 씩씩하게 '죽음이나 부패에도 불구하고 모두가 공존하고 있는 것이다'하고 외칠 수 있다.

'나는 이미 이런 것을 원치 않는다' 하고 이 불사의 유희에 대하여 언젠가는 마음속으로 호소하는 자도 있을 것이다. 그러나 그것은 아직 여기서 말할 단계가 못된다.

5. 현재에 대하여

우리는 태어나기 전에 과거나 죽은 후의 미래를 탐구할 필요는 없으며, 오히려 의지가 현상되는 유일한 형식으로서의 현재를 인식하지 않으면 안 된다. 현재는 의지로부터 벗어나지 않고, 의지도 현재에서 떠나지 않는다. 삶의 있는 그대로의 모습으로 만족하고, 삶을 전면적으로 긍정하는 자는 확고한 신념에 의거하여 삶을 무한으로 보고 죽음의 공포를 미망이라고 해서 배격한다. '죽음은 현재를 소멸시킨다. 현재가 포함되지 않는 시간도 있다'는 당치않은 공포는 넌센스라고 해서 무시해 버리는 것이다.

미망은 시간에 대한 그릇된 생각이지만, 한편 공간에 대한 그릇된 생각이기도 하다. 누구나 자기가 우연히 차지하게 된 지구상의 지점을 지구의 상부에 있고, 그 이외의 장소를 모두 하부에 있다고 공상한다. 이와 마찬가지로 누구나 현재를 자기 개성에 관련시켜, 이와 함께 모든 현재는 소멸되며 또한 과거나 미래도 현재가 없이는 존재할 수 없다고 생각한다. 그러나 지구상의 도처에 상부가 있는 것처럼 모든 삶의 형식도 현재이다.

그리고 죽음이 우리에게서 현재를 앗아간다고 해서 그 죽음을 두려워하는 것은, 다행히 지금 우연히 그 상부에 있으니까 망정이지 언젠가는 둥근 지구에서 굴러 떨어지지나 않을까 해서 걱정하는 것보다도 현명하다고 볼 수 없다.

의지의 객체화는 본질적으로 현재의 현실이다. 이것은 연장이 없는 점으로서 무한한 시간을 둘로 절단하여 서늘한 저녁이 없는, 언제나 계속되는 대낮처럼 미동도 하지 않고 굳건히 도사리고 있다. 이것은 마치 밤에 가라앉았다고는 하지만 실은 휴식하고 있는 것이 아니라 계속해서 열을 뿜고 있는 태양의 참된 모습과 같다. 그러므로 죽음을 자기의 멸망이라고 해서 두려워하는 것은 태양이 지는 저녁때에 '슬픈 일이다. 나는 영원의 밤으로 가라앉아야 한다'고 한탄하는 것과 조금도 다름이 없다.*

이와 반대의 말도 할 수 있다. 삶을 진심으로 원하고 삶을 긍정하면서도 그 무거운 짐에 억눌려 힘들어하는 자는 그 괴로움을 혐오하고, 특히 자기에게 닥치는 가혹한 운명을 헤쳐 나가려고 하지 않는다.

이러한 사람들은 죽음으로부터의 해방을 기대할 수 없으며, 자살에 의해 구원될 수도 없다. 다만 거짓 빛 속에 떠도는 어둠, 차디찬 저승이 마치 안전한 항구처럼 유인해 올 뿐이다.

대지는 아침에서 밤으로 회전하고, 개인은 죽어간다. 그러나 태양은 쉴 새 없이 영원히 주야로 불타고 있다. 삶에의 의지로 보면 삶은 확실한 것이다. 설사 시간 속에 발생했다가 소멸하는 이념의 현상인 개인이 허망한 꿈으로 비유되더라도 삶의 형식은 종말이 없는 현재이다. 이러한 견지에서 보더라도 자살은 무의미한 어리석은 행위로 생각된다. 우리의 관찰을 다시 계속해 나간다면, 자살은 더욱 불리한 빛 속에 나타나게 될 것이다.

---

* 에커만의 ≪괴테와의 대화≫ 제1권에서 괴테는 다음과 같이 말하고 있다.
"우리의 정신은 완전한, 파괴되지 않는 성격의 것이며, 영원에서 영원을 향해 지속되네. 우리의 정신은 지상에서 살아가고 있는 불완전한 눈에는 마치 가라앉는 것처럼 보이지만, 실은 결코 가라앉지 않고 끊임없이 빛나는 태양과 비슷하네."

VI. 성애의 철학적 이해

1. 삶에의 의지의 핵심—성욕

남녀관계는 인간생활에서도 매우 중요한 역할을 하고 있다. 이것은 생활의 어떠한 면에서도 해당되는 말이다. 남녀관계는 인간의 모든 행동이나 움직임이 눈에 보이지 않는 중심점이며, 이것을 덮어서 감추려는 베일 사이에서 스스로 얼굴에 나타내곤 한다.

애욕행위는 전쟁의 원인도 되고 평화의 목적도 된다. 진실의 기반이기도 하고 농담의 대상이기도 하며, 기지의 끝없는 원천인가 하면 모든 암시를 푸는 열쇠이기도 하다. 비밀신호를 보내고 말로 표현하기 거북한 프로포즈를 하며, 몰래 곁눈질하는 것 등등이 모두 애욕에서 비롯되는 것이다.

젊은이들뿐만 아니라 때로는 노인들의 하루하루의 행동도 이에 의해 결정된다. 한번 이성과 관계한 자는 시간마다 성애의 문제로 고민하고, 동정인 자도 자기의 의지에 거슬려 이것을 거듭 몽상하는 것이다. 연애가 농담의 풍부한 재료가 되는 것은, 실은 그것이 매우 엄숙하기 때문이기도 하다.

그러나 모든 인간의 최대 관심사가 남의 눈을 피해서 몰래 이루어지며 되도록 완강하게 무시된다는 것은, 세상이 얼마나 기묘하고 괴상한 것인가를 보여주고 있다. 그런데 실제로 성애야말로 이 세상의 본래의 세습 군주이다. 조상 대대로 계승되어 온 왕좌에 자기 권력의 위대함을 의식하고 도사리고 있는 성애야말로 그 높은 위치에서 경멸하는 듯한 눈초리로 연애를 제어하고 숨기려 하며, 적어도 이것을 제한하여 가능하면 아주 감추어 두려는 책략이나, 혹은 연애 등을 인생에 있어서 전혀 보잘것없는 외도나 부산물에 지나지 않는 듯이 보이려고 애쓰는 모든 수단을 비웃고 있는 것은 누구나 잘 알고 있는 일이다.

그러나 이러한 모든 일들은 성욕이 삶의 의지의 핵심이며, 모든 욕망의 초점이기 때문이라는 데 기인하고 있다. 내가 앞에서 생식기를 가리켜 의지의 초점이라고 말한 것은 그 때문이다. 뿐만 아니라 인간은 구체화된 성욕이라고까지 말할 수 있다. 그것은 인간이 남녀의 교합에 의해 태어나고, 인간의 욕망 중의 욕망은 이성과 교합하는 것이기 때문이다. 또한 이 욕망만이 인간의 모든 현상을 결합하고 영속시킨다. 삶에의 의지는 분명히 처음에는 개인의 유지에 대한 노력으로서 나타나지만, 이것은 단지 종속을 유지하기 위한 노력의 첫 단계에 불과하다.

종족을 유지하려는 노력은 종족의 생활 자체보다도 더욱 큰 것이다. 이 노력은 오래 지속되며 널리 피지고, 가치로 따지자면 개인의 생존에 대한 노력을 능가하고 있다. 그러므로 성욕은 사람의 의지의 가장 완전한 표현이며 삶에의 의지의 가장 분명한 형태라고 하겠다. 이것은 개인이 본래 성욕에서 태어나고, 성욕은 자연 그대로의 인간에게 다른 모든 욕망을 앞지른다는 사실에 완전히 부합되고 있다.

나의 기본적인 이론을 더 분명히 밝히기 위해 여기서 생물학적 설명을 빌어 오려고 한다. 즉, 성욕은 정욕 중에서 가장 격심한 것으로 욕망 중의 욕망, 즉 우리의 모든 욕망의 집결체이다. 그리고 개인적인 성욕, 즉 어떤 특정한 개인을 대상으로 한 그 사람 고유의 성욕의 만족은 행복에의 결정이요, 하나의 왕관이며, 이것만 손에 넣게 되면 모든 것을 얻게 되는 반면에 이것을 손에 넣지 못하면 모든 것에 실패한 듯이 생각된다. 그러므로 우리는 성욕의 생물학적인 측면으로서 객체화된 의지 속에서, 다시 말하면 인간의 조직 속에서도 호르몬이 분비물 중의 분비물이며 모든 액체의 정수이고, 유기적인 모든 기능의 최종결과임을 상기하지 않을 수 없다.

그리고 육체는 의지의 객체화, 즉 표상이라는 형식을 취한 의지 자체임을 재인식하게 된다.

2. 사랑의 정열

본래 사랑하는 두 남녀의 애정이 깊어진다는 것은 이미 이 두 사람이 낳을 수 있고, 또 낳고 싶어 하는 새로운 개인의 삶에의 의지이다. 뿐만 아니라 두 사람이 서로 눈짓을 교환할 때 이미 새로운 삶이 꿈틀거리고 있으며, 장차 잘 조화되고 결합된 개성으로서의 모습을 나타내고 있다. 사랑하는 두 사람은 자기들이 만들 새로운 생명을 통하여 장래에도 계속해 살아가기 위해 현실에 하나의 존재로서 결합되고 융합되기를 동경하는 심정을 갖는다. 이 동경은 두 사람이 갖고 있는 각각의 개성이 새로운 생명 속에 유전하여 결합되고, 융합되었을 경우에 이 새로운 생명에 의해 열매를 맺게 된다.

이와 반대로 어떤 남자와 여자 사이에 결정적인 제거할 수 없는 혐오감이 일어난다는 것은, 두 사람이 설사 자식을 낳더라도 나쁜 체질을 지닌, 따라서 내면적으로도 조화를 이루지 못한 불행한 인간이 태어나리라는 것을 보여주고 있다. 이러한 점으로 미루어 보더라도 칼데론이, 두려운 여성 세미라미로 하여금 남편을 죽이는 '강간의 여인'으로서 등장시킨 데는 깊은 의미가 숨어 있다.

그것은 어쨌든 간에 성을 달리하는 두 사람의 개인을 그처럼 강력하게, 그리고 만사를 제쳐놓고 서로 결합시키는 것은 결국 모든 생물의 종족 속에 나타나는 삶에의 의지이다. 삶에의 의지는 두 사람의 사랑하는 남녀가 낳는 새로운 개인 속에 목적에 부합된 자기 자신의 본질의 객체화를 선취하는 것이다.

새로운 삶은 부친으로부터는 의지 또는 성격을, 어머니에게서는 지성을, 그리고 양친으로부터 형태를 물려받게 된다. 그러나 피차의 경우에 어느 쪽이냐 하면, 모습은 부친을 닮고 몸의 크기는 어머니를 닮는 경향이 있다. 이렇게 되는 것은 동물이 잡종을 만들 때에 분명히 알 수 있지만, 주로 태아의 크기는 모체의 자궁의 크기에 따라야 한다는 법칙이 있기 때문이다.

어떠한 인간을 두고 보더라도 그 사람의 독특한, 즉 다른 사람과는 전혀 다른 특별한 개성이 무엇인가에 대해서는 좀처럼 설명하기 어렵지만, 서로 사랑하는 두 사람이 피차에 갖는 아주 특별한 개인적인 정열에 대하여도 마찬가지 말을 할 수 있다. 근본적으로는 개인의 개성이나 두 사람의 남녀가 서로 품는 정열도 사실은 동일한 것으로, 한쪽이 확실히 나타나는 반면에 다른 쪽은 함축적인 데 불과하다.

새로운 개인의 처음이 무엇인가, 그 사람의 생명의 핵심은 무엇인가? 그것은 그 사람을 낳은 양친이 현재 서로 사랑하기 시작했던 순간 매우 적절한 영어의 표현에 의하면 「서로 그리워함To fancy each other」에 있었다고 생각할 수 있다. 세상에서 흔히 말하는 것처럼 남녀가 만나서 서로 동경에 넘친 눈짓을 교환했을 때 새로운 존재의 최초의 싹이 트는 것이다. 물론 이 새싹도 다른 모든 싹과 마찬가지로 거의 전부 짓밟혀 버린다.

새로운 개인은 이른바 새로운(플라톤적인) 이념이다. 모든 이념은 인과율이 각각의 이념에 분배한 재료를 탐욕에 사로잡혀 매우 과격하게 현상계에 나서려고 노력하고 있다. 이와 마찬가지로 인간의 개성의 특별한 이념도 극히 탐욕스럽고 또한 과격하며, 현상 속에서 실현될 것을 목표로 하여 노력하고 있다. 이 탐욕적인 과격성이야말로 언젠가는 양친이 되는 두 사람의 남녀 사이의 정열이다. 정열에도 여러 가지 정도가 있다.

그 두 극단을 각각 최저의 애욕이라고 말하든 하늘 위의 사랑이라고 부르든 그것은 자유지만, 본질적으로 말하면 정열은 이것저것 할 것 없이 다 마찬가지이다. 그러나 정열의 정도로 말하면 당연히 이야기가 달라진다. 정열의 정도는 그것이 개성적이 될수록 격렬해진다. 왜냐하면 사랑하는 사람이 그 육체나 개성의 모든 면에서 상대의 독특한 개성에서 비롯된 소망이나 욕망을 완전히 충족시키면 시킬수록, 그만큼 두 사람의 정열의 정도도 높아지고 있음을 의미하기 때문이다.

그렇다면 어찌하여 정열이 그렇게 되는 것일까? 이 문제에 대해서는 앞으로 더 읽어보면 분명해질 것이다. 인간에게 연정을 일으키는 데 있어서 제일 긴요한 것은 건강하고, 정력적이고, 아름답고 또한 젊다는 것이다. 그것은 의지가 인간이 갖고 있는 종족으로서의 특성을 다른 무엇보다도 앞질러 모든 개성의 기초로서 표현하려고 하기 때문이다.

일상적인 연정 같은 것은 그 정도 이상으로 발전하지 못한다. 다음 단계에 오면 지금부터 살펴보려고 하는 특별한 요구가 나타난다. 이러한 요구를 갖고 자기의 연정을 충족시키는 것이 목전에 이르렀을 경우에는 정열은 매우 높아지게 마련이다.

그러나 최고도의 정열은 사랑하는 두 사람 남녀의 개성이 잘 맞을 때에 일어난다. 이렇게 되면 의지가, 즉 부친의 성격과 모친의 지성이 두 사람의 결합을 통하여 새로운 개인을 완성한다. 이 새로운 개인을 낳는 데 대하여 모든 종족 속에 나타난 사람의 의지는 그 자연의 강대한 힘에 입각하여, 다시 말해서 죽을 수밖에 없는 인간의 심장으로는 도저히 억제할 수 없을 정도로 뜨거운 동경을 느끼게 된다. 그리고 이러한 동경을 갖게 되는 동기도 개개인이 지혜를 아무리 짜 보아도 알 수 있는 성질의 것이 아니다. 바로 이것이야말로 본질적인 위대한 정열이다.

3. 사랑의 생리

남녀의 사랑에 어디까지나 토대가 되는 것은 양자 사이에 태어날 생명을 위한 본능이지만, 이것을 충분히 알기 위해서는 이 본능을 해부해 보는 것이 상책이므로 이에 대한 언급을 회피할 수 없다.

그 중에서 첫째로 생각해야 할 것은 남성은 본래 애정의 변화가 많고, 여성은 애정의 변화가 없는 경향을 찾아볼 수 있다는 것이다. 남자의 애정은 그 만족을 누린 순간부터 감퇴하여, 거의 어떤 여자에게서도 이 점령한 여자 이상으로 매력을 느낀다. 즉, 남자는 이와 같이 변화를 원한다.

이와는 반대로 여자의 애정은 그 순간부터 점진한다. 이것은 자연이 목적으로 삼는 하나의 결과이다. 자연은 언제나 종족의 유지와 그 증식을 위해 힘쓰고 있다. 다시 말해서 남자는 상대가 되는 여자가 있어 주면 1년에 백 명 이상의 자녀를 쉽게 얻을 수 있지만, 여자는 많은 남자를 소유하더라도 1년에 한 사람의 자녀밖에는 낳을 수 없다(쌍둥이의 경우는 다르지만).

그러므로 남자는 언제나 딴 여자를 요구하고, 여자는 굳게 한 남자를 지킨다. 이것은 자연이 여자로 하여금 이것저것 생각할 겨를 없이 본능에 따라 아이를 기르고 보호하게 하기 위해서이다. 그러므로 부부간의 충실은 남자에게는 인위적인 일이고 여자에게는 자연스러운 일이며, 여자의 간통은 그 결과에서 객관적으로 보거나, 또는 천성에 어긋난다는 주관적인 견지에서 보더라도 남자의 간통과 비교하여 용서할 수 없는 일이다.

이성을 좋아하는 것은 자기로서는 객관적인 일처럼 보이지만, 실은 가면을 쓴 본능, 즉 종족의 형태를 유지하려는 종족의 감정이므로 이것을 근본적으로 고찰하기 위해서는 이 애정으로 우리를 이끌고 있는 심정과 심리상태를 더욱 깊이 탐구하여 상세히 분석해 보아야 한다. 이 심리상태를 분석해 보면 직접적으로는 종족의 형태, 즉 미와 인체의 특성에 관련되어 있으며, 상대적으로는 두 사람의 개성의 어떤 결합에 대하여 그 수정 또는 어느 쪽으로도 치우치지 않고 올바른 것을 필요로 하고 있다는 것을 알 수 있다. 이제 그 하나하나를 살펴보기로 하자.

이성에 대한 우리의 선택 또는 의향을 지배하는 것 중에서 가장 중요한 것은 연령이다. 대체로 말해서 월경이 시작되는 나이에서 폐경이 될 때까지의 나이를 들 수 있지만, 그 중에서도 18세부터 28세 사이를 제일 좋아한다. 이 연령 이외의 경우에는 어떤 여자라도 사람의 마음을 움직이기에 부족하며, 나이를 먹어 월경이 그친 여자는 혐오감을 일으킨다. 설사 아름답지는 않더라도 젊으면 언제나 애교가 있는데, 젊지 않은 미인은 애교가 없다.

이 경우에 무의식적이기는 하지만 사람의 마음을 움직이고 있는 것은 생식이 가능하다는 데 있음은 틀림없는 사실이며, 따라서 누구나 생식 또는 수태에 가장 적합한 시기에서 멀어질수록 그만큼 이성에 대한 애교를 잃게 된다.

둘째로 염두에 두게 되는 것은 건강이다. 급성질환은 다만 일시적인 장해에 그칠 뿐이지만 만성병은 두렵게 생각된다. 그것이 자식들에게 옮아갈 가능성이 있기 때문이다.

셋째로 고려되는 것은 골격인데, 이것은 종족의 형체의 기본이 되기 때문이다. 연령과 질병 다음으로 가장 혐오를 느끼게 되는 것은 균형이

잡히지 않은 자세로, 얼굴이 아무리 아름다워도 이를 보상하기에 부족하며, 오히려 얼굴이 매우 흉하여도 발육이 좋은 편이 더 나은 것이다. 그리고 골격의 균형이 잡히지 않은 자는 언제나 눈에 띄기 쉬운 것이다. 체격이 왜소하거나 다리가 짧거나 절게 되면 곧 눈에 띈다. 이와 반대로 훌륭하게 발육된 체격은 다른 결점을 보충하기에 부족함이 없고 사람을 황홀케 한다. 그리고 이도 소중하게 생각한다. 이것은 영양보급에 필요하며 특히 유전되기 쉽기 때문이다.

넷째로 고려하는 것은 어느 정도 살이 쪄야 한다는 것이다. 즉, 조형성이 뛰어나야 하는데, 이것은 태아에게 충분한 영양을 제공할 수 있다는 표시이기 때문이며 따라서 메마른 사람은 남달리 싫어한다.

여자의 풍만한 가슴이 남성에게 상당한 호감을 일으키는 것은 태아에게 충분한 영양을 줄 수 있으며, 종족의 번식력과 밀접한 관련이 있기 때문이다. 반대로 지나치게 비대한 여자는 혐오를 일으키는데 그것은 이러한 체질이 자궁의 위축을 표시하며, 불임증의 기미를 보여주기 때문이다. 이러한 사실들은, 두뇌로 아는 것이 아니라 본능이 헤아린다.

끝으로 얼굴이 아름다울 것으로, 여기에도 골격이 무엇보다도 관련이 되어 있다. 즉, 주로 코의 아름다움이 문제가 되는데, 짧고 오뚝한 코는 얼굴 전체를 망쳐 놓는다. 코가 위로 향하건 아래로 향하건 간에 약간 동그스름한 모양이 무수한 처녀들의 일생의 행복에 커다란 영향을 준다. 이것은 당연한 일로 종족의 형체와 관련되어 있기 때문이다. 그리고 광대뼈가 작고 입이 작은 것도 중요하다. 이것은 동물의 입과는 달라서 인간의 용모의 독특한 특질이기 때문이다. 또한 턱이 도려낸 것처럼 뒤로 처진 것에 특히 혐오를 느끼는 까닭은 턱이 인류에게만 찾아볼 수 있는 특색이기 때문이다. 끝으로 고려하는 것은 눈과 이마의 아름다움으로 이것은 마음의 특질에, 특히 지력의 특질, 다시 말해서 모성으로서 유전되는 부분에 관련되는 것이다.

이에 대하여 여자가 그 의향을 결정하는 데 있어서 무의식적으로 고려하는 점은 이처럼 정밀하게 측정할 수는 없지만 대체로 다음과 같이 말할 수 있다.

장년은 남성미가 제일 두드러지게 나타나 있으며, 특히 여자가 그 중에서 택하는 것은 30세에서부터 35세의 연령층이다. 그 이유는 취미에서가 아니라 본능에 의해 이 연령층은 생식력이 그 절정에 도달해 있기 때문이다. 대체로 여자는 미, 특히 남성의 용모의 아름다움을 그다지 존중하지 않는다. 즉, 그 미는 자기만이 자녀에게 전할 수 있다고 생각한다. 주로 여자의 마음을 이끄는 것은 남자의 강건함과 이에 따르는 용기이다. 이에 의하여 강한 자식을 낳고, 동시에 그 자식을 보호하기 위해 용기 있는 사람을 원하기 때문이다.

남자에게 체질상의 결함이 있고 체격이 비뚤어진 데가 있더라도, 여자 쪽에서 그 점에 결함이 없거나 또는 그 반대 방면에 뛰어나면 두 사람 사이에 태어나는 자녀에 대해서는 출산할 때 이를 시정할 수 있다. 다만 남성만이 소유하고 있는 특질로 모친으로서는 자식에게 전할 수 없는 특질은 예외이다. 예컨대 사나이다운 골격이나 떡 벌어진 어깨, 가느다란 허리, 곧은 다리, 힘찬 근육, 용기, 수염 같은 것이 이에 속한다. 그러므로 여자는 추남을 좋아하는 경우는 있어도 사나이답지 못한 사나이는 좋아하지 않는다. 이러한 결점은 여자로서 보완할 수 없기 때문이다.

남녀의 애정의 근거로서 고려하는 다음의 문제는 정신상의 특질에 관해서이다. 이 점에서 가장 뚜렷한 것은 여자가 어디까지나 남자의 심정, 즉 성격의 특질에 이끌리는 일이며 그것은 부친으로부터 유전된다. 특히 소중한 것은 굳은 의지와 결단력과 용기 그리고 정직하고 선량한 마음씨로 여자의 마음을 끌게 마련이다. 이와 반대로 지력의 우수성은 여자에게는 직접 또는 본능적인 힘이 되지 못한다. 이것은 부친으로부터 유전될 수 없기 때문이다.

이상한 것은 정신력이 뛰어난 천재가 이상기질로서 여자에게 별로 환영을 받지 못한다는 점이다. 그러므로 어리석고 거친 추남이 여자에게는 오히려 호감을 사고 정신력이 뛰어나고 얌전한 남자보다 승리를 거두는 경우가 종종 있다. 정신(지능)상으로 보면 거리가 먼 자들끼리 진실한 애정을 바탕으로 결혼하는 경우가 있다. 즉, 남자는 사납고 강한 대신에 지력이 열등하고, 여자는 감수성이 섬세하고 생각이 치밀하며, 교양이 있고 취미가 풍부한 경우가 있는 것이다. 그러나 반대로 남자는 천재요, 학자인데 여자는 바보인 경우가 있다.

그 이유는 지적인 면은 전혀 도외시하고 본능만이 고려되기 때문이다. 결혼의 목적은 고상한 대화를 나누기 위해서가 아니라 자식을 낳기 위해서이며, 부부란 마음의 결합일 뿐 두뇌의 결합은 아니다. 여자가 남자의 정신에 반했다는 것은 허영에 가득 찬 어리석은 말이거나, 아니면 변태적인 인간의 변덕이다. 이와 반대로 남자는 지능에 있어서는 여자의 성격이나 특질을 높이 평가하여 애정을 일으키는 일이 없다. 소크라테스가 그 크산티페(남편에게 어울리지 않는 아내)를 얻게 된 것도 이 때문이며, 셰익스피어나 알브레히트 뒤러1471~1528, 독일 화가·조각가—역주나 바이런 등의 경우가 다 그 실례이다. 그러나 지력의 특질은 모친에게서 유전되는 것이고, 형태의 미는 직접적으로 작용하므로, 이것이 지력 이상으로 세력을 차지하는 경우가 있다.

위에서 말한 것은 모두가 진정한 연애를 발생케 하는 근원으로서 직접적이고 본능적인 인력에 대해서만 언급하였다. 이해력이 풍부하고 소양이 있는 여자가 남자의 정신에 큰 비중을 두고, 또한 남자가 이성으로 깊이 생각하여 그 신부의 성격을 배려하는 것은 여기서 말한 내용과는 관계가 없으며, 그러한 일들은 결혼에 이성적인 선택을 하게 하더라도 지금 내가 말하는 정열적인 사랑으로 이끌 수는 없다.

지금까지 생각해 온 것은 누구에게나 통용되는 일이지만, 다음으로 개인적인 면에 대하여 살펴보기로 하자. 여기서 지향하는 것은 불완전하게 나타나 있는 종족의 형체를 교정하여, 선택자 자신에게 이미 있는 변태적인 결함을 고쳐 순수한 형태로 나타내려는 데 있다. 그러므로 이 경우에 상대편에 대하여 호감을 갖고 있는 점은 자기에게 결여된 면이다. 이 경우에 강한 정열을 불러일으키는 것은 대체로 완전한 미가 아니다. 여기서 정열적인 사랑이 발생하는 데 필요한 여건을 화학적으로 말하면, 산과 알칼리를 중화하면 염류가 발생하는 것처럼 두 사람의 인간이 중화될 필요가 있다. 그 필요한 요건은 대체로 다음과 같은 것이다.

첫째로 양성은 모두 한쪽으로 기울어져 있다. 그런데 어떤 사람은 다른 사람보다 이러한 경향이 두드러지게 나타나고 고도로 존재하고 있으므로, 누구나 자기의 기울어진 점을 보충하고 중화시키기 위해 이성 중에서 저 사람보다 이 사람 쪽이 더 좋다는 현상이 나타나며, 새로 태어날 개체에 인류의 올바른 타입을 계승시키기 위해서는 누구나 자기의 개성과 반대쪽으로 기울어진 자를 필요로 하며, 모든 일을 이 새로운 개체의 성정을 목표로 행하게 된다.

지금 말한 바와 같이 두 사람이 서로 중화되려면 남성이 여성 쪽에 잘 적응할 필요가 있으며, 이렇게 함으로써 피차에 치우친 점을 교정해 나갈 수 있다. 그리하여 가장 남자다운 남자는 가장 여자다운 여자를 요구하며, 반대로 가장 여자다운 여자는 역시 가장 남자다운 남자를 요구하여 각자 자기의 처지와 분수에 알맞게 한다.

이 경우에 두 사람 사이에 얼마나 서로 필요한 교섭이 이루어졌느냐에 대해서는 오직 본능적으로 느끼게 마련이며, 이것이 다른 상대적인 배려와 함께 애정의 강약의 근본이 된다. 즉, 사랑하는 자끼리 서로 마음이 맞으려면 주로 여기서 말한 것, 즉 두 사람 사이에 태어난 자녀와 그 자녀의 온전함을 위한 상호의 배합이 사태의 중심이 되어 있으며, 실은 마음이 맞는다기보다는 이 편이 더 소중한 것이다. 마음이 맞아도 결혼하고 나서 얼마 안 되어 커다란 불화를 일으키는 일이 적지 않다.

그 밖에 누구나 자기의 약점이나 결점 그리고 정상에서 벗어난 변태를 상대방을 통하여 소멸시키고 보충하려고 하며, 이러한 결함이 자신에게 전해져서 변태가 되지 않도록 여러 모로 고려하게 된다. 근육이 약한 남자는 그만큼 강한 여자를 요구하고, 여자 쪽에서도 역시 자기 약점에 따라 남자에게 요구하는 것이 있다. 그러나 대체로 여자는 천성이 연약하므로 힘이 센 남자를 좋아한다. 그 밖에 또 고려하는 중요한 점은 키이다. 키가 작은 남자는 특히 키가 큰 여자를 좋아하고, 반대로 키 작은 여자는 키 큰 남자를 좋아한다. 이 경우에 특히 키가 작은 남자로서, 부친은 키가 컸는데 모친이 작은 편으로 체격이 왜소한 자는 키가 큰 여자에 대한 정열이 강하다.

반대로 부친이나 조부도 체격이 작았을 경우에는 키가 큰 여자를 요구하는 경향은 별로 대단하지 않다. 키 큰 여자가 키 큰 남자를 좋아하지 않는 것은 두 사람 사이에 지나치게 키다리 자손이 태어나는 것을 방지하려는 자연의 뜻에서 비롯된 것이다. 그럼에도 불구하고 키가 큰 여자가 사교상 으스대고 싶다는 생각에서 키 큰 남자를 택하면, 대체로 그 자손이 어리석은 행실의 변상을 해야 한다.

다음에 소중한 것은 빛깔이다. 금발을 가진 자는 검은 머리나 혹은 갈색머리를 한 사람을 좋아하지만, 검은 머리나 갈색머리를 한 사람은 금발을 좋아하지 않는다. 이것은 금발이나 푸른 눈은 이를테면 일종의 사치 또는 변태이기 때문이다. 이에 곁들여서 내 의견을 말하면 흰 피부는 인간의 천성적인 것이 아니며, 인간은 우리 조상인 인도인처럼 본래는 검은 색깔 아니면 갈색 피부를 갖고 있었을 것이다. 그러므로 백인종은 본래 자연의 품에서 생긴 것이 아니라 피부의 색깔이 그만큼 바랜 것이다. 자기가 태어난 고장이 아닌 북방지역에서 침입하였기 때문에 인간은 이식된 식물처럼 겨울에는 온실 속에 들어가야 했으며, 이것이 수천년 계속되는 동안에 피부색깔이 점점 희게 되었을 것이다. 백인이 북쪽지방에만 살고 있는 것은 이 때문이다. 집시는 본래 인도인종이었지만, 이주한 후로 약 400년쯤 지나 인도인의 피부색깔이 유럽인처럼 되어갔다. 그리하여 자연은 남녀의 애정에 의해 검은 머리와 갈색 눈으로 된 원형으로 복귀하려고 노력하고 있는 것이다. 인도인의 갈색 피부가 보기 흉할 것도 없지만, 그러나 흰 피부가 우리에게는 제2의 천성이 되어 있다.

끝으로 누구나 그 신체의 어느 부분에 대하여 자기의 결점이나 변태를 교정하려고 하며 그것이 중요한 부분일수록 그 욕구는 강한 법이다. 코가 낮은 사람이 매부리코를 몹시 부러워하는 것은 이 때문이다. 그 밖의 부분에 대하여도 마찬가지라고 말할 수 있다. 여위고 길다란 신체나 사지를 갖고 있는 사람은 통통하고 키가 작은 사람을 아름답게 본다.

이와 마찬가지로 기질에 있어서도 누구나 자기와 반대되는 사람을 좋아한다. 다만 자기의 기질을 명확하게 의식할 경우에만 그렇다. 즉, 어떤 점에서 특히 완벽한 사람은 그 점에서 불완전한 사람을 요구, 또 좋아한다고 볼 수 없지만 다른 점보다 한결 관대하게 본다.

그리고 남자가 추녀와 사랑하는 경우도 간혹 있는데, 이것은 위에서 말한 바와 같이 피차에 잘 조화되어 여자의 변태가 마침 자기의 그것과 반대되어 이를 교정하기에 족하기 때문이다. 이 경우에 사랑은 매우 열렬하게 되는 것이 보통이다.

남녀 간에 신체의 각 부분을 세밀히 관망할 경우는 으레 매우 진지한 태도를 취한다. 그리고 우리의 마음에 드는 여자를 바라볼 경우에 평가가 세밀하고, 또 선택이 자기본위이다. 또한 신랑이 신부를 관찰할 때에는 매우 용의주도하여 어느 모로 보든 틀림이 없도록 하기 위해 신중을 기하며, 또한 소중한 부분에 과부족이 있는 것을 오히려 좋게 생각하는 등등 모두가 그 목적이 중요하기 때문이다. 즉, 새로 태어날 생명이 한평생 같은 육신을 이어받게 되기 때문이다. 등이 굽은 여자는 곱사등의 자식을 낳기 쉬우며 그 밖의 일들도 이와 비슷하다.

이에 대해서는 뚜렷한 자의식을 갖고 있지 않으며, 누구나 다만 자기 자신의 향락을 위해 이 어려운 선택을 하는 것이라고 생각하고 있지만, 실은 자기 자신의 체격을 토대로 하여 이에 따라 종족의 형태를 되도록 순결하게 보존하려는 숨은 임무 때문에 종족의 이해에 순응하도록 행동하고 있는 것이다. 이 경우에 개체 자신은 이것을 모르며 자기보다 높은 것, 즉 종족의 대리를 하고 있는 것이며, 이를 위해 자기에게 유리한 것을 중요시하고 있는 것이다.

젊은 남녀가 처음 만나서 서로 쳐다볼 경우도 의식적으로나마 매우 진지하며, 그들이 피차에 서로 파고드는 눈초리나 상대방의 얼굴이나 신체의 각 부분을 세밀히 주시하는 조심성에는 전혀 다른 의도가 있는 것이다. 그 탐색이나 음미는 종족의 영혼이 이들 두 사람 사이에 태어날 개체와 두 사람의 재능에 대한 깊은 관심을 가진 데서 비롯되는 것이다. 그 결과에 따라서 두 사람이 서로 좋아하고 사모하는 정도가 결정된다. 이것이 어느 정도에 도달한 후일지라도 전에는 미처 모르던 일이 발견되었을 때에는 갑자기 소멸되는 경우도 있다.

이와 같이 종족의 영혼은 생식력이 있는 자 안에서 미래의 종족에 대하여 깊이 생각하고 있는 것이다. 연애가 끊임없이 활동하고 생각하며 애를 태우면서 이룩하는 대사업은 다름 아닌 미래의 종족에의 성정에 있다. 이 중대한 일은 앞으로 대대손손 종족에 관한 것으로, 이에 비하면 개인의 일은 아무것도 아니다. 연애가 언제든지 서슴지 않고 개체를 희생시키는 것은 이 때문이다.

연애와 개체와의 관계는 불멸한 자와 멸망하는 자의 경우처럼 그 이해관계는 무한과 유한으로 갈라진다. 그리하여 오직 개인의 고락 이상의 큰 사건을 지배하고 있다는 의식으로 말미암아 연애는 전쟁의 소동 속에서도 서슴없이 당당히 행세하고, 실생활의 격무 사이에서도, 또는 유행병이 한창일 경우에도 이루어지며 승방의 적막 속에도 곧잘 침입한다.

지금까지 관찰해 온 바와 같이 사랑의 열도는 그 개체의 상호부조가 잘 이루어질수록 증대되며, 두 사람의 체질이나 성정이 종족의 형태를 되도록 훌륭하게 보존하는 데 적합하게 되려면, 한쪽은 매우 특수하여 충분히 상대방을 보충할 수 있어야 하며 이에 적합한 자를 원하게 된다. 이런 경우에는 정열에 불타 유일한 상대방에게 쏠리며, 종족의 특별한 대리인으로서 더욱 고상하고 늠름한 자세를 갖게 된다.

반대로 남녀의 성욕이 양적으로만 종족을 유지하는 데 힘쓰고 질적으로 고려하지 않기 때문에 비속하게 된다. 그런데 이상적인 상대가 결정되고 사랑이 극도로 뜨거워지면 이 세상의 모든 부는 물론 생명도 돌아보지 않게 된다. 이러한 사랑은 다른 것으로는 대신할 수 없는 소망이 되어 열렬히 불타며, 이를 위해서는 어떠한 희생도 달게 받는다. 그러나 만일 그 사랑이 성취될 가망이 없으면 미치거나 또는 자살까지도 어렵지 않게 감행하게 된다.

이와 같이 넘치는 정열의 근원에는 전에도 말한 바와 같이 미처 의식하지 못한 배려가 있지만, 그 밖에도 우리가 좀처럼 찾아볼 수 없는 다른 일면이 있다. 즉, 여기서는 체격뿐만 아니라 남자의 의지와 여자의 지력이 서로 특별히 배합되어, 그 결과 두 사람 사이에 태어난 개체는 어떤 일정한 인간으로 태어나게 되어 있다.

이 개체의 생존은 다름 아닌 종족의 영이 두 사람의 사랑 속에 목표로 삼은 것으로, 그 근원은 사물 자체의 본성에 있기 때문에 우리는 그 깊이를 알 수 없다. 그리고 다른 말로 적절히 표현하면 이 경우에 살려는 의지가 요구하고 있는 것은 특정한 개체 속에 스스로 나타나려는 것이며, 이 개체는 그 아버지와 그 어머니 사이에서나 일어날 수 있는 것이다.

의지 자체의 형이상학적인 요지는, 우선 미래의 양친이 될 자의 심정 이외에는 사람들 속에서 발동할 영역이 없으며 그들은 이 강압에 눌려 있다. 그런데 이것이 자기들을 위해 원하는 것인 줄 생각하고 있지만, 실은 이 경우에 완전히 형이상으로, 눈앞에 나타난 사물 이상으로 그 목적을 지니고 있는 것이다. 즉, 이와 같이 하여 실제로 개체화될 소망을 찾은 것이며, 그 개체가 세상에 태어나려는 강압은 모든 사람들의 근본 원천에서 비롯된 것이다.

이 강압이 미래의 양친이 될 사람들 상호간의 정열이 되고, 이 정열은 안하무인격으로 거의 무조건적인 망상이 되므로, 사랑에 빠진 사나이는 이를 위해서라면 모든 부를 버리고라도 그 여자와 가까이하려고 한다. 그런데 막상 교접을 하더라도 자기가 할 수 있는 일이란 다른 모든 사람들의 경우와 조금도 다를 바가 없는 것이다.

그 목적이 이 점에만 있다는 것은 이 정열은 고상한 듯 하지만 다른 모든 정열과 마찬가지로 성취와 함께 소멸되는 것으로도 알 수 있다. 여기에는 당사자들도 놀란다.

애정의 갈등은 무수한 형태로 나타나 어느 시대의 시인이든 끊임없이 이것을 묘사하여도 그 소재는 무진장이며, 아무리 묘사해도 흡족치 않은 것이다. 이 갈등은 일정한 여자를 얻으면 무한히 행복하리라는 현상이 수반되며, 한편 그것을 손에 넣지 못하게 된다는 생각에는 큰 고통이 따른다. 이러한 사랑의 갈등과 고통의 실질이 되는 것이 스쳐가는 그림자에 불과한 개인의 수요에서 나올 리가 없다. 이것들은 모두가 종족의 영혼의 몸부림으로, 그 목적을 위해서는 별다른 대안이 없으며, 성취하느냐 잃어버리느냐의 갈림길에서 깊이 탄식하는 것이다.

무한한 생명이 있는 것은 오직 종족뿐이며, 따라서 이 소망도 무한하고 그 만족도 무한하며, 또한 그 고통도 무한한 것이다. 이 경우에 이것들은 생멸하는 개인의 가슴속에 갇혀 있다. 그러므로 이 울타리를 깨뜨릴 듯이 보이며, 무한한 행복이나 무한한 고뇌를 예상하고 가슴에 가득 차 있는 것을 이루 다 표현할 수 없는 것도 무리가 아니다. 그리하여 이것들은 당당히 여러 가지 색정을 노래한 시에 소재를 제공하고, 흔히 모든 지상의 일을 초월한 표현으로 나타난다.

사랑하는 상대방의 장점이 어떤 정신적인 것이고 또 객관적으로 실재하며, 그것이 이와 같은 중대한 일의 근거가 될 수는 없는 것이다. 그 가치는 사랑하는 자도 잘 모르며, 그것을 한눈으로 볼 수 있는 것은 오직 종족뿐이다. 그리고 강한 정열은 첫인상에서 생기는 것이 보통이며, 셰익스피어도 "사랑을 한 자로서 첫눈에 사랑하지 않는 자가 있을까?" 하고 말하였던 것이다.

이 점에 대하여 우리는 유명한 마테오 아레만의 소설에서 재미있는 표현을 찾아볼 수 있다.

> "사람들이 사랑을 하게 될 때 깊이 생각하여 상대를 택할 시간은 전혀 필요치 않다. 상대를 보고 거기 어떤 배합과 조화가 서로 이루어지면 족한 것으로, 요컨대 흔히 피차의 동감이라는 것만 있으면 족하며, 이를 위해서는 어떤 일정한 면의 힘이 작용하고 있을 것이다."(2편 3-5)

이와 마찬가지로 애인이 죽거나 또는 다른 사람에게 빼앗기거나 하면 열렬히 사랑하던 자에게 그 괴로움은 다른 어떤 고통보다도 강하다. 그것은 고통이 개인으로서의 자기에게 관계될 뿐더러, 자기의 영원한 본성인 종족의 생명에 손해를 끼치기 때문이다. 그것은 종족의 특별한 의지와 그 위임에 의해 사랑을 하고 있는 것이다.

그러므로 질투는 큰 고통을 주며 애인이 버리고 떠난다는 것은 모든 희생 중에서 가장 큰 것이다. 어떠한 용사도 한탄을 부끄럽게 생각하지만 다만 사랑의 한탄만은 부끄러운 줄 모른다. 이것은 자기 자신이 아니라 종족의 탄성이다.

4. 사랑과 미움

인간은 사랑을 하고 있을 때는 때때로 희극 또는 비극적인 모범을 보여준다. 그것은 비극적이든지 희극적이든지 가릴 것 없이 사랑의 포로가 된 사람이 종족의 정신에 점유되어 지배를 받게 되면 어느새 본래의 자기 자신이 아니며, 그 사람의 행동도 본래의 개성과 엇갈리기 때문이다. 애정이 최고의 단계에 이르게 되면 그 사람의 사상은 매우 시적이며, 한편 숭고한 색조를 띠게 된다. 그뿐 아니라 경험을 초월한 현세를 벗어난 것 같은 방향으로 걷게 되며, 그 때문에 본래의 목적, 실은 극히 육체적인 목적을 잘못 보고 놓쳐버리는 것처럼 생각된다.

그렇다면 왜 이러한 일이 일어나는가? 그것은 사랑에 몸을 불태우는 사람이 단순한 개인적인 일로 말미암아 훨씬 중대한 사명을 맡는 종족의 정신에 충만되기 때문이다. 그 사명이란 이 사람만이 갖추고 있는 특성을 살리는 것, 즉 이 사람이 사나이일 경우에는 이 사람을 아버지로 하고 그의 애인을 어머니로 하는 데서만 비로소 가능하고 장래의 무한히 계속되는 자손의 기초를 만드는 것이다. 무엇보다도 삶에의 의지의 객체화가 분명히 자손을 만드는 것을 요구하고 있어도 이와 같은 사랑에서는 자손을 낳을 수가 없다.

일상의 경험을 훨씬 초월한 중대사와 관계가 있다는 감정을 갖기 위해, 사랑하는 사람들의 기분은 모든 지상적인 것을 초월하여 자기 자신보다도 높이 날아 올라가서, 본래는 육체적인 욕망에 지나치게 신성한 색채를 띠기 위해 평소에는 거의 산문적인 사람의 생활 속에서 매우 시적인 이야기가 전개되는 것이다.

이런 경우에 이 애정 이야기는 희극적인 색조를 띠게 된다. 종족 속에 객체화된 의지가 맡는 생명은, 사랑하는 사나이의 의식 속에서는 상대방의 여성과 결합이 되면 반드시 무한한 행복을 누릴 수 있으리라는 예감이 생긴다. 애정이 최고도에 달하면 이러한 망상은 극히 도리에 어긋나는 형태를 취한다. 상대방의 여성과 사랑을 맺지 못하면 사랑하는 사나이에게는 삶 자체가 모든 매력을 잃을 뿐만 아니라, 이 세상의 모든 것이 기쁨이 없고, 덧없는 따분한 것으로 느껴진다. 그로 말미암아 살고 싶은 의욕을 잃고, 죽음의 공포를 극복하여 자기의 목숨을 끊는 자도 나온다. 이러한 사람의 의지는 종족의 의지의 소용돌이 속에 말려들어 가기도 하지만, 혹은 종족의 의지가 너무도 강력하게 개인의 의지를 압도한다.

이러한 사람은 종족의 의지를 발휘할 수 없기 때문에 개인의 의지 속에 숨어 있는 것을 경멸한다.

이렇게 되면 개인은 너무도 연약한 존재가 되어 결정된 상대방에게 집중된 종족의 의지의 무한한 동경을 감당할 수 없다. 이 경우에 만일 자연이 삶을 위해 사랑하는 사람을 미치게 만들고, 또한 절망상태의 의식을 베일로 뒤덮어 숨겨 주는 일이 없다면 자살로써 탈출을 구한다. 때로는 사랑하는 남녀가 자살하는 경우도 있다. 이러한 일들이 빈번히 일어나 지금까지 말해 온 내용의 진실성이 입증되지 않은 경우를 찾아볼 수 없다.

그러나 충족되지 않는 사랑의 정열만이 비극적인 결과를 가져올 뿐만 아니라, 그 사랑의 정열에 충족되어도 행복보다 불행이 따르는 경우가 많다. 그럴 수밖에 없는 것이, 연정을 충족시키는 것은 흔히 사랑하는 사람의 개인적인 이익과 충돌되는 경우가 많기 때문이다. 설사 사랑이 성립되더라도 그 사람의 주위의 환경과 부합되지 않아 그 생활설계를 파괴함으로써 그 사람의 개인적인 이익은 크게 손상되는 것이다.

사랑은 단지 외적인 환경과 충돌할 뿐만 아니라, 사랑하는 자의 개성과 충돌하는 경우도 가끔 있다. 왜냐하면 이러한 사람들은 성적인 관계를 제외하면 혐오스럽고 경멸해 마땅한 이성—아니 본래 혐오할 수밖에 없는 이성에 매혹되어 있기 때문이다. 그러나 뭐니뭐니해도 종족의 의지는 개인의 의지보다 강하기 때문에 사랑하는 자들은 본시 혐오해야 마땅한 상대의 여러 가지 특징에 눈을 감고, 모든 점을 간과하며, 모든 것을 오해하고, 자기의 정열의 대상에 언제나 매이게 된다.

이와 같이 미망에 사로잡혀 있는 동안은 사랑하는 자는 눈이 멀지만, 일단 종족의 의지가 충족되기만 하면 미망은 사라지고 거기 남는 것은 혐오스러운 생애의 반려일 뿐이다. 우리는 때때로 매우 이성적인 훌륭한 남자가 용이나 악마와 같은 무시무시한 여인과 결혼한 것을 목격하면서도 어찌하여 그들이 이러한 부부관계를 맺고 있는지 모르고 있다.

그러나 이러한 의문도 앞에서 말한 근거로 충분히 말할 수 있다. 이 때문에 옛날 사람들은 아모르사랑의 신를 맹목적이라고 생각하였다. 뿐만 아니라 사랑을 하는 사나이는 설사 그에게 괴로운 생애밖에는 약속해 주지 않는 약혼자의 거의 감당키 어려운 성격과 성질상의 결함을 충분히 알고, 이 때문에 시달림을 받으리라는 것을 예감하고 있으면서도 그 뜻을 굽힐 수 없는 것이다.

나는 듣지 않는다, 또 묻지 않는다,
그대에게 죄가 있는지의 여부를.

나는 내가 그대를 사랑하고 있다는 것을 알고 있다,
설사 그대가 어떠한 인간이라고 하더라도.

왜냐하면 사랑하는 사람은 자기 자신을 위해 상대를 요구하고 있다는 미망에 사로잡혀 있지만, 근본적으로 그는 자기를 위하는 상대가 아니라 장차 태어날 제3자를 위한 상대를 구하고 있는 것이다. 그러나 자기 자신을 위한 상대를 요구하지 않는다는 위대한 품격을 지니고 있는 이러한 태도는, 정열적인 사랑에도 숭고한 기풍을 주어 능히 시로서 노래할 만한 가치가 있는 소재가 되게 한다. 뿐만 아니라 애욕은 결국에 가서 그 대상에게 극도의 증오심을 품는 것도 양립된다. 이로 말미암아 플라톤은 성애를 양에 대한 늑대의 사랑과 비유하였다. 이러한 사태는 정열적으로 사랑하는 자가 아무리 노력하여도 결코 상대방이 들어 주지 않을 때에 일어난다.

나는 그녀를 사랑하고, 또한 미워한다(셰익스피어, ≪심벨린≫ 제3막).

이렇게 해서 불타오른 애인에 대한 증오심은 때로는 애인을 죽이고 자기도 자살하는 데까지 이르는 경우가 있다. 이러한 사건의 몇몇 실례는 해마다 일어나고 있으며 신문지상에서도 얼마든지 찾아볼 수 있다. 괴테의 다음과 같은 시는 이런 점에서 바른 말을 하고 있다.

짓밟힌 모든 사랑과
지옥의 원소로 하여
내가 저주할 만한
분노가 무엇인가를
알고자 하노라.

사랑하는 사람이 상대가 냉담하며 자기가 괴로워하는 것을 오히려 기뻐하는 것을 잔인하다고 한들 결코 지나친 표현이 아니다. 그럴 수밖에 없는 것이 사랑하는 자는 벌레의 본능과도 비슷한 충동의 영향을 받아 이성의 모든 설득에 귀를 기울여야만 자기 목적을 꾸준히 추구하여 다른 모든 일을 무시하게 되기 때문이다. 그 사람은 사랑의 충동에서 벗어날 수 없는 것이다. 지금까지 충족되지 않은 사랑의 충동을 한평생, 마치 발목에 매인 사슬을 질질 끌고 다니듯이 쓸쓸한 삼림 속에서 한숨짓지 않을 수 없었던 페트라르카1304~1374, 이탈리아의 시인—역주 한 사람뿐이 아니라 수두룩하였던 것이다. 그러나 오직 한 사람의 페트라르카에게는 동시에 시인으로서의 소질이 갖추어져 있었다. 그에게는 다음과 같은 괴테의 아름다운 시가 어울린다.

> 사람들이 고뇌 속에서도 침묵을 지키고 있지만
> 신은 나에게 내가 얼마나
> 괴로워하고 있는가를 들려주었다.

아닌 게 아니라 종족의 수호신은 도처에서 개인을 수호하는 신과의 사이에 싸움을 걸어 개인에게 대적하여, 자기의 목적을 달성하기 위해 언제나 개인의 행복을 무자비하게 파괴하려고 한다. 뿐만 아니라 국민 전체의 행복이 종족의 수호신의 기분에 의해 희생이 되는 경우도 있다. 그 실례를 셰익스피어는 ≪헨리 6세≫ 제3부 제3막에서 보여주고 있다.

대체 이러한 일이 생기는 까닭은 어디에 있는 것일까? 그것은 우리의 본질이 뿌리를 박고 있는 종족은 우리들 개인의 존재보다 먼저 존재하고 있었다는 권리를 소유하고 있을 뿐만 아니라, 우리에게 우리들 개인의 권리보다 더욱 소중한 권리를 소유하고 있기 때문이라고 하겠다.

이로 말미암아 종족에 관계되는 문제는 개인에게 관계되는 문제보다 우선권을 갖게 되는 것이다. 이러한 사실을 절실히 느끼고 있던 옛날 사람들에게는 종족의 수호신이 *큐피드(에로스)의 형태를 빌어서 표현되었다. 큐피드는 어린이와 같은 얼굴을 하고 있음에도 불구하고 적의를 품고 잔인무도하기 때문에 언제나 저주를 받은 신이며, 기분에 의해 움직이는 전제적인 악마이다. 그리고 그러면서도 신들이나 인간의 군주이기도 하다.

그대, 신들과 인간의 폭군인 에로스여!

흉악한 화살, 맹목과 날개가 그 속성이다. 이 경우에 날개는 변덕을 표시하고 있다. 변덕이란 일반적으로 욕망이 충족된 연후에 비로소 생기는 환멸과 함께 등장하게 마련이다.

정열은 단지 종족에게만 가치가 있는 것이, 마치 개인에게도 가치가 있는 듯이 생각되는 미망에 의거해 있다. 그러므로 종족의 목적이 일단 달성되면 이 미망은 소멸된다. 그때까지 개인을 사로잡고 있던 종족의 정신은 이렇게 되면 다시 개인을 해방시켜 준다. 그러나 종족의 정신에서 해방된 개인은 다시 본래의 상태, 즉 여러 가지 제약을 받은 가난한 상태로 되돌아가기 위해 즐거움을 손에 넣으려고 그토록 고귀하게 또

---

* 에로스(Eros): 그리스 신화에 나오는 사랑의 신을 말한다. 로마 신화의 아모르(큐피드). 여신 아프로디테의 아들이라고도 하고 시동이라고도 한다. 날개 달린 나체의 어린아이로 표현되고 있으며, 언제나 화살을 갖고 다니면서 신들에게나 사람에게 화살을 쏘는데 황금 화살을 맞으면 달콤한 사랑을 속삭이게 되며, 납의 화살을 맞으면 사랑을 싫어하는 마음이 생긴다고 한다. 에로스가 사랑의 신이 된 것은 오랜 후일의 일로서 그는 프시케를 사랑하였다. 고대의 우주를 창조할 당시 혼란한 세상을 다스린 신으로 플라톤은 ≪향연≫에서 지혜·미·선을 사랑하여 이를 추구한 것으로 간주된다. 그리하여 에로스는 사랑, 즉 성애의 뜻으로 쓰인다.

용감하게 노력하였는데도 불구하고, 모든 성의 만족이 그런 것처럼 결국 아무 것도 남지 않았다는 것을 알고 놀라게 되는 것이다.

개인은 그 후로는 기대에 어긋나 이전보다 행복하게 된 것이 아님을 발견하게 된다. 그리고 자기는 종족의 의지에 속아 넘어갔다는 것을 통감한다. 이러한 의미에서 행운을 타고난 테세우스는 아리아도네에게서 도망치게 된다.* 본래 페트라르카의 정열이 만족을 느끼게 되었던들, 그때부터 그의 노래는 마치 알을 낳은 새처럼 노래하지 않게 되었을 것이다.

* 그리스신화에서 테세우스는 크레타에서 자기를 도와준 처녀 아리아도네를 버리고 도망해 버린다.

5. 연애결혼과 중매결혼

연애결혼은 개인의 이익에서가 아니라 종족의 이익에 의거하여 결합된다. 분명히 연애결혼을 한 당사자들은 자기들의 행복을 증진시키기 위해서였다고 잘못 생각하고 있지만, 본래의 목적은 그들에게는 이질적인 것이지만 그들에 의해서만 가능한 새로운 개인을 낳는 데 있다.

이러한 목적으로 친밀하게 된 두 사람은 서로 될수록 조화하여 살아가려고 한다. 그러나 정열적인 연애의 본질을 이루고 있는 본능적인 미망에 의해 결합된 부부는, 다른 점에서 보면 각각 전혀 다른 성격의 소유자인 경우가 때때로 있다. 즉, 그 미망이 소멸되자마자 곧 두 사람이 이질적인 인간이었다는 것이 드러나게 되는데, 이것은 당연한 일이기도 하다.

그러므로 연애결혼은 일반적으로 불행한 결과를 가져오게 된다. 그것은 연애결혼이 현재의 부부의 희생으로 장래의 세대를 위해 결합되어 있기 때문이다. '연애결혼을 한 자는 고뇌를 벗삼고 살아가야 한다'는 스페인의 옛말도 있다.

편의상 주로 양친이 선택해서 결합된 결혼은 이와는 반대의 관계에 있다. 어떤 형식을 취하건 이러한 결혼은 결합되는 두 사람의 남녀의 행복을 위주로 하고 있으므로 아무래도 자손들에게는 불리하게 마련이다. 그렇다고 하여 이와 같은 결론에 의해 결합된 두 사람이 과연 원만히 가정생활을 해나갈 수 있느냐 하는 것도 문제이다.

결혼의 조건으로서 자기의 정욕을 만족시키는 것보다 금전에만 구애되는 남자는 종족 속에서보다 오히려 개인 속에서 살아가고 있는 것이라고 하겠다. 이러한 남자의 태도는 진리에 위배되며, 따라서 부자연스럽기 때문에 아무래도 사람들로부터 경멸을 받게 마련이다.

한편 부모의 의견을 받아들이지 않고, 부유한 중년 남자의 프로포즈를 거절하고 여러 가지 편의나 이득에 대한 배려를 무시하고 나서 오직 자기의 본능적인 애정에 따라 남편을 택하려는 처녀는, 그녀 자신의 행복을 종족의 행복을 위해 희생시키고 있는 것이다. 그러므로 그녀에게 찬사를 보내지 않을 수 없다. 뭐니뭐니해도 그녀는 보다 중요한 것을 소중히 여기고 자연의 뜻에 따라(종족에 의거하여) 행동하였기 때문이다.

이와 반대로 양친은 개인의 이기주의에 의거하여 충고한 것이 된다. 모든 점으로 보아 혼인을 맺게 되면 개인의 이익이나, 혹은 종족의 이익 중에서 어느 한쪽을 희생하지 않으면 안 되는 것이다. 거의 모든 결혼이 이러한 상태에 놓여 있다. 편의와 이익에 대한 계산과 정열적인 애정이 함께 손을 마주잡고 골인하는 경우란 좀처럼 찾아볼 수 없는 행운이라고 하겠다. 대다수의 인간이 육체적으로나 도덕적으로나, 또는 지능적으로도 바람직한 상태에 놓여 있지 않은 이유의 일부는, 본래 결혼 자체가 순수한 선택이나 애정에서 출발하는 것이 아니라 여러 가지 의무적인 배려나 우연의 상황 속에서 결합되기 때문이다.

편의와 이익이라는 관점과 병행하여 애정도 어느 정도 염두에 둔다면, 이러한 결혼은 이를테면 종족의 수호신과 화해하였다고 볼 수 있을 것이다. 주지하는 바와 같이 행복한 결혼은 좀처럼 찾아볼 수 없는 것이다. 그것은 결혼의 목적이 현재 살고 있는 당사자가 아닌 장래의 세대라는 것이 결혼의 본질이기 때문이다.

이것은 화평한 심정으로 서로 사랑하는 사람들의 위안이 되기 위해 첨가하는 말이지만, 때로는 정열적인 성애에도 전혀 기원을 달리하는 감정, 즉 참된 사고방식에 일치되는 우정이 부부 사이에 따르는 경우도 있다.

그러나 이러한 우정은 성애를 만족시키려는 본래의 감정이 소멸되었을 때 발생하는 것이 보통이다. 그리하여 이러한 우정이 생기는 것은 거의가 다음과 같은 처지에서이다. 즉, 각자가 지닌바 육체적, 도덕적, 그리고 지적인 특질을 서로 보충하고 커버해 나가는 부부는 다음 세대의 자손을 낳는 것을 염두에 두고 성적으로 사랑하는 것이지만, 두 사람을 개인적으로 보았을 경우에도 각각 다른 성격이나 정신적인 특성을 서로 보충하고 커버해 나가기 때문에 두 사람의 생활감정이 무리 없이 조화를 이루게 된다.

6. 사랑의 배반

그럼 어찌하여 사랑하는 사람은 완전한 귀의의 심정으로 가득 차, 자기가 택한 사람에게 매혹되어 애인을 위해서라면 어떠한 희생을 지불해도 무방하다는 태도를 취하게 될까?

그것은 애인을 그리워하는 심정이 사랑하는 사람의 불사의 부분이기 때문이다. 다른 부분은 모두가 언젠가 죽지 않으면 안 되는 것이다. 특정한 애인에 대한 사랑하는 남자의 활발한, 아니 미친 듯한 욕구는 그런 의미에서 우리의 존재의 핵심을 이루는 부분은 파괴되지 않으며, 또한 이 핵심이 종족 속에서 유지됨을 직접 보증하는 것이다. 우리의 존재의 핵심이 종족 속에 지속되는 것을 대수롭지 않게 생각하여 이것은 대단한 것이 못 된다고 단정한다면 잘못이다.

어찌하여 이런 그릇된 생각을 하게 될까? 그것은 종족의 지속을 단지 우리를 닮기는 했지만 아무래도 우리와 동일하지 않은 자가 장차 존재한다는 것 이상으로 생각이 미치지 않기 때문이다. 그리고 종족이라고 하더라도, 다만 밖으로 향한 인식에서 비롯되는 종족의 외관, 즉 우리가 몸소 눈으로 확인할 수 있는 모습만을 염두에 둘 뿐 종족의 내면적인 본질을 간파하려고 하지 않기 때문이다.

그런데 이 내면적인 본질이야말로 우리의 의식 속에서 중심이 되는 터전을 이루는 것이다. 뿐만 아니라 우리의 의식 자체보다도 더욱 직접적인 것이며, 개체화의 원리에 얽매이지 않는 물자체이다. 개인은 저마다 여러 가지 모습으로 존재하고 있지만, 이 종족의 내면적인 본질은 모든 개인을 통하여 동일한 것이다. 그리고 이 내면적인 본질이야말로 삶과 그 지속을 절실히 갈망하고 있는 삶에의 의지이다.

이것은 죽어도 전혀 장애를 받지 않으며 여전히 남아서 존재한다. 그렇다고 해서 인간의 생활이 현재의 상태보다 결코 좋은 상태로 향하고 있다고는 말할 수 없다. 누구에게나 항상 고뇌와 죽음이 따르는 삶밖에는 없는 것이 분명하다. 이 괴로운 세계에서 벗어나기 위해서는 의지를 부정할 수밖에 없다. 의지를 부정함으로써 개인의 의지는 종족의 근원에서 해방되어 종족 속에 생존하는 것을 그치게 된다.

그럼 그 다음에는 어떻게 되는 것일까? 이에 대해서는 아무런 개념도 찾아볼 수 없고 사실의 밑받침도 발견되지 않는다. 우리로서는 이것을 삶에의 의지가 되느냐, 혹은 삶에의 의지가 되지 않느냐 하는 선택의 자유를 가진 자로서 규정할 수밖에 달리 도리가 없다.

삶에의 의지가 되지 않는 것을 불교 용어로는 열반이라는 말로 표현하고 있다. 이러한 의미에서는 무엇이라고 해명할 수 없는 모든 인간 의식의 정점이다.

이와 같은 관찰의 입장에 서서 현세의 영위에 대하여 살펴보기로 하자. 모든 인간은 삶의 고통과 고뇌에 사로잡혀 있으며, 있는 힘을 다하여 무한한 욕구를 만족시켜 여러 가지 괴로움에서 벗어나려고 애쓰고 있다. 그러나 그들은 자기의 고뇌에 충만한 개인적인 생존을 잠시 동안 보유하는 것 이상의 기대를 할 수 없는 처지에 놓여 있는 것이다. 이러한 소용돌이 속에 있으면서 사랑하는 남녀가 서로 동경에 충만한 눈짓을 주고받고 있는 모습을 목격하게 된다.

그런데 어찌하여 그 사람은 그처럼 몰래 두려운 심정으로, 마치 훔쳐보는 듯한 눈초리를 교환하는 것일까? 그것은 애인끼리 몰래 모든 고통과 고뇌를 영원히 반복시키려는 배반자이기 때문이다. 당연히 이러한 고통과 노고의 되풀이는 곧 끝나야 마땅하다. 그런데 사랑하는 두 사람은 그들과 같은 애인들이 일찍이 이것을 거부한 것처럼, 지금도 고통과 노고의 반복을 종결하는 것을 가로막으려고 하고 있다.

VII. 도덕의 근원

1. 도덕의 원천

도덕의 연구가 물리나 그 밖의 다른 어떤 연구보다도 매우 중요한 것은, 그것이 직접 물자체와 관계되기 때문이다. 다시 말해서 직접 인식의 빛을 받아 그 본성을 의지로서 나타내고 있는 그 현상에 관계되고 있는 것이다. 이와 반대로 물리상의 진리는 오직 표상, 즉 현상의 범위에 그치며, 의지의 가장 낮은 현상에 규칙적으로 표상이 나타나는 모습을 보여주는 데 그친다. 그리고 이와 같이 형이하학의 면으로만 세계를 관찰해서는 그것이 아무리 슬기롭게, 또 깊이 이루어져도 그 결과는 우리의 위안이 되지 못한다. 위안을 가져오는 것은 도덕의 측면뿐이며 그 관찰은 우리 자신의 내부를 열어 보여준다.

나의 철학은 도덕에 충분한, 그리고 완전한 권능을 부여하는 유일한 철학으로, 인간의 본성이 인간 자신의 의지이며 따라서 인간은 엄격한 의미에서 자기 자신의 작품이므로 그 행위는 전적으로 자기의 것이고, 또 자기에게 그 책임을 돌리게 되는 것이다(이렇게 보는 철학만이 도덕을 논할 수 있다).

이와 반대로 인간이 다른 기원에서 비롯된 자기와 다른 본성의 작품이라면, 그 죄과는 모두가 그 기원 또는 창시자에게로 돌아가게 된다. 행동은 유에서 나오기 때문이다.

세계의 현상을 낳고, 따라서 그 성정을 정하는 힘을 마음속의 도덕성과 결부시켜 도덕적인 세계질서를 형이하학의 질서의 근거로 삼는 것—이것은 소크라테스 이래로 철학의 문제였다. 만유신교가 자연은 그 힘을 자체 안에 지니고 있다고 한다. 그런데 그렇게 되면 윤리가 없어져 버린다. 그리하여 스피노자는 군데군데 궤변으로 윤리를 구원하려고 하였지만, 대체로 혐오스러운 철면피한 어조로 의와 불의, 선과 악의 구별은 일종의 언약에 불과하며 그 자체는 허무라고 주장하였다(≪윤리학≫ 4권, 명제 37, 부언 2). 100년 남짓한 동안에 스피노자는 부당하게 경시되어 왔는데, 이제는 그 반작용으로 윤리에 대한 견해가 흔들린 나머지 이 세기에 지나치게 중요시되고 있다.

만유신교는 윤리의 기본요구에 응답을 주지 못한 채 세계의 해악과 고뇌로 하여 결국 파탄에 직면할 수밖에 없다. 세계가 다 신의 표적이라면 인간은 물론 동물이 하는 일도 모두가 신의 일과 같이 으레 훌륭할 것이며, 비난의 여지도 없고, 또한 이것이 저것보다 낫다고 할 수도 없을 것이다. 그렇게 되면 윤리는 없어진다. 오늘날 스피노자주의, 만유신교가 부흥하면서 윤리가 침체되고 저속하게 되어, 적당히 국가나 가족의 생활을 영위하는 길잡이에 불과하게끔 범속주의를 조직적으로 완성하여, 재미있고 유쾌하게 이루어 나가는 것이 인간생존의 최종목적이 되어야 한다고 주장한다.

그런데 만유신교가 이와 같이 저속하게 되어 버린 것은 '어떤 나무에도 열매를 맺는다'는 말을 악용하여 헤겔이라는 평범한 두뇌를 대철학자로 세계에 치켜세우고, 위조화폐를 만들어 청년들을 선동해서 그 제자로 삼고 그들을 우매하게 만들어 그 허풍에 귀를 기울이게 하였기 때문이다. 인간정신에 대한 이러한 폭행은 벌을 받아야 마땅하며 그 싹은 이미 돋아나기 시작하였다. 그들의 주장에 의하면 윤리적인 가치는 한 사람 한 사람의 행위에 있는 것이 아니라 국민 전체에 있다는 것이다. 이런 평범한 실재론에서 출발한 견해보다 더 그릇된 것도 없을 것이다.

한 사람 한 사람에게 보편적으로 나타나는 것으로, 실패는 의지 자체의 본성이 그대로 표출된 것으로서 소우주는 대우주와 동일하다. 대중의 내용도 한 사람 한 사람이다. 윤리에서 논하는 것은 행동과 그 성과가 아니라 욕구에 있으며 욕구는 오직 개체에서만 찾아볼 수 있다. 도덕적으로 결정되는 것은 다만 현상으로만 나타나는 국민의 문명이 아니라 한 사람 한 사람의 운명이다. 국민이란 사실 추상에 불과하며 참으로 존재하는 것은 개체뿐이다.

자연 속에 움직이고 있는 힘은 우리 안에 있는 의지와 동일하다. 이렇게 보면 도덕적인 세계질서와 세계의 현상을 낳는 힘은 직접 서로 관계를 맺고 있다. 즉, 의지의 성정과 그 현상은 상응하는 것이며, 내가 아주 오래된 정의를 주장한 것도 여기에 의거해서이다. 여기서 비로소 소크라테스 이래로 논의되어 온 문제가 해명되며 도덕에 대한 이성의 요구도 만족을 얻게 된다. 그렇다고 내가 문제점을 전혀 내포하지 않은 철학을 세우려고 과장하는 것은 결코 아니다. 이런 의미의 철학은 있을 수 없으며, 그런 것은 오로지 지적인 학문에만 있을 수 있다. 그러나 '그 이상은 추구할 수 없어도 거기까지는 할 말이 있다'고 하겠다. 인간의 사려가 개입할 수 있는 영역에는 한계가 있으며 거기까지는 인간 생존의 암흑을 비춰볼 수 있다. 물론 수평선은 언제나 암흑 속에 있지만.

2. 도덕적 행위란?

나는 지금부터 모든 진지한 행동에 참으로 도덕적인 가치의 기초가 되는 동기에 대하여 설명하려고 한다. 종전의 모든 체계가 도덕적 행위의 원천, 즉 윤리의 기초로 삼아온 것은 모두가 이론에만 치우쳐 여러모로 그럴싸한 말만 주워섬긴 궤변이거나, 또는 공중누각을 연상케 하는 주장이 아니면 구름 속에 띄운 풍선과 같은 것에 불과하였다.

내가 도덕의 기초가 되는 동기라고 생각하는 것은, 그 진실성이나 그 의심할 여지가 없는 현실성으로 보더라도 종래의 모든 체계의 주장과는 전혀 다르다는 것이 내 설명에 의해 분명히 해명될 것이다. 나는 도덕의 동기를 어떤 적당한 착상으로서 제기하려는 것이 아니라, 이것만이 현실적으로 가능한 것임을 입증하려고 한다.

그러나 막상 이것을 입증할 단계에 이르고 보니 많은 사고의 결합을 필요로 한다. 그리하여 나는 증명에 반드시 필요할 뿐만 아니라 이른바 공리로서도 통용될 수 있는 몇몇 전제를 여기 제시하려고 한다. 이 여러 가지 전제 중에서 마지막 두 가지는 내가 전에 말한 논거≪윤리학의 두 가지 근본문제≫ 속의 <도덕의 근원>에 상세히 서술되어 있다.—역주에 의거해 있음을 미리 말해 두고자 한다.

1. 어떠한 행위도 충분한 동기가 있어야 일어나게 된다. 이것은 마치 바위도 충분히 떠밀거나 힘껏 잡아당기지 않으면 움직일 수 없는 것과 마찬가지이다.

2. 행위하려는 자의 성격상 충분한 동기가 있었을 경우에, 그 동기 이상으로 강력하고 또한 여기에 대립되는 동기가 그 사람의 행동을 필연적으로 가로막지 않는 한, 그 사람은 행위를 하지 않고 견딜 수 없는 것이다.
3. 언어의 가장 넓은 의미에서 의지를 움직이는 것은 일반적으로 행복과 불행이며, 반대로 행복과 불행은 각각 의지에 순응하거나 의지에 등을 돌리고 있는 것이다. 그러므로 모든 동기는 행복과 불행에 관련되어 있다.
4. 그러므로 모든 행위는 그 최종목표로서 행복과 불행을 느낄 수 있는 존재와 관계를 맺게 된다.
5. 이 존재는 행위자 자신이거나, 또는 다른 사람일 수 있다. 후자의 경우에, 행위는 다른 사람에게 손해를 주는 경우도 있고 이득이나 복지를 주는 경우도 있지만, 어쨌든 다른 사람은 그 행위에 주동적으로 관계한다.
6. 그 최종목적이 행위하는 자의 행복과 불행 자체에 있는 행위는 이기적이다.
7. 여기서 행위에 대하여 이야기한 모든 것은, 어떤 동기와 이에 반대되는 동기가 구비되어 있었기 때문에 이런 행위를 하지 않았을 경우에도 적용된다.
8. 앞에서 말하는 각 항목에서 언급한 논거로 보아, 이기주의와 행위의 도덕적 가치는 서로 완전한 배척관계에 있다. 어떤 행위가 그 동기로서 이기적인 목적을 갖고 있다면, 그 행위는 결단코 도덕적인 가치를 갖고 있다고 할 수 없다. 어느 행위가 도덕적인 가치를 가지려면 그 동기는 직접적이든 간접적이든, 그리고 원근의 차이

를 불문하고 절대로 이기적인 목적을 가져서는 안 된다.

9. 어느 행위가 도덕적인 의미를 갖느냐 갖지 못하느냐 하는 것은 다만 다른 사람과의 관계에만 한정된다. 즉, 다른 사람과 관계되었을 경우에만 그 행위가 도덕적인 가치를 갖느냐, 그렇지 않으면 비난해야 하느냐가 결정된다. 다른 사람과의 관계에서만 어느 행위가 정의나 인간애의 발로가 될 수 있다. 또는 반대로 각각 부정, 혹은 인간애에 위배된다고 말할 수 있다.

3. 정의와 동정

나는 지금까지 동정同情, sympathy이 그야말로 윤리의 근본현상임을 밝히고 동정이 나타나는 과정을 관찰해 왔지만, 이에 대하여 더욱 상세히 살펴보면 타인의 고통이 직접 자기의 동정을 불러일으킨다. 다시 말하면 내가 무엇을 하거나, 혹은 하지 않는 동기가 되는데 있어서는 분명히 구별된 두 개의 단계가 있다는 것을 알 수 있다.

첫째의 단계는 나의 이기적인 혹은 악의에 찬 동기에 대항하여, 타인이 고통을 당하는 원인이 되거나 또는 설사 지금 현재는 그렇지 않더라도, 언젠가는 내 자신이 타인의 고통의 원인이 되는 일이 없도록 억제하거나 자제하는 동정이다. 그러나 높은 단계에 이르면 동정은 더욱 적극적으로 나와, 나로 하여금 타인의 원조를 위해 활발히 나서게 한다. 이른바 정의의 의무와 덕德의 의무와의 구별, 더 정확하게 말하면—칸트도 할 수 없이 그렇게 표현하고 있지만—정의와 인류애의 구별은 내가 지금 말해온 것으로써 자연히 명백하게 된다.

그리고 소극적인 것과 적극적인 것, 사람을 해치는 것과 사람을 돕는 것 사이에는 자연스러운, 따라서 결코 오해를 받을 수 없는 엄격한 구분이 있다는 원칙도 입증된 셈이다.

한쪽을 정의의 의무라고 부르고, 다른 쪽을 덕의 의무, 또는 사랑의 의무니 불완전한 의무라고 부르는 명명법은, 우선 종류와 종種을 같은 계열로 간주한다는 결점을 지니고 있다. 그리고 이 명명법에 따르면 의무라는 개념이 너무나 광범위한 의미를 갖게 된다. 나는 이 개념에 참된 한계를 두고자 한다.

앞에서 말한 두 개의 의무 대신으로 나는 두 개의 덕, 즉 정의의 덕과 인간애의 덕을 들고자 한다. 이 두 개의 덕을 나는 기본적인 덕이라고 말하려고 한다. 실제로 이 두 가지 덕에서 다른 모든 덕이 파생되고 또한 이론적으로도 유도해 낼 수 있기 때문이다.

두 개의 덕은 자연의 동정에 의거하고 있다. 그러나 이 동정 자체도 인간 의식이 부정할 수 있으며, 본질적으로 독특한 것으로 모든 전제, 즉 개념·종교·교의·신화·교육·교양 등에 의거하는 것이 아니다.

자연의 동정은 근원적, 직접적으로 인간 본래의 모습 자체 속에 깃들어 있다. 그 때문에 어떤 관계에 놓이더라도 유효하며 어느 나라에서나 어느 시대에도 나타난다. 그리고 이 동정은 모든 인간에게 반드시 존재하는 무엇으로서 언제나 여기에 확신을 갖고 호소할 수 있다.

동정은 결코 이방인의 여러 신들에게 속해 있지 않다. 이와 반대로, 동정심이 있어 보이는 인간은 사이비 인간이라고 불린다. 인간성을 가끔 동정과 같은 말로 사용하기도 하는 것은 이 때문이다.

이러한 순수하고 자연스러운 도덕적 동기가 작용하는 첫째 단계는 단지 소극적인 것에 불과하다. 본능적으로 우리는 저마다 부정과 폭력에 흐르는 경향이 있다. 왜냐하면 우리의 의식 속에 우선 모습을 나타내는 것은 요구·욕망·분노·증오 등이며, 따라서 이것들은 처음에 자리를 차지한 자로서의 권리를 갖고 있기 때문이다.

이와 반대로, 부정한 행위나 폭력이 일으킨 타인의 고통은 표상이라는 제2의 길을 거쳐 경험을 통하여 비로소 의식 속에 간접적으로 도달하는 데 불과하다. 세네카도 '아무도 선한 의향이 악한 의향보다 먼저 나타나는 일이 없다'고 말하였다.

그렇다면 동정은 제1단계에서는 어떻게 등장하는 것일까? 나에게는 잠재적으로 비도덕적인 것이 내재해 있기 때문에, 이것이 타인에게 고통을 일으키려고 하면 동정이 그것을 가로막으려고 출동하여 '참아!' 하고 소리치면서 스스로 타인 앞에 나서는 것이다. 그렇지 않으면 나의 이기심이나 악의가 나를 충동하여 타인에게 위해를 끼치게 된다.

이와 같이 하여 이 동정이 제1단계에서 '누구에게도 위해를 끼치지 말라!'는 격률, 즉 정의의 근본원칙이 생긴다. 이 덕목은 매우 순수하며 도덕적이고 다른 모든 요소와 뒤섞이지 않으며, 오직 동정에만 의거해 있는 것이다.

만일 그렇지 않다면 정의의 덕이라 하더라도 그 기초는 이기심에 불과하게 될 것이다. 내 마음이 이 동정을 받아들일 수 있게 되면 이 동정은 언제 어디서나 내가 자기의 목적을 달성하기 위해 타인의 고통을 수단으로 사용하는 것을 방해할 것이다.

이 경우에 타인의 고통이 그 순간에 생기느냐 아니면 나중에 생기느냐, 직접적인 것이냐 아니면 중간적인 단계를 거치는 간접적인 것이냐 하는 문제는 아무래도 상관이 없다. 아무튼 나는 타인의 인격도 재산도 침해하지 않을 것이다. 타인에게 심신 양면으로 고통을 주지 않을 것이다. 타인에게 위해를 주기는커녕 타인을 불안케 하거나 중상하거나, 혹은 모욕함으로써 심리적으로 괴롭히려고도 하지 않을 것이다. 또한 동정심은 육욕을 만족시키기 위해 특정한 애인의 생활을 망치게 하거나 타인의 아내를 유혹하거나, 또는 청년을 남색에 빠지게 함으로써 도덕적으로나 육체적으로 타락시키려고 하지도 않을 것이다.

그러나 이 경우에 요구되는 것은, 앞에서 말한 각각의 경우에 바로 동정을 일으켜야 한다는 것이 아니다. 대체로 동정은 훨씬 나중에 일어나는 경우가 많다. 그보다 필요한 것은 모든 부정행위가 반드시 타인에게 일으킬 괴로움에 대하여 '이것이다' 하고 분명한 의식을 갖는 것—이 의식도 타인이 으스댈 때 자기가 부정을 참아나감으로써 더욱 엄숙히 파악된다—그리고 이 의식이 '아무도 불행하게 해서는 안 된다'는 격률로서 고귀한 마음속에 확립되는 것이다.

뿐만 아니라 필요한 것은 이 격률을 이것이다 하고 결정한 다음과 같은 고매한 결의에까지 높이는 것이다. 즉, 모든 인간의 권리를 존중하고 타인의 인권을 참해하지 않으며, 타인의 괴로움의 원인이 되었다고 자기를 비난하는 일에서 해방되는 동시에 세상의 흐름에 따라 누구에게나 덮쳐오는 삶의 무거운 짐이나 고뇌를 폭력이나 음모에 의해 타인에게 전가하지 않고, 타인을 일부러 괴롭히지 않으며 스스로 괴로움의 적당한 부분을 감당해 나가는 것이다.

명확한 근본원칙을 비롯해서 일반적으로 추상적인 인식은 도의의 원천이나 그 제1 기반이 되지는 않지만, 도덕적인 인생항로에, 이를테면 저수지로서 없어서는 안 되는 것이다. 여기서 저수지라고 말하는 것은, 이 속에는 언제나 흘러들어 온다고 볼 수는 없지만 모든 도의의 원천에서 발생된 사고가 일단 흘러들어와 보존되어 있으며, 실제로 응용할 경우가 생기면 물길을 통하여 필요한 장소로 흘러나가게 하기 때문이다.

같은 논리로 비단 도덕에 대해서 뿐만 아니라 생리에 대해서도 말할 수 있다. 예컨대 담낭은 간장의 생산물의 저장소로 필요하다. 이와 유사한 관계는 얼마든지 있다. 만일 확고하게 파악된 근본적인 여러 원칙이 없다면, 비도덕적인 동기가 외부로부터의 인상에 의하여 격정을 불러일으켜 우리는 이미 어쩔 수 없이 비도덕적인 충동에 흐르게 될 것이다. 반대방향에서 작용하는 동기에 개의치 않고 근본원칙을 굳게 지켜서 이것을 추구하는 것이 중요하다. 이 점에서도 이성이 없는 여성이 남성과 비교하면, 일반적인 모든 원칙을 이해하고 지키며 또한 이것을 생활의 규범으로 정하는 데 있어 훨씬 더 열등하다. 정의 · 공정 · 성실성에서도 여성은 일반적으로 남성에 비해 훨씬 뒤떨어진다.

따라서 부정과 거짓이 여성의 악덕 속에서 가장 빈번히 나타나는 것이며, 거짓말은 여성 본래의 요소이다. 이와는 반대로 여성은 인간애라는 덕에 있어서는 남성을 능가하고 있다. 왜냐하면 인간애는 거의 대부분의 경우 눈앞에 보이는 분명한 것으로서, 여성 쪽이 보다 용이하게 받아들일 수 있는 동정심에 직접 호소할 수 있기 때문이다. 또한 단지 눈에 보이는 것, 현존하는 것, 직접 현실의 세계에 있는 것만이 여성에게는 실제로 존재하는 것이다. 개념에 의해서만 인식할 수 있는 것은 멀리 떨어져 있고, 지금은 없는 것, 즉 과거나 미래는 여성에게는 납득이 잘 가지 않는다. 그러나 이 점에서도 일방적인 것만은 아니다. 인간애는 보다 여성적인 덕인 반면에 정의는 보다 남성적인 덕이다. 여성을 재판관으로 하여 판결을 내리게 한다는 것은 우스운 노릇이지만, 자비심이 많은 여승 쪽이 자비심이 깊은 승려보다 낫다.

그렇다면 동물의 경우는 어떨까? 동물에게는 추상적, 혹은 이성적인 인식이 완전히 결여되어 있으며, 근본원칙은 물론 계획 같은 것은 더군다나 갖고 있지 않다. 또한 자제하는 힘도 없으며, 오로지 인상과 격정에 몸을 맡길 뿐이다. 따라서 동물은 절대로 의식된 도의심을 갖고 있지 않다. 그렇지만 동물도 종류에 따라 성격이 온순한 놈과 고약한 놈으로 분명히 구별되어 있으며, 같은 동물도 최고단계에 도달하면 개성을 보여주기도 한다.

위에서 말한 바와 같다면, 개개의 올바른 행동에 있어서 동정은 간접적으로 기본원칙을 통하여 작용한다. 즉, 현재적이라기보다 오히려 잠재적으로 움직이는 것이다. 이것은 다음에 정역학적으로 나타내어 보인 현상과 비슷하다. 저울대의 중간에서 긴 쪽보다 짧은 쪽에 더욱 무거운 것을 놓아 저울의 양쪽 부분이 균형을 유지할 경우에, 정지의 상태에서는 그 무게가 다만 잠재적인 데 불과하지만 그래도 현재적인 것과 같은 작용을 한다.

그리하여 이 경우에도 동정은 언제나 현재적이 되어 모습을 나타낼 준비를 하고 있다. 따라서 이것이다 하고 택한 정의의 격률도 특정한 장면에 직면하여 동요하기 시작하였을 때에는, 이 정의의 격률을 어떻게 해서든지 지켜서 올바른 의도를 관철하기 위해서는(이기적인 동기는 별문제로 치고) 여러 가지 동기 중에서도 그 원천, 즉 등정에서 비롯된 동기만큼 유효한 것이 없다.

이러한 사실은 단지 타인에게 위해를 입히느냐 입히지 않느냐 하는 문제가 일어났을 때뿐만 아니라, 타인의 재산의 침해가 문제되었을 때에도 마찬가지이다. 예컨대 어떤 사람의 마음속에서 어떤 가치 있는 것을 손에 넣고 싶다는 욕망이 일어났다고 하자. 그 경우에 모든 타산이나 이 욕망에 대항하여 종교에 의거한 동기를 도외시할 경우, 이 사람을 정의의 길로 돌아서게 하려면 이 사람이 탐내고 있는 것을 잃었을 때에 일어날 걱정 · 고통 그리고 탄식을 이 사람에게 상기시키는 것이 제일 좋은 방법이다.

어찌 보면 좀처럼 납득이 가지 않을지 모르지만, 참으로 자유로운 덕인 정의는 분명히 그 기원이 동정이라는 것이 명백하다고 생각한다.

4. 거짓말을 할 권리

동기작용의 법칙은 물리의 인과율과 마찬가지로 매우 엄밀하며, 또한 저항하기 어려운 강제력을 갖고 있다. 이 법칙에 의해 부정을 행하고자 하면 폭력과 간계의 두 가지 길이 있다. 나는 폭력을 휘둘러 타인을 죽이거나, 타인의 물건을 빼앗거나 나에게 복종시킬 수 있다. 이와 마찬가지로 간계로도 나는 이 모든 일들을 실천에 옮길 수 있는 것이다. 내가 타인의 머릿속에 그릇된 동기를 심어 주었기 때문에, 그 사람이 여느 때라면 절대로 하지 않을 일을 행하게 된 것이다.

이것은 거짓말을 함으로써 실행할 수 있다. 거짓말을 하는 것이 옳지 않다는 것은, 다만 거짓말이 간계의 도구로, 즉 동기작용을 통하여 강제의 도구가 된 때에만 오직 여기에 관련되어 있을 뿐이다.

그런데 이것은 단지 일반론에 불과하다. 왜냐하면 나는 아무 동기가 없어도 거짓말을 하는 경우가 있기 때문이다. 그러나 거짓말은 거의 예외가 없이 부정한 것이다. 즉, 내가 아무 위력도 갖고 있지 않은 타인을 내 뜻대로 움직여 동기작용을 통하여 강제하려고 하는 것이다. 이러한 의도는 단지 터무니없는 거짓말에 의거해 있는 경우도 있다.

이와 같은 거짓말을 하는 사람은, 이에 의하여 본래 이 사람이 타인에 의해 주어지는 것 이상의 평가를 받으려고 하는 사람이다. 약속과 계약이 사람을 구속하는 것은, 만일 이것이 지켜지지 않을 경우에는 거짓말쟁이라는 말을 듣게 되기 때문이다.

타인을 도덕적으로 강제하려는 의도는 거짓말을 해서는 안 된다는 동기, 즉 상대편이 원하는 대로의 행동을 하겠다고 분명히 표시한 계약이나 약속을 한 경우에 더욱 명확히 나타나 있다. 사람을 속이는 것이 경멸당해 마땅한 것은 상대가 공격해 오기 전에 거짓으로 상대의 무기를 빼앗아 버리는 행위이기 때문이다. 배반은 거짓의 정점이다.

배반은 이중의 부정이라는 분류에 속하기 때문에 더욱 혐오를 받게 마련이다. 그러나 나는 정의의 편에 서서 부정을 배격할 경우에 폭력을 폭력에 의해 구축할 수 있고, 만일 나에게 무력이 없을 경우나 그 편이 나에게 유리하다고 생각될 경우에는 폭력을 간계에 의해 몰아낼 수도 있다.

내가 폭력을 행사하여도 무방한 권리를 갖고 있을 경우에는, 나는 동시에 거짓말을 할 권리도 갖고 있는 것이다. 가령 도둑질이나 부정한 여러 가지 폭력을 휘두르는 자를 보았을 때, 나는 그들을 계책을 써서 함정에 끌어들일 수도 있다. 그러므로 강제적으로 맺어진 계약에는 구속력이 없다.

그러나 실제로는 거짓말을 할 권리는 더욱 확대되어 간다. 아무런 권리도 없는 자가 나에게 개인의 문제나 일에 대하여 반갑지 않은 질문을 하는 적이 있다. 그럴 때에는 답변하기에 따라서는, 아니면 '나는 대답하고 싶지 않소' 하고 답변을 거절하면 상대방에게 의혹을 불러일으켜 내 신변이 위험하게 될 경우도 있을 것이다. 이러한 경우에는 거짓말을 할 수 있는 권리가 생기게 된다.

이 경우에 거짓말은 그 동기의 거의 모두가 호의적이 아닌, 몰염치한 호기심에 대한 정당방위이다. 그것은 무엇 때문일까? 만일 악의 있는 타인이 폭력을 휘두른다고 가정했을 경우, 힘으로써 대항할 권리를 갖고 있는 것이다. 타인으로부터 위해를 당하기 전에, 미리 여기에 대비하여 예방적인 조치로 정원 울타리 주위에 철망을 두르거나 밤중에 뜰 안에 셰퍼드를 풀어놓거나, 경우에 따라서는 함정이나 자동 사격장치를 만들 수도 있다.

설사 이로 인하여 나쁜 결과가 생기더라도, 그것은 침입자의 탓이라고 할 권리를 보유하고 있는 것이다. 내가 이러한 조치를 취하는 것은 그럴 만한 까닭이 있다. 타인의 악의는 당연히 있을 수 있으며, 그렇다면 이에 대항하기 위한 조치를 미리 강구해 두어야 하기 때문이다. 아리오스트1473~1533, 이탈리아인, 서사시 ≪미치광이 오를란도≫의 작자—역주도 다음과 같이 노래하고 있지 않은가.

> 자기를 속이는 것은 거의 어떤 경우에 있어서나 분명히 비난받아 마땅한 것이며, 그가 비천한 마음을 갖고 있는 증거인 경우가 흔히 있다.
> 그러나 대체로 위선은 의심할 여지없이 적지 않는 효과가 있으며, 우리를 해악이나 죽음에서 안전하게 지켜준다. 이 지상에서 인간은 친구들하고만 살아가는 것이 아니다. 이 지상에는 빛보다도 어둠이 많고 다수의 사람들은 질투와 증오에 차 있는 것이다.
>
> —≪미치광이 오를란도≫에서—

이리하여 나에게는 결코 부정에 빠지지 않고 단지 가정된 침해에 대하여 간계로, 그것도 미리 계획한 간계로 대항하는 것이 허용된다. 그러므로 나는 유능하면서도 나의 개인적인 문제에 참견하는 자에게 항의하거나 '이것은 비밀이오!' 하고 대답함으로써, 나에게 위태롭고 몰염치한 상대편에게는 이득이 있으리라고 생각되는 면—아무튼 그 자에게 나를 마음대로 휘두르게 하는 비밀을 숨겨 둔—을 밝혀 보여줄 필요는 없는 것이다.

그들은 한 집안의 비밀을 알아내고 이를 이용하여 두려움을 갖게 하려는 것이기 때문이다.

나의 거짓말로 인하여 그들이 큰 과오를 범할 우려가 있다고 하더라도, 나는 그들을 거짓말로 상대할 수 있는 권리를 보유하고 있는 것이다. 왜냐하면 이 경우에는 거짓말만이 불순한 호기심에 대항하는 유일한 수단이며, 그것은 정당방위이기 때문이다.

5. 인간애

정의는 분명히 제1의 근본적 본질적인 중심이 되는 덕이다. 고대의 철학자들은 정의를 이러한 것으로 생각하였지만, 동시에 이것을 부당하게 선택된 다른 세 가지 덕과 동격으로 간주하였다.

이와 반대로 그들은 인간애(카리타스)를 아직도 덕으로 간주하지 않았다. 도덕에 있어서는 최고의 단계에 도달한 플라톤도 자유의지에 의한 자기의 이득을 돌아보지 않는 정의에까지 생각이 미쳤을 뿐이다. 실제에 있어서는 어떠한 시대에도 인간애는 엄연히 존재하였다.

그러나 인간애가 이론상으로 표명되어 형식적으로 덕으로서, 더구나 여러 덕 중에서도 가장 중요한 덕으로 간주될 뿐만 아니라, 이것이 적에게까지 미치게 된 것은 무엇보다도 먼저 기독교에서부터 비롯된 일이다. 유럽에만 국한되어 있기는 하지만 기독교의 가장 큰 공적은 여기에 있다. 그럴 수밖에 없는 것이, 아시아에서는 이미 몇 년 전부터 이웃을 무한히 사랑하는 것이 교의와 설교의 대상이 되어 있을 뿐더러 실제로 그렇게 실천되고 있었기 때문이다.

≪베다≫를 위시하여 ≪타르마≫·≪사스트라≫·≪이티하사≫·≪프라나≫에 석가의 가르침은 끊임없이 이것을 주장하였다. 그리고 우리가 엄격하고 세밀하게 관찰해 보면, 고대인들 사이에 인간애를 중요시한 흔적을 찾아볼 수 있다. 예컨대 키케로의 작품 ≪선악의 한계에 대하여≫나 이암블리코스의 ≪피타고라스의 생애≫에서 가르친 피타고라스에게서도 이미 이러한 견해를 엿볼 수 있다. 나의 지금의 과제는

이 덕을 나의 원칙에서 철학적으로 유도하는 것이다.

동정의 기원은 신비적이어서 잘 알 수 없지만, 실제로 이것이 나타나 있는가는 앞에서 서술한 바와 같다. 이 동정의 작용이 다른 사람의 괴로움을 자기 자신의 괴로움처럼 생각하고 이것이 자기 자신의 동기가 된다는 제2단계는, 이제부터 일어날 행위가 적극적 성격을 갖춘다는 점에서 제1단계와는 분명 구별된다. 동정도 제2단계에 이르면 남에게 피해를 입히는 것을 저지할 뿐만 아니라 남을 도와주기 위해 노력하게 된다.

그리하여 한편에서는 타인에 대한 나의 직접적인 관심이 증거가 되어 나의 마음에 깊숙이 자리 잡게 되며, 다른 쪽에서는 남의 고통이 크고 이를 모른 체할 수 없게 되는데, 따라서 나는 순수한 도덕적 동기로 말미암아 남의 궁핍이나 괴로움 때에 다소나마 희생을 하게 된다. 이러한 희생을 한다는 것은 나의 정신적, 또는 육체적인 정력을 상대방을 위해 소비하는 것을 의미하며, 나의 재산이나 건강, 자유, 그 밖의 나의 생명까지도 내던지는 수가 있다. 이런 직접적인 이론에 의거하지 않고 또한 어떤 이유도 필요치 않은 타인에 대한 관심 속에만 인간애 「카리타스」의 순수한 원천이 있는 것이다.

인간애는 그 격률이 '너는 힘껏 모든 사람을 도와주라'는 덕이며, 이 덕에서 윤리학의 덕의 의무, 사랑의 의무 그리고 불완전한 의무라고 생각되는 모든 것이 유출된다. 이 직접적이고 그야말로 본능적인 타인의 괴로움에 대한 관여, 즉 동정은 도덕적인 가치를 갖는 행동의 유일한 원천이다.

동정은 이기적인 동기에서 비롯되는 것이 전혀 아닌 순수한 것으로서, 참으로 이 점에 있어서 우리에게 내적인 만족감을 불러일으킨다. 이 덕이 나타나는 광경을 보는 사람들은 존경심과 경탄하는 마음을 가지게 될 뿐 아니라, 자기 자신이 얼마나 경박한가에 대한 자기반성을 하지 않을 수 없게 된다. 이것은 자연의 원칙이며 함부로 부정할 수 없는 사실이다.

이와 반대로 친절한 행위는 어떤 알 수 없는 다른 동기를 갖는다. 이러한 행위가 악의에서 비롯되는 것은 아니라고 하더라도 이기적인 것임은 부인할 수 없는 사실이다. 왜냐하면 앞에서 말한 모든 행위의 근본적인 충동, 즉 이기주의 · 악의 · 동정에 따라서 일반적으로 사람을 움직이는 여러 가지 동기는 각각 다음과 같은 일반적이고 개괄적인 세 종류로 분류되기 때문이다.

즉, (1) 자기 자신의 행복 (2) 타인의 불행 (3) 타인의 행복 등이다. 여기에서 만일 친절한 행위가 제3의 부류에 속하지 않는다고 한다면, 그의 행위는 반드시 제1 또는 제2의 부류에 속하게 된다.

예컨대 내가 어떤 사람에게 친절히 하여도, 그것은 내가 소중하게 여기지 않는 제3자를 괴롭히기 위한 것이거나 제3자에게 그 사람의 괴로움을 보다 분명히 느끼게 하기 위한 것이다. 또는 내가 어떤 사람에게 친절을 베풀었다고 하더라도, 그것은 단지 그 사람에게 친절하지 않은 제3자에게 부끄러움을 주기 위한 경우일 수 있다. 그런가 하면, 나는 그 사람으로 하여금 머리를 숙이도록 하기 위해 일부러 친절을 베푸는 경우도 있다.

그러나 제1의 부류에 속하는 경우가 훨씬 많다. 즉, 내가 선행을 할 때 자기 행복을 염두에 두는 경우이다. 여기에는 여러 가지 예를 들 수 있다. 이 세상이건 저 세상이건 내가 보상을 받는다는 것을 염두에 두거나, 사람들로부터 크게 존경을 받아 '저 사람은 고귀한 성품의 소유자'라는 평판을 듣기를 원하거나, 또는 지금 내가 도와주고 있는 사람이 언젠가는 나를 반대로 도와줄 것이라고 생각하거나, 나에게 소득을 주기 위해 힘이 되어 줄 것이라고 생각하거나, 고귀한 마음을 갖고 남에게 친절을 베푼다는 격률은 언젠가는 나에게 이득이 될 테니 크게 내세워야 한다고 생각하는 경우 등등이 제1의 부류에 속한다.

요컨대 나의 목적은 오직 객관적으로, 타인을 고통과 궁핍에서 구출하고 고뇌로부터 해방시켜 주기 위해서만 타인을 원조하는 것이며 그 이상의 것이나 또는 그 밖의 것은 일체 염두에 두지 않는다는 것을 유의해야 하는 것이다. 내가 오직 이 일에만 전념할 때에 비로소 나는 실제로 소위 인간애를 베푼 것이다.

그리고 이 인간애를 역설한 것이 기독교의 위대하고도 탁월한 공적이다. 그러나 복음이 사랑의 약속에 대하여 첨가한 가르침, 예컨대 '너의 오른손이 한 것을 너의 왼손에 알리지 말라'거나, 그 밖에 이와 비슷한 가르침은 내가 여기서 증명하고 있는 것, 즉 나의 행위가 도덕적인 가치를 가지려면 오직 타인의 고통 이외에는 다른 무엇도 나의 동기가 되어서는 안 된다는 데 의거하고 있다. 마태복음은 오른손 왼손 운운한 대목에서(제6장) 정당하게도 다음과 같이 말하고 있다.

> "구원할 때에 외식하는 자가 사람에게 영광을 얻으려고 회당과 거리에서 하는 것같이 너희 앞에 나팔을 불지 말라. 진실로 너희에게 이르노니 저희는 자기 상을 이미 받았느니라."

그런데 ≪베다≫는 여기서도 복음서 이상의 존엄성을 보여주고 있다. ≪베다≫는 되풀이하여 자기의 선행에 대하여 어떤 보수를 요구하는 자는 여전히 어둠의 길을 더듬고 있으며 아직도 해탈에 도달하기는 멀었다고 언명하고 있다. 만일 누가 적선을 베풀었을 때, '어떤 보수를 얻을 수 있느냐'고 묻는다면, 나는 다음과 같이 답변할 것이다.

> "당신이 선심을 쓴 저 가난한 사람의 운명은 상당히 개선되었다. 그러나 그 밖에는 아무 것도 없다. 만일 당신이 이를 위해서 힘이 되어준 것도 아니고, 또한 이 일에 관심조차 갖고 있지 않았다면, 당신은 숫제 처음부터 적선을 베풀지 않고 무슨 쇼핑이라도 하고 싶어 했던 것이 분명하다. 그러나 만일 당신이 배를 주리고 있는 저 가난한 사람의 괴로움을 덜어 주려는 의도에서 한 행위였다면, 당신은 자기 목적을 이미 달성하고 있는 것이다. 즉, 당신은 그 사람의 고통을 덜어줌으로써 목적을 달성하였으며, 당신의 선심이 얼마나 보상되었는가를 알 수 있을 것이다."

그러나 나의 것이 아닌 괴로움, 내가 관련되어 있지 않은 고뇌가 마치 내 자신의 것이듯 직접 나의 행동을 일으키는 동기가 되는 일이 어찌하여 있을 수 있을까. 그것은 흔히 말하는 것처럼, 내가 남의 괴로움을 단지 외면적으로만 바라보거나 남의 말을 들어서 아는 데 지나지 않는데도 불구하고, 이것을 나의 것으로 공감하는 동시에 나 자신에게가 아니라 타인에게 있는 고통이라고 느끼고 이미 스페인의 칼데론이 노래한 바와 같이,

> 괴로워하는 모습을 바라보는 것과
> 괴로워하는 것과는 차이가 없다.

는 심정이 되기 때문이다.

그런데 이렇게 되려면 내가 타인과 동일하게 되며, 따라서 나와 나 아

닌 것 사이의 한계가 없어져야 한다는 것이 전제되어야 한다.

이리하여 비로소 타인의 여러 가지 관심사 · 욕망 · 고통 · 고뇌 등이 직접 나의 것이 된다. 이제야 나는 타인을 경험적인 직관이 보여주는 바와 같이 나에게 이질적인 것, 아무래도 무방한 것, 나와는 전혀 다른 것으로 보지 않고 설사 이 사람의 피부가 나의 심경을 싸고 있지 않더라도 이 사람 속에서 나는 함께 괴로워하는 것이다. 이러한 관계에 의해서만 이 사람의 불행, 이 사람의 고통이 나에게 동기가 된다. 만일 그렇지 않으면 그것은 나의 불행이나 고통이 아니며, 따라서 나에게 동기가 될 수 없다.

이러한 과정은 거듭 말하거니와, 신비적이다. 왜냐하면 이 과정은 이성이 결코 직접적인 설명을 주지 않는 무엇이며, 이 과정의 근거는 경험적인 방법을 통해서는 가로막을 수 없기 때문이다. 그러면서도 이 과정은 일상생활에서 흔히 일어난다.

누구나 때때로 이러한 일들을 자기 자신에게서 경험하고 있으며, 극히 냉혹한 사람, 자기 욕심밖에 없는 사람에게까지도 무관한 것이 아니다. 이 과정은 그야말로 개별적으로 보기엔 사소한 것에 지나지 않지만, 날마다 여러 가지 모습으로 우리의 눈앞에 전개되고 있다.

이 경우에 사람들은 언제나 그다지 깊이 생각하지 않고 직접 충동적으로 타인을 원조하거나 협력한다. 때로는 자기가 처음 만난 타인을 위해 매우 위태로운 일임을 알면서도 자기의 목숨을 바치는 사람도 있다. 이런 사람은 그 경우에, 타인이 몹시 괴로워하는 극히 위태로운 상태에 있으면, 그것만이 대단하게 보일 뿐 그 외의 것은 별로 깊이 생각하지 않는다.

이러한 과정은 커다란 사건이 되어 나타나기도 한다. 예를 들면 고귀한 정신을 가진 영국 국민은 오랫동안 숙고하고 갑론을박을 거듭한 끝에, 그들의 식민지의 흑인 노예들을 사서 자유를 주기 위해 2000파운드를 지불하였으며, 그 행동은 전 세계의 찬사를 받게 되었다.

대규모의 무대에서 전개된 이 아름다운 행위를 기독교의 공로로 돌리고, 그 원동력이 동정임을 인정하지 않는 사람은 신약성서 속에 당시에 보급돼 있던 노예제도에 대해서 반대하는 말은 한마디도 찾아볼 수 없다는 것을 상기하기를 바란다. 오히려 1860년 미국에서 노예제도의 시비가 한창일 때, 아브라함이나 야고보도 노예를 거느리고 있었다는 것을 이 제도를 긍정하는 논거로 삼은 자가 있었던 것이다.

6. 관용

그리스 종교의 내용은 거의 모두가 서약의 말에 한정되어 있으며, 매우 담백한 도덕적 경향밖에는 갖고 있지 않았다. 그리스인들에게는 이렇다 할 교의도 가르치지 않고, 또한 널리 설교하는 일도 없었다. 그렇다고 해서 이로 말미암아 그리스인이 몇 세기에 걸쳐 기독교를 신봉해 온 사람들보다 도덕적으로 뒤떨어졌다고 생각되지는 않는다.

기독교의 도덕은 분명히 일찍이 유럽에 등장한 다른 모든 종교의 도덕보다 훨씬 차원이 높다. 그러나 그렇다고 해서 유럽인의 도덕성이 기독교와 다른 종교의 도덕의 수준에 비례하여 개선되어, 오늘에 와서는 적어도 다른 지역 사람들보다 한걸음 앞섰다고 생각하는 자가 있다고 하더라도, 다음과 같은 사실을 인정하지 않을 수 없을 것이다. 즉, 이슬람교도·조로아스터교도·힌두교도·불교도들 사이에도 기독교를 신봉하는 민족들과 마찬가지로 종교의 공정·충실·관용·유화·복지활동·아량 그리고 극기를 찾아볼 수 있다는 것이다.

뿐만 아니라 기독교에 따르는 다음과 같은 비인간적인 잔인성이 빚어낸 엄청난 일람표를 보게 되면, 기독교가 한걸음 앞서 있다는 점에 대하여 걱정스럽지 않을 수 없을 것이다. 기독교의 이름으로 수많은 종교전쟁이 일어났으며, 무책임하게 십자군이 발동하고, 미국 대륙의 원주민의 대부분이 전멸하기에 이르렀다. 그리고 이 대륙에 아프리카로부터 노예를 억지로 끌어들여 부족한 인구를 보충하였지만 그들 흑인에게는 권리커녕 권리의 흔적조차 주지 않았으며 가족이나 조국, 고향의 대륙에서 멀리 떠나 수용소 안에서 오직 일만 하는 운명에 떨어지게 만들었던 것이다.

그리고 기독교를 구실 삼아 끊임없이 이단을 규탄하고, 성 바르톨로메오 축일의 학살1572년, 파리에서 일어난 신교도의 학살—역주이나, 아르바1508~1582년, 네덜란드를 통치한 스페인의 잔인한 총독—역주에 의해 저질러진 18,000명에 이르는 네덜란드인의 처형 같은 것도 있었던 것이다. 기독교나 또는 정도의 차이는 있지만 다른 종교에서 가르치고 있는 탁월한 도덕을 그 신자들의 실천과 비교해 보라. 그리하여 만일 세상의 권력이 범죄를 방지하지 않았던들, 아니 더욱 두렵기 짝이 없는 것은 만일 하루라도 모든 법률이 폐지되었다고 한다면 그 신자들이 어떤 행동을 취할 것인가를 생각해 보라. 그러면 누구나 모든 종교가 도덕에 일으키는 작용은 본래 매우 보잘것없는 것임을 인정하지 않을 수 없을 것이다.

7. 동정심

모든 생명체에 대하여 끝없는 동정을 베푸는 것이야말로 윤리적으로 올바른 태도를 취하는 데 가장 견고하고 확실한 보증을 주는 것으로, 이에 대해서는 새삼스럽게 양심의 문제 같은 것을 운운할 필요가 없다. 이러한 심정으로 충만한 자는 어느 누구에게도 위해를 끼치거나 불행에 빠뜨리지 않으며, 오히려 될 수 있는 대로 타인의 일을 걱정하고 모든 사람을 용서하며 도와주려고 힘쓸 것이다. 그리고 이러한 사람의 행동은 정의와 인간애의 산 표본이 될 것이다.

이와 반대로 '이 사람은 덕은 있지만 동정심이 없다'거나 혹은 '저 사람은 정직하지 못하고 고약하지만 상당히 동정심이 많다'고 말한다면, 이 말이 얼마나 모순에 찬 말인가.

사람에 따라서 취미는 여러 가지로 다를 수 있겠지만, 나는 고대의 인도극(이것은 바로 옛날의 영국 연극에서 왕에게 바친 말과 마찬가지이지만)에서 막이 내릴 때 '모든 생명체가 고통에서 해방될지어다' 하고 말한 기도보다 아름다운 기도를 들어 본 적이 없다.

8. 동물에의 연민

내가 말한 도덕의 충동은, 유럽의 다른 도덕체계가 그 동안 무책임하게 방임했던 동물의 보호를 주장하고 나선 점으로 보더라도 정당함이 입증됐다고 하겠다. 동물에게는 아무런 권리도 없다고 잘못 생각하고 동물에 대한 우리의 행동에는 도덕적인 의미가 전혀 없다는 미망, 혹은 동물에 대해서는 아무런 도덕적 의무도 없다고 말하는 것은, 유대인의 사상에서 비롯된 유럽의 불쾌하기 짝이 없는 조잡스럽고 야만적인 태도이다.

이런 그릇된 사고방식은 철학 속에서도 찾아볼 수 있는데, 그 논거는 모든 해명을 도외시한 채 받아들인, 동물과 인간은 완전히 틀리다는 생각에 의거하고 있다. 그러나 이러한 주장은 데카르트가 확신에 차서 열렬히 주장하였지만, 이것은 그의 그릇된 사고방식에서 비롯된 필연적인 결과에 불과하다.

즉, 데카르트 · 라이프니츠 · 볼프의 철학이 추상적인 개념에서 합리적인 심리학을 세우고 불멸의 합리적인 정신을 구축했을 때, 동물계의 당연한 요구는 이 인류의 배타적인 특권과 불사의 특권에 반대의 태도를 분명히 했고 자연은 조용히 항의하였다.

그러나 지적 양심의 가책을 받은 철학자들은 합리적 심리학을 경험적 심리학에 의해 밑받침하려고 노력하는 동시에, 그렇지 않다는 것을 분명히 알고 있음에도 불구하고 인간과 동물이 본래 다르다는 것을 증명하기 위해 양자 사이에 무한한 심연을 만들려고 애썼던 것이다. 이러한 노력에 대하여 이미 보아르는 다음과 같이 비웃고 있다.

> 동물이 대학을 갖고 있는가?
> 네 학부가 그들의 대학에서 번영을 누리는 모습을 볼 수 있는가?

결국 동물은 자기를 외계로부터 구별할 수 없으며, 자기 자신에 대한 의식도 자아도 갖고 있지 않다는 것이다. 이와 같은 터무니없는 주장에 대하여는 모든 동물, 심지어 미생물 속에도 찾아볼 수 있는 무한한 이기주의를 지적함으로써 그 진위를 밝힐 수 있다. 이 이기주의는 어떤 동물이라도 자기의 자아를 외계 혹은 타자에 대립시켜서 의식하고 있음을 충분히 보여주는 것이다.

데카르트학파의 학자라도 호랑이에게 잡혀갔을 경우에는, 이 호랑이가 자아와 타자를 엄격히 구분하고 있다는 것을 알게 될 것이다. 철학자가 이러한 궤변을 일삼고 있는 것과 마찬가지로 일상적인 일에서도 같은 종류의 궤변을 찾아볼 수 있다.

많은 언어들이 그러한 특징을 갖고 있지만 독일의 경우도 동물이 먹고, 마시고, 임신하고, 출산하고, 죽어서 시체가 되는 것을 표현할 때에는 이와 똑같은 과정을 겪는 인간의 행동을 나타내는 말을 사용하지 않고 독특한 언어를 사용하고 있다. 그리고 그러한 말을 주고받음으로써 본래는 완전히 같은 일을 전혀 다른 것처럼 숨기려고 한다.

동물에게 동정을 베푸는 것은 그 사람의 성격이 선량함을 의미한다. 그러므로 동물에게 잔인한 사람은 결코 선량한 자가 아니라고 자신 있게 주장할 수 있는 것이다. 그러므로 동물에 대한 동정은 인간관계에 있어서 덕과 같은 원천에서 비롯된 것이라 할 수 있다. 그리하여 가령 감수성이 강한 사람은 기분이 상했을 때, 혹은 화가 나거나 술에 취했을 때 자기가 기르고 있는 개나 말, 원숭이에게 아무 책임이 없는데도 불구하고 불필요하게, 혹은 필요 이상으로 조그만 사실을 확대하여 상기하면서 타인에 대한 부정행위를 상기할 때와 마찬가지로 후회하거나 또는 자기 자신에 대한 불만을 갖게 될 것이다. 이것을 가리켜 '양심의 소리'라고 말한다.

다음과 같은 것을 어디서 읽은 기억이 난다. 어떤 영국인이 인도에 사냥을 하러 가서 원숭이를 총으로 쏘았다. 그때 죽어가는 이 원숭이가 그에게 던진 눈초리를 잊을 수 없어, 그 후로는 원숭이 사냥을 가지 않게 되었다는 것이다. 또 이런 이야기도 있다. 사냥에 몰입된 윌리엄 해리스는 사냥의 즐거움을 마음껏 누리기 위해, 1836년부터 이듬해 1837년에 걸쳐 아프리카 대륙을 깊숙이 여행한 적이 있다. 1838년 봄베이에서 출판된 그의 여행기 속에서 해리스는 다음과 같이 말하고 있다.

그는 우선 암놈의 코끼리를 쏘아 맞혔다. 이튿날 아침에 쓰러뜨린 코끼리를 찾으러 가보았더니, 이 부근의 다른 코끼리는 모두 도망쳐 버리고 오직 쓰러진 어미 코끼리 옆에서 혼자 남아 밤샘을 한 새끼코끼리가 공포심을 송두리째 잊고 사냥꾼에게 가까이 다가왔다. 새끼코끼리는 갈팡질팡하면서 괴로운 모습을 확연히 드러내 보이고 사냥꾼의 도움을 받기 위해 작은 코로 그를 껴안았다. 해리스는 이때, 자기가 저지른 행위를 진심으로 후회하고 마치 자기가 살인이라도 범한 것 같은 심정이었다고 말하고 있다.

감수성이 예민한 영국 국민은 동물에게 훌륭한 동정을 베푸는 데 있어서 다른 국민을 능가하고 있다. 이것은 모든 면에서 드러나는 사실이다. 그리고 설사 변질된 냉혹한 미신의 그림자가 어른거리고 있더라도 이것은 구멍이 뚫어져 있는 것을 입법에 의해 보충하도록 영국인을 움직이기에 충분한 힘을 갖고 있는 것이다. 실제로 이 구멍이 뚫어진 곳이야말로 유럽 각국에서 법과 경찰의 도움을 받아 간신히 활동하고 있는 여러 종류의 동물 보호협회가 필요로 하는 원인이기 때문이다.

아시아에서는 여러 가지 종교가 동물에게 충분한 보호를 보장해 주고 있기 때문에 이런 종류의 협회와 같은 것은 아무도 생각해 보지 않는다.

그런데 근자에 와서 유럽에서도 동물은 인간에게 유용하고 인간을 즐겁게 하는 존재라는 기묘한 사고방식, 즉 동물을 완전히 물건으로 취급하려는 사고방식이 점차로 사라짐에 따라 동물의 권리에 대한 감각이 점점 눈뜨게 되었다. 왜냐하면 동물을 물건으로 보는 사고방식이야말로 유럽에서 동물을 난폭하게 다루는 원인이 되었기 때문이다. 그 기원을 구약성서에서 찾아볼 수 있음을 나는 ≪부록과 여론Parerga und Paralipomena≫에서 지적해 두었다.

영국인의 명예를 위해 말해 두거니와, 영국인의 손에 의해 비로소 법적으로 동물을 학대로부터 보호하게 되었으며, 따라서 설사 자기가 기르고 있는 동물이라 할지라도, 그 동물에 폭행을 가하면 자기의 행위에 대하여 응분의 대가를 치러야만 하였다. 그뿐 아니라 이것만으로는 아직 만족스럽지 못하다고 해서 런던에 동물의 보호를 위해 자진하여 사람들이 모여 동물에 대한 잔인한 행위 방지협회를 설립하였다.

이 조직체는 많은 경비를 전부 개인의 부담으로 충당하면서 동물의 학대를 저지하는 데 큰 공적을 세우고 있다. 협회에 소속된 밀정이 있어 그들은, 감각은 있지만 말할 줄 모르는 존재를 괴롭히는 자를 고발하기 위해 눈을 번득이고 있다. 그리하여 혹시 그들이 근처에서 자기들을 감시하고 있지 않나 해서 누구나 은근히 두려움을 갖고 있는 실정이다.

런던 시에 있는 경사진 다리 밑 같은 곳에서는, 이 협회가 두 마리의 말을 준비하였다가 무거운 짐을 싣고 지나가는 마차나 차를 보면, 그 마차를 협회측의 말에 매어 무상으로 운반해 주고 있다. 이것은 하나의 미담이 아닐까. 인간에 대한 선행과 마찬가지로 진실로 우리의 칭찬을 받기에 족하지 않은가.

그리고 런던에는 자선협회가 있어, 1837년 동물학대에 반대하는 도덕적인 근거를 가장 훌륭하게 표현한 자에게 30파운드의 현상금을 주기로 하였다. 다만 그 근거를 주로 기독교에서 취해야 한다는 규정이 있기 때문에, 매우 어려운 과제였던 것은 사실이다. 마침내 상금은 1839년 맥나마라 씨에게 수여되었다.

이와 비슷한 목적으로 필라델피아에 '동물 우애협회'가 설립되었다. T. 포스터라는 영국인은 그 회장에게 ≪필로소파—동물의 현황에 관한 도덕적 반성과 이를 개선하는 방책≫이라는 표제의 저서를 바쳤다. 이 책은 창의성이 풍부한 명저이다. 저자는 영국인으로서 동물을 인간적으로 다루라고 경고하고 있는데, 물론 성서에 의거하려고 노력하였지만 역시 곳곳에서 곁길로 벗어났다. 여기서 그는 드디어 예수 그리스도는 송아지나 노새가 사는 마구간에서 태어났는데, 이것은 우리가 동물을 우리의 형제로 간주하고 이러한 심정에서 동물을 다루어야 한다는 것이 상징적으로 암시되어 있는 것이라는 이론으로까지 전개시켰던 것이다.

Ⅷ. 천재에 대하여

1. 천재란?

그러면 대체 어떠한 인식방법이 모든 관계에서 독립되어, 그 밖에 머물러 있으면서 이것만이 세계의 진정한 본질적인 것이고, 세계에 존재하는 여러 가지 현상의 본래의 내용이며, 사물의 천태만상의 변화를 좇지 않고 모든 시대를 통하여 언제나 진리로서 인식된 것을, 요컨대 물자체, 즉 의지의 직접적인 적절한 객체화인 이데아를 관찰하고 있는 것일까?

이러한 인식방법에 의한 것은 예술, 곧 천재의 노작이다. 예술은 순수한 관상으로 파악한 영원의 이념을 세계의 모든 현상에 있어서의 본질적, 그리고 영속적인 것으로서 반복한다.

그리고 이것이 반복되는 재료에 의해 예술은 조형예술도 되고 시나 음악도 된다. 예술의 유일한 기원도 이념의 인식이며, 예술의 유일한 목표는 이 인식의 전달이다.

모든 학문은 여러 가지 형태로 형성된 근거나 결과가 끊임없이 불안정하게 유동하는 모습을 추구하여 설사 한번쯤은 이렇다 할 목표에 도달하더라도 반드시 언제나 더 앞을 추구하도록 되어 있어, 최종목표에 도달하거나 완전한 목적을 얻을 수는 결코 없다. 그것은 마치 눈이 지평선과 접해 있는 곳에 도달하려고 계속해서 달려가지만, 끝내 거기에 도달하지 못하는 것과 마찬가지이다.

그러나 이와는 반대로, 예술은 도처에서 목표에 도달하고 있다. 왜냐하면 예술은 그 관상의 대상을 세계의 움직임의 흐름 속에서 취하여 이것만을 단독으로 분리시키기 때문이다. 그리고 그 흐름 속에서는 극히 적은 부분에 불과하던 이 분리된 개별 사물이 전체를 대표하는 것, 시간과 공간에 있어서의 무한한 다양성과 필적하는 것이 되기 때문이다.

예술은 이와 같이 개별 사물과 함께 있다. 그리하여 시간의 수레는 정지되어 모든 상관관계는 소멸된다. 따라서 본질적인 것, 이념만이 예술의 대상이다.

그 때문에 우리는 예술을 참으로 근거율에 구속되지 않는 사물의 관찰방식이라고 할 수 있다. 이 관찰방식은 경험과 학문의 방식인 보다 더 열등한 관찰방식과는 매우 대조적이다. 경험에 의존하는 관찰방식을 무한히 수평을 달리는 선과 비교할 수 있다면, 예술의 관찰방식은 그 수평으로 달리는 선 곳곳에서 마음 내키는 대로 수직으로 교차되는 선과 비교할 수 있다.

근거율에 따르고 있는 것은 이성적 관찰방식으로, 여러 가지 학문에 있어서와 마찬가지로 실제 생활 속에서만 타당하며 그 나름대로 유용하다. 한편, 근거율의 내용을 떠나서 관찰하는 방식은 예술에서만 통용되며 또한 유용한 것이다.

전자는 아리스토텔레스의 관찰방식이고, 후자는 대체로 플라톤의 관찰방식과 유사하다. 전자는 시작도 목표도 없이 유출하여 모든 것을 굴절시키고 이동시키면서 흘러내리는 격류에 비유할 수 있고, 후자는 이 격류의 진로를 횡단해 나가지만 그렇다고 해서 이 격류에 의해 조금도 흔들림이 없는 침착한 태양광선에 비유할 수 있을 것이다. 전자는 끊임없이 변화하여 잠시도 쉬지 않는 폭포 속에서 급격히 유동하는 무수한 물방울과 흡사하며, 후자는 이 소용돌이치는 혼란 위에 조용히 그리고 유연悠然하게 걸려 있는 무지개와 같다.

앞에서 말한 대상에 완전히 몰입된, 순수한 관상에 의해서만 이념을 파악할 수 있다. 그리고 천재의 본질은 바로 이러한 관상에 도달하기 위한 뛰어난 능력 속에 있다. 그것은 이러한 관상이 자기 자신의 일이나 주위와의 관계 등을 완전히 망각해 버리기를 요구하고 있기 때문이다. 따라서 천재란 객관성을 갖추는 것, 다시 말해서 정신이 객관적인 방법을 취하는 것을 가리키며 주관적인 자기 자신의 일에 구애되는, 즉 의지대로 움직이는 방법과는 정반대의 입장에 있다.

따라서 천재란 순수하게 사물을 보는 태도를 취하고 관찰 속에 몰입되어, 본래는 의지에 봉사하기 위해 있는 인식을 그 봉사에서 떠나게 하는 능력이다. 곧 천재란 의지의 관심, 의욕, 목적 등을 전혀 염두에 두지 않고 순수하게 인식하는 주관으로서 분명히 사물을 통찰하는 세계의 눈으로서의 기능을 다하기 위해 자기의 사사로운 일을 한동안 완전히 저버릴 수 있는 능력이다.

그런데 천재는 한순간만 그렇게 하고 있으면 족한 것이 아니라, 파악한 것을 훌륭한 예술로 변형시켜 '동요하는 현상 속에 표류하는 것을 지속적인 사고 속에 확립하는' 충분한 인내력과 냉정함을 지니고 있어야 한다. 이것은 천재의 능력이 어느 특정한 개인 속에 나타나기 위해서는, 그 사람에게 개인의 의지에 봉사하기 위해 필요한 인식능력을 훨씬 더 능가하는 인식능력을 어느 정도 갖추고 있어야 한다는 것을 보여주고 있는 것으로 생각된다.

어쨌든 자유롭게 활용할 수 있을 정도로 넘치는 인식은 의지에 구애되지 않는 주관으로서 세계의 본질을 반영하는 밝은 거울이 된다. 이것은 천재적인 사람에게는, 그 활발함이 불안한 영역에까지 이르게 된다는 것을 의미한다. 그들은 현실이 의식을 충족시켜 주지 못하기 때문에 현실에 의해서는 좀처럼 만족을 느끼지 못한다. 그들의 의식은 자기 자신을 끊임없이 격려하여 언제나 새로운, 그리고 관찰하기에 충분한 대상을 추구하게 한다.

그리고 그들은 자기 자신의 본심을 전할 수 있는, 자기를 닮은, 자기와 필적할만한 상대를 구하려는 거의 충족시킬 수 없는 욕망을 지니고 있다. 한편, 평범한 세속적인 사람들은 당면한 현실생활에 주력하는 것이 고작이며, 게다가 여기에 만족하여 몰두하고 있기 때문에 날마다의 생활을 재미있게 해나가기만 하면 되는 자기를 닮은 상대를 곳곳에서 언제든지 찾아낼 수 있다.

그러나 이러한 기회는 천재에게 있을 수 없다. 천재의 본질적인 구성부문은 공상이라고 생각해 왔었다. 뿐만 아니라 때로는 천재가 곧 공상이라고까지 말해 왔었다. 전자는 정당하지만, 후자는 잘못이다.

천재가 본래 대상으로 삼고 있는 것은 영원의 이념 세계와 그 모든 현상의 지속적·본질적인 형식이며, 그러면서도 이념의 인식은 결코 추상적이 아니라 반드시 명백해야 하기 때문에, 만일 공상의 힘이 천재의 시계를 그 개인적인 경험의 현실을 초월하고 확대시켜서, 천재가 실제로 지각한 사소한 것으로부터 다른 모든 것을 구성하여 거의 모든 가능한 삶의 모습을 눈앞에 전개시키는 입장에 천재를 두지 않으면, 천재의 인식은 자기 자신의 주위에 현존하는 대상의 이념에 한정되어 현재 있는 대상에만 천재를 향하게 한 여러 가지 상황의 연쇄에 매어 두는 결과가 될 것이다.

뿐만 아니라, 현실의 대상은 거의가 그 속에 표현되는 이념의 매우 불안전한 실례에 지나지 않기 때문에, 천재로서는 사물 속에 자연이 현실에 형성시킨 것뿐만 아니라, 자연이 형성하려고 노력하고 있음에도 불구하고 자연에 있어서의 여러 가지 형식의 투쟁 때문에 현실화되지 못한 것을 찾아내기 위해 공상의 힘을 필요로 한다.

이 문제에 관해서는 나중에 조각에 대하여 언급할 때 한 번 더 생각해 보려고 한다. 그리고 공상은 천재의 눈앞에서 실제로 전개되고 있는 대상에 대한 그의 시계를 양적으로나 질적으로 확대시켜 준다. 이러한 의미에서 보더라도, 비상하게 강한 공상의 힘은 천재에게서 흔히 찾아볼 수 있다기보다는 천재에게는 없어서는 안 되는 것이다.

그렇다고 해서 그 반대의 경우도 정당하다고 할 수 없다. 오히려 독창성이 결여된 인간이 여러 가지 공상에 사로잡힐 수도 있다. 그 이치는 의외로 간단하다. 현실의 대상은 다음과 같은 전혀 반대되는 관계에 있는 두 가지 방법에 의해 관찰할 수 있기 때문이다.

하나는 순수하게 객관적으로 그리고 정당하게 이념 자체를 파악하는 방법이고, 또 하나는 근거율에 입각하여 다른 대상이나 자기 자신과 관련시켜 관찰하는 통속적인 방법이다. 이로 말미암아 환영도 마찬가지로, 두 가지 방법에 의해 고찰해 볼 수 있다.

첫째의 경우에는, 환영도 이념을 인식하는 하나의 수단이며 이것을 전하는 것이 예술작품이다. 둘째의 경우에는, 환영은 자기의 이기심이나 자기 멋대로의 기분에 따르는 공중누각을 세우기 위해 소비되며 일시적으로 마음을 기만하거나 즐겁게 하는 수단이 된다.

셋째의 경우에는 여러 모로 에워싼 환영 속에서 인식되는 것은 오직 관련뿐이다. 이러한 환영에 사로잡혀 좋아하는 자는 몽상가이다. 이러한 사람은 자기 혼자 좋아하고 있는 영상을 함부로 현실 속에 뒤섞어, 결국 현실에는 쓸모없는 인간이 되어 버린다. 이러한 사람이 자기 공상이 빚어내는 영상을 기록하였다면, 이것은 아마도 갖가지 통속소설로 변해 저자와 같은 종류의 사람들이나 대중을 즐겁게 할 수 있을 것이다. 이 경우에 독자들은 주인공의 위치에서 몽상하고 이 소설의 묘사는 매우 잘 되었다고 생각할 것이다.

2. 천재와 광기

천재와 광기는 서로 밀접한 관계를 갖고 있을 뿐 아니라 서로 뒤섞인 측면이 있다는 것은 여러 번 지적한 일이 있다. 그뿐만 아니다. 시적인 감동은 일종의 광기라고 불려 왔다.

호라티우스는 이것을 「사랑스러운 광기」라고 부르고(송가 3의 4), 빌란트1733~1813, 괴테와 같은 시대의 독일의 시인. 서사시 ≪오베론≫이 유명하다.—역주는 「부드러운 광기」라고 불렀다. 세네카의 주장에 의하면, 아리스토텔레스도 "광기를 아울러 지니지 않은 천재는 없다"고 말하였다고 한다.

플라톤은 어두운 동굴의 신화 속에서(≪국가≫ 제 7장) 이 사실을 "동굴 밖에서 실제의 햇빛과 현실에 존재하는 것을 본 자는 눈이 암흑에 익숙해지는 법이 없기 때문에 동굴 속에 있는 것을 볼 수 없다"라고 말하였다.

또한 플라톤은 ≪파이드로스≫ 속에서 단도직입적으로, 어떤 종류의 광기가 없이는 참된 시인이 될 수 없으며, 변화하는 사물 속에 영원한 이데아를 인식하는 사람은 미친 사람처럼 보인다고 서술하였다. 키케로도 "데모크리토스는 광기가 없는 시인은 위대해질 수 없다고 부정하였다. 플라톤도 똑같은 말을 하고 있다"고 서술했으며, 끝으로 포프도 다음과 같이 노래하였다.

위대한 정신은 광기와 흡사하다.
양자의 사이는 종이 한 장의 차이다.

이 점에서 배울 바가 특히 많은 것은, 괴테의 희곡 ≪토르콰토 타소≫이다. 괴테는 광기에 사로잡힌 천재의 본래의 모습, 괴로워하는 모습뿐만 아니라 천재가 자연스럽게 광기로 옮아가는 모습을 눈앞에 그려보였다.

실제로 천재와 광기가 밀접한 관계가 있다는 사실은 매우 천재적인 사람들, 예컨대 루소, 바이런, 알피에리1749~1803, 이탈리아 극작가—역주 등의 전기나 그 밖의 사람들의 생활에서 취한 일화에 의해 확인되었다. 한편, 다음과 같은 사실도 언급해 둘 필요가 있다. 정신병원을 부지런히 찾아가보면 분명히 큰 재능을 가진 사람을 발견하게 된다. 그런데 이러한 사람들에게는 천재적인 소질이 그 광기 속에 드러나 있기는 하지만, 결국 광기의 편이 완전히 지배력을 쥐고 있는 것이다.

이 사실을 우연한 일로 돌릴 수는 없다. 왜냐하면 광인의 수는 비교적 적고, 천재는 일반 수준에서 평가해 볼 때 매우 드문, 따라서 자연 속에 나타나는 현상 가운데서 극단의 예외에 불과하기 때문이다. 이 사실은 유럽 전문화권의 고대·근대를 통하여 태어난 참으로 위대한 천재란 모든 시대에 인류에게 불멸의 가치를 지닌 업적을 남긴 사람들만이 해당된다는 것으로 미루어 보아 알 수 있다. 그리고 이들의 수를 헤아려 유럽에서 생활하고 있는 2억 5천만의 사람들과 비교해 봄으로써 그 수가 얼마나 적은가를 알 수 있다.

더불어 그다지 위대하다고는 말할 수 없지만, 분명히 정신적으로 뛰어난 몇몇 사람들이 가벼운 광기의 정신을 가지고 있다는 것을 덧붙여 말하지 않을 수 없다. 이러한 사실을 보더라도 지성이 일반 척도 이상으로 뛰어나거나 혹은 비상하다는 것은 이미 광기의 경향을 띠고 있는 것으로 볼 수 있을 것이다.

3. 범인과 천재

천재란 또한 과도한 지성을 지닌 자로서, 그 지성은 존재의 일반적인 것에 적용될 경우에는 이용가치가 있다. 이렇게 함으로써 보통 사람의 지성이 개개인에게 봉사할 책임이 있는 것과 마찬가지로, 천재의 지성은 인류 전체에 봉사할 책임이 있다. '보통 사람은 3분의 2가 의지, 3분의 1이 지성으로 되어있지만, 천재는 3분의 2가 지성, 3분의 1이 의지로 되어 있다'고 말할 수 있으니 말이다.

이러한 사실은 또한 화학의 예를 들어서도 설명할 수 있다. 중성염의 염기와 산은, 그 양자의 어느 쪽과도 산소기가 서로 반대관계에 놓여 있는 것으로 구별된다. 다시 말해서 염기, 혹은 알칼리는 그 중에서 산소에 대립되는 기가 우세함으로써 산은 그 속에서 산소가 우세함으로써 각각 구별된다.

의지와 지성에 있어서 천재와 범인도 이와 마찬가지 관계에 있다. 이로 말미암아 양자 사이에 근본적인 차이가 생긴다. 그리고 그 차이는 양자의 모든 본질 · 행동 · 동작 속에 이미 나타나 있지만 진정한 차이는 양자의 업적 속에 분명히 나타나게 마련이다. 이 차이를 다시 화학작용과 비교한다면 화학원소 사이의 근본적인 대립은 상호간의 강력한 친화력 · 견인력의 근본이 되는 반면에 인류에 있어서는 오히려 반대의 현상이 나타나는 것이 보통이라는 것이다.

천재의 넘치는 인식능력이 불러일으키는 것 중 가장 먼저 일어나는 것은 언제나 가장 근본적이고 또한 기본적인, 즉 직관적인 인식이며 이 인식의 현상 속에 반복되도록 되어 있다. 이리하여 화가와 극작가가 탄생된다.

그러므로 그들에게 있어서는 천재적인 통찰과 예술적인 창조 사이의 거리가 매우 가깝다. 따라서 이런 면에서 천재와 그 활동이 표현되는 형식은 아주 단순하다. 그리고 이런 면에서 모든 예술—시나 철학을 포함한—에 있어서의 진정한 작품의 소재가 되는 원천이 무엇인가에 대하여, 물론 그 과정은 그림이나 조각의 경우처럼 단순하지는 않지만 어쨌든 표시되는 것이다.

4. 혜성

이 모든 점에서 생각해 볼 때, 천부적으로 재능이 뛰어난 사람이 자기 재능을 발휘하여 아무런 방해도 받지 않고 이에 몰두하여 즐기고 있을 때에는 분명히 최고의 행복을 누리게 될지도 모른다. 그러나 그렇다고 해서 천재의 소질이 천재에게 행복한 생애를 약속하는 것이 아니며, 오히려 이와 반대라는 것을 분명히 알 수 있다.

천재의 전기 속에 기록된 여러 가지 경험도 이것을 입증하고 있다. 그리고 천재의 행동이 거의 모든 경우에 시대와 모순되며 이에 항쟁하게 마련이므로 천재는 외부와의 관계가 원만치 않다. 그 일반적인 재능은 언제나 시대에 잘 부합된다. 그것은 재능이란 본래 시대정신에 자극을 받고 시대정신의 요구에서 생긴 것이므로, 이것을 충족시키는 것이 그 사명이기 때문이다.

그러므로 그들은 같은 시대 사람들의 진보적인 개혁운동에 투신하거나, 개개의 학문의 체계적인 발전에 봉사해 나가는 중에 보상이나 찬사를 받을 수 있다. 그러나 다음 세대의 사람에 의해, 그들의 노작은 무미건조하기 짝이 없게 된다. 이리하여 그들은 다른 사람에게 영광스러운 자리를 내주어야 하지만 이 사람도 오래 가지는 못한다.

이와 반대로 천재는 시대라는 유성궤도에 뛰어든 혜성 같은 것이다. 유성궤도의 규칙적인, 빤히 들여다볼 수 있는 질서에서 보면 혜성의 변덕스러운 진로는 매우 기이하게 보인다. 따라서 천재는 시대의 전부터 확립된 규칙적인 궤도에 투신할 수 없으며, 그의 능력을(마치 죽음을 앞둔 황제가 창을 적에게 던지는 것처럼) 시대가 뒤쫓아서 겨우 붙잡을 수 있는 아득히 먼 코스에 던지는 것이다.

IX. 예술에 대하여

1. 인간미

인간의 아름다움도 의지의 가장 완전한 객체화가 인식할 수 있는 최고의 단계에서 표시된 객관적 표현이며, 눈으로 볼 수 있는 형식 속에 온전히 표현되어 있는 인간의 이념일반이다.

어떻게 보면 미의 객관적인 측면만 강조하는 것으로 보이지만, 여기에는 언제나 극단적인 측면도 따르는 것이다. 뭐니 뭐니 해도 가장 아름다운 인간의 얼굴보다, 이것을 바라보는 우리에게 한순간 무엇이라고 형언할 수 없는 쾌감을 주고 우리 자신을, 아니 우리를 괴롭히는 모든 것을 초월하게 하는 것은 없다.

어찌하여 이러한 일이 가능한가? 그것은 오로지 다음과 같은 이유 때문이다. 즉, 우리는 가장 명백하고 또 순수하게 의지를 인식하는 입장에 서게 될 뿐만 아니라, 가장 손쉽고 신속하게 순수한 인식의 상태에 머물러 있게 된다. 순수한 인식의 상태에 미적인 기쁨이 존재하는 한 우리의 인격도 그리고 언제나 고통이 따르는 우리의 욕구도 소멸된다. 그리하여 괴테는 이렇게 말하였다.

> "인간의 아름다움을 본 사람은 절대로 불행에 빠지는 일이 없다. 그 사람은 자기 자신과 세계가 조화되어 있음을 느끼게 마련이다."

그러면 자연은 어떻게 하여 인간의 아름다운 모습을 만들었는가? 의지가 인간이라는 최고의 단계에서 개인 속에 개체화되는 데 있어서 유리한 주위의 상황과 그 힘의 덕택에, 보다 낮은 단계에 있는 의지의 여러 가지 현상을 빚어낸 모든 장해와 저항을 완전히 극복함으로써 가능하였던 것일까.

보다 낮은 단계에 있는 여러 가지 현상이란, 자연의 모든 힘을 가리킨다. 의지는 이 힘에서 모든 것에 속해야 하는 소재를 우선 획득하거나 탈취해야 한다. 그리고 높은 단계에 도달한 의지의 현상은 언제나 그 형식 속에 다양성을 나타내고 있다. 나무는 단지 싹이 트는 섬유가 무수히 반복된 집합체에 불과하다. 그러나 이 결합은 높은 단계에 도달함에 따라서 점점 거대하게 된다. 그리고 인체는 여러 부분을 최고도로 집합시킨 조직체이며, 그 각 부분은 분명히 전체에 속해 있지만 각각 고유한 생명을 지니고 있다.

이와 같이 인체의 각 부분이 모두가 각각 적합한 방식으로 전체에 종속되면서, 또한 부분끼리도 서로 적응하는 관계에 있으면서 전체의 표현을 위해 조화를 지니면서 노력하고 있으며, 또한 어느 부분도 과대하게 되지도 않고 그렇다고 해서 외소하게 되는 일도 없다. 이 모든 것이 결과적으로 미를, 즉 완전히 이루어진 성격을 조성하는 보기 드문 여러 조건이다.

자연도 이와 마찬가지이다. 그러면 예술도 그럴까? 예술은 자연의 모방이라는 견해도 있다. 그러나 만일 예술가가 경험 이전에 미를 선취하지 못하였던들 무엇에 의해 훌륭한 작품, 모방해야 할 작품을 인식하고 이것을 실패한 작품과 구별할 수 있겠는가? 그리고 우리는 옛날의 독일 화가들이 자연의 모방에 의해 어떤 아름다움에 도달하였는지 알고 있다. 그들의 적나라한 형상을 관찰해 보라. 순수하게 후천적으로, 단지 경험에 의해서만 이를 인식할 수는 없는 것이다.

미의 인식은, 물론 선천적으로 의식된 근거율의 여러 형태와는 다른 방식이기는 하지만 인식일반의 가능성을 밑받침하여 현상의 일반적인 형태를 정하며, 그 대상은 현상의 일반형식이다. 이러한 인식으로부터 수학이나 순수 자연과학이 발생된다.

이와 반대로 미의 표현을 가능케 하는 다른 선천적인 인식방법은, 현상의 형식 대신에 내용을, 현상이 어떻게 해서 발생하느냐가 아니라 현상이 무엇인가를 문제 삼는다. 우리는 누구나 실물을 보면 인간의 아름다움을 인정하지만, 참된 예술가는 미를 아주 분명히 파악하기 때문에 자기가 미처 보지 않은 것 같은 인간미를 표현하여 현실의 자연 이상의 것을 창조할 수 있다. 이런 일이 어떻게 가능한 것일까?

여기서 비로소 최고의 단계에 도달한 의지의 적절한 객체화가 발견되고 평가되어, 이를테면 우리 자신이 되기 때문이다. 오직 이에 의해서만 우리도 실제로 자연(이것은 우리의 독특한 본질을 형성하는 의지 자체이다)이 표현하려고 한 것을 선취할 수 있다. 참된 예술가는 이러한 선취가 어느 정도의 깊은 사려를 동반하고 있기 때문에, 그들이 개개의 사슬 속에서 그 이념을 간파할 때 자연이 대충 말한 것을 이해하고, 자연이 더듬거리면서 말한 것을 순수하게 표현한다. 또한 예술가도 자연이 몇천 번이나 시도해서 실패한 형식미를 딱딱한 대리석 위에 표현하여 이것을 자연에 대립시키고 이렇게 외치는 것이다.

"이것이 네가 말한 것이다!"

"그렇다. 사실 말한 그대로이다."

이런 대답이 이번에는 예술행위에 종사하는 지식인에게서 들려온다.

오직 이렇게 해서만이 천재적인 그리스인은 인간 모습의 원형을 발견하고, 이것을 조각가들의 기준으로 나타낼 수 있었던 것이다. 그리고 이러한 선취에 의해서만, 우리는 누구나 자연이 개개의 사물에 대하여

성공을 거둔 미를 그대로 인식할 수 있는 것이다.

이 선취는 이상이다. 그리고 이것이 적어도 절반은 선천적으로 인식된 것으로, 자연에 의해 후천적으로 주어진 것을 보강하기 위해 작용함으로써 예술을 실제로 완성하게 된다는 의미에서 보면 선취는 바로 이념인 것이다.

그렇다면 예술가가 선천적으로 미를 선취하는 한편 감상자가 후천적으로 이것을 승인하는 것은 어떻게 해서 가능한 것일까?

그것은 예술가나 감상가가 객체화된 의지인 자연 자체가 되기 때문이다. 왜냐하면 엠페도클레스가 말했듯이 같은 것은 다만 같은 것에 의해서만 인식되기 때문이다. 자연은 자기 자신만을 이해할 수 있다. 자연은 자기 자신에 의해서만 해명된다. 마찬가지로 정신도 정신에 의해서만 분별된다.*

* 마지막 이 문장은 엘베시우스의 '정신을 느끼는 것은 정신밖에는 없다'는 말을 독일어로 번역한 것으로, 초판에서는 이것을 지적해 두지 않았다. 그런데 그 후로, 사람을 우매하게 만드는 헤겔의 엉터리 철학의 영향을 받아 시대는 바야흐로 말세의 증상을 보이고 사고방식이 매우 조잡해졌기 때문에 많은 사람들이 나의 이 문장까지 '정신과 자연'의 대립을 은연중에 암시하는 것이 아니냐 하고 오해하게 되었다. 그리하여 나도 할 수 없이 이런 엉터리 철학의 위조에 대하여, 분명히 몸을 수호하지 않으면 안 되게 되었다.

2. 숭고성

멀리 바라보이는 지평선이 쓸쓸하기 짝이 없는 고장에 가보라. 하늘에는 구름 한 점 없고 나무와 푸성귀들은 바람도 일지 않는 대기 속에 성장해 가매, 동물도 사람도 없고 물도 흐르지 않는 것 같은 깊은 고요에 싸여 있다. 이러한 고장은 마치 모든 욕망과 이에 따르는 궁핍에서 몸을 해방시켜 달라고 호소하고 있는 것 같다. 그러나 이것은 오히려 쓸쓸한 고요에 묻힌 이 고장에 숭고한 정취를 주고 있다. 왜냐하면 이러한 고장은 끊임없이 목표에 도달하려고 애쓰는 의지에 대하여, 바람직하고 바람직하지 않은 것을 불문하고 아무 대상도 주지 않고 다만 순수하게 관조하는 상태에 들어갈 수밖에 없기 때문이다.

그러나 이런 고장에서 명상에 잠길 수 없는 사람은 의지가 답보상태에 머물러 있는 데서 비롯되는 공허나 권태의 괴로움 때문에 남부끄러운 자격지심을 느끼면서도 여기에 빠져 들어갈 수밖에 없을 것이다. 이런 고장은 이러한 관점에서 보더라도 우리 자신의 지적인 가치의 척도를 부여해 준다.

이 지적 가치의 정도를 알기 위해서는, 대체로 우리가 얼마나 고독을 감당할 수 있는가 혹은 고독을 사랑할 수 있는가 하는 것이 좋은 척도가 된다. 이런 고장은 수준이 낮기는 하지만 숭고성의 좋은 보기를 제공해 준다. 이 고장에 발을 들여놓은 사람은 조용히 매우 조심스럽게 순수한 인식의 상태에 놓이게 되는 반면에, 이와는 전혀 대조적인 기분, 즉 전에는 언제나 욕망에서 욕망으로 쫓아가는 의지에 따라 가련한 존재였던 것을 상기하는 기분에 사로잡히기 때문이다. 이것이야말로 북아메리카 내륙의 끝없는 대평원을 바라보았을 때 느끼는 숭고한 감정과 흡사한 것이다.

이번에는 이러한 고장에서 다시 식물까지도 없애고, 오직 벌거벗은 바위만 있다고 하자. 그렇게 되면 우리의 생존에 필요한 유기체의 완전한 결여로 말미암아 의지도 곧 불안에 빠지게 될 것이다. 그 황량한 모습은 무서운 생각을 갖게 하고, 우리의 기분은 아주 처참하게 될 것이다. 우리는 순수한 인식의 높은 경지에 이르게 되지만 동시에 의지의 이해에서 완전히 해방된다. 게다가 우리가 순수한 인식의 상태에 굳게 서 있는 동안에 숭고한 감각을 분명히 느끼게 될 것이다.

더욱 높은 숭고함은 다음과 같은 고장에 이르러야만 체득할 수 있다. 자연은 사나운 회오리처럼 활동하고 있다. 주위는 대부분 암흑에 덮이고 하늘에는 사나운 비구름이 지나가고 있다. 너무나 굴곡이 심하기 때문에 조망을 방해하고 있는 몹시 경사진 바위는 매우 거대하며, 그 외에는 나무 한그루 풀 한 포기도 나지 않았다. 요란한 소리를 내고 물거품을 일으키며 흐르는 강도 있다. 매우 황량한 풍경이다. 골짜기를 스치는 바람은 소리 높이 윙윙거리고 있다.

우리는 손발이 묶여 있으며 우리가 대적하는 자연과 싸워야한다. 또한 이 싸움에 의지가 꺾일 수밖에 없다는 것이 이제는 너무나 명백하게 드러나고 있다.

그러나 고뇌에 마음을 완전히 빼앗기지 않고 사물을 미학적으로 감상하려는 입장에 설 수 있는 한, 설사 이 풍토 속에서 자연의 투쟁이나 의지가 꺾인 모습을 분명히 목격하였다고 하더라도 인식의 순수한 주체는 모든 것을 분명히 통찰할 수 있다.

그리고 이 인식의 주체는 현재 의지에게 공포를 일으키는 여러 대상에 접하였다고 하더라도, 결코 이에 끌려가지 않고 침착하게 현혹됨이 없이 이념을 파악할 수 있다. 이 대조 속에야말로 숭고한 감정의 기반이 있다.

그러나 분노에 가득 차 미칠 듯한 자연의 여러 가지 요소의 싸움이 더욱 대규모로 확대되는 것을 볼 때, 앞에서 말한 황량한 고장을 가로질러 쏜살같이 흐르는 물결이 너무나 무시무시한 소리를 내서 자기 목소리조차 들을 수 없을 때, 그리고 폭풍이 닥쳐와 성난 파도가 이는 거친 바닷가에 설 때 우리가 받는 인상은 더욱 강렬해진다. 폭풍이 몰아치는 바다에는 어떠한 광경이 전개될까? 집채 같은 큰 파도가 일면서 험한 바닷가의 낭떠러지에 부딪히면 물결이 하늘 높이 솟아오른다. 폭풍은 윙윙거리고, 바다는 울부짖어도 검은 구름 속에서 번뜩이는 번개와 우레 소리는 이를 압도하며 빛나고 거칠게 포효한다.

이러한 모습을 태연히 바라볼 수 있는 사람은 자기가 이중의 의식을 지니고 있다는 것을 분명히 알 것이다. 이러한 사람은 우선, 자연의 그 광폭한 힘이 조금이라도 밀어닥치면 곧 쓰러져 강력한 자연을 상대하여 대항하기는커녕 우연에 몸을 맡길 수밖에 없는 의지의 빈약한 모습을 보이게 되며, 인간이 자연의 힘 앞에서는 얼마나 무에 가까운 빈약한 존재인지를 절실히 느끼게 된다.

그러나 이와 동시에 이 사람은 자기가 객관의 조건이며 이 모든 세계의 주인인, 영원히 평온한 인식의 주체임을 느끼게 된다. 이런 입장에 서게 되면 미친 듯이 날뛰는 자연의 싸움도 단지 그의 표상에 지나지 않는다. 그는 모든 욕망과 온갖 결핍에서 완전히 다른 존재로서 독립하여 이념을 파악하게 된다. 이것이 숭고한 것에서 느끼는 인상이다. 이것을 감독하는 방법은, 인간과는 비교도 되지 않을 정도로 강력하며 인간에게 멸망의 위협을 주는 힘을 바라보는 것이다.

3. 예술의 감상

모든 욕망은 결핍이나 부족 그리고 고뇌에서 생긴다. 욕망은 충족되면 곧 사라진다. 그렇지만 한 가지 욕구가 충족되었다고 하더라도, 적어도 열 손가락에 꼽힐 정도의 다른 욕망은 여전히 충족되지 못하고 있는 것이다. 그리고 수요는 오랜 기간에 걸치고 요구는 끝없이 계속된다. 한편, 충족은 짧은 기간에 걸쳐 이루어지며 그나마 보잘것없는 것이다. 충분한 만족 자체는 극히 일시적인 것이다. 욕망은 충족되면 곧 새로운 욕망에 장소를 넘긴다.

그런데 낡은 욕망은 이미 알아차린 오산이며, 새로운 욕망은 아직 인식되지 않은 오산이다. 확실히 욕망의 대상을 손에 넣었다고 해서 결코 지속적인, 그리고 절대로 사라지지 않는 만족은 얻을 수 없다. 이런 것은 거지에게 던져주는 먹이와 같은 것에 불과하다. 그것은 거지에게 오늘의 생명은 보장해 주지만 내일까지 그 고통을 연장시켜 주는 것이다.

그러므로 우리의 의식이 우리의 의지에 의해 충족되어 있으며 우리가 언제나 기대를 걸면서 두려워하고 있는 욕망의 충동에 몸을 맡기는 욕망의 주체인 한, 우리는 절대로 지속적인 행복이나 안정은 누릴 수 없다.

우리가 돌진하건, 도망치건, 불행을 두려워하건, 쾌락을 추구하건 본질적으로는 같은 것이다. 어떠한 형태를 취하더라도 언제나 욕구하는 의지에의 배려가 의식을 충족시키고 끊임없이 의식을 앞으로 움직여 나간다. 그러나 참된 행복은 불가능하다. 그러므로 욕망의 주체는 끊임없이 회전하는 이크시온의 수레에 결부되어, 다나오스의 딸들처럼 키로 물을 길어 탄탈로스처럼 영원히 갈증을 느끼고 있다.*

그러나 외적인 기회나 내적인 기분의 변화로, 우리가 갑자기 욕망의 무한한 흐름에서 이탈하여 인식이 의지를 노예처럼 섬기는 것을 중지하고, 우리의 관심이 이미 욕망의 동기에 향하는 일이 없으며, 사물을 의지와 무관하게 자유자재로 파악한다면, 다시 말해서 우리가 사물을 동기로서가 아니라 단지 표상으로서 파악하고 이해득실이나 어떤 타산에 사로잡히지 않으면, 또 자기의 욕심을 버리고 사물을 순수하게 관찰한다면, 앞에서 말한 바와 같이 욕망에 사로잡혔을 때에는 추구하는데도 언제나 번번이 사라져 버리던 마음의 평화를 비로소 누리게 되어 이것이야말로 행복이라는 기분을 갖게 된다. 이것이 바로 저 에피쿠로스가 최고의 선, 신들의 경지라고 찬양한 고통이 없는 상태이다. 왜냐하면 그러한 순간에는 저 수치스럽기 짝이 없는 의지의 충동에서 해방되어, 의지가 부과한 이른바 수용소의 강제노동을 쉬는 안식일을 축복하고 이크시온의 수레는 정지하기 때문이다.

그러나 이러한 경지에 도달하는 것은 내가 전에도 말한 바와 같이 이념의 인식에 필요한 것이다. 이러한 경지에 도달하는 것은 바로 순수한 명상, 직관 속에 몰입하여 대상 자체가 되는 것으로 사람들이 각자의 개성을 모조리 망각하고 근거율에 따라 다만 사물의 관계만을 이해하는 인식방법에서 벗어나는 것을 말한다. 이와 때를 같이하여 불가불 이루어지는 것은, 눈앞에 본 개개의 사물을 이들 사물이 속하는 종의 이념으로까지 높이고, 또한 인식하는 개개인을 이 의지가 개입되지 않은 인식

* 테살리아 왕 이크시온은 제우스의 벌을 받아 영원히 멈추는 일이 없는 수레에 태워졌다. 다나오스의 딸과 탄탈로스의 이야기가 끊임없는 괴로움의 연속이라는 것을 드러내는 그리스신화이다.

의 순수한 주관으로 향상시키는 것이다.

이와 같은 두 가지 일만 갖추어져 있으면 이미 시간의 흐름이나 모든 다른 여러 가지 관계 속에서 시달림을 받는 일이 없다. 이 경지에 도달하면, 태양이 가라앉는 모습을 감옥 안에서 바라보건 혹은 궁전 안에서 바라보건 마찬가지인 것이다.

인식이 의지보다 우위에 있다는 내면적인 심정에 젖어 있으면 어떠한 환경에 있어도 그 경지에 도달할 수 있다. 이러한 상태를 네덜란드의 뛰어난 화가들은 그려서 보여준다. 그들은 순수하게 객관적인 직관을 전혀 보잘것없는 대상에까지 미치게 하여, 그들이 얼마나 객관성과 정신적인 평안을 지니고 있는가를 조용한 생활을 묘사함으로써 표현하였던 것이다. 그러므로 이에 대한 감각을 갖춘 감상자라면 그들의 작품을 무감동하게 바라볼 수는 없을 것이다. 왜냐하면 감상자는 보잘것없는 사물을 이와 같이 객관적으로 바라보고 세밀히 관찰하고 나서 마음속에 그려져 있는 이미지를 신중하게 재현시키기 위해 필요한, 침착하고 조용하며 의지로부터 자유를 얻은 네덜란드의 화가들의 심리상태를 상기하기 때문이다.

그리고 네덜란드 화가들의 그림은 감상자에게 화가의 경지에 관심을 갖기를 요구하는 한편, 감상자의 감동은 그의 불안정한 커다란 욕망에 의해 흐려진 마음의 바탕과 화가들의 경지를 비교함으로써 점점 더 고양되어 가는 것이다. 네덜란드의 화가들과 같은 정신을 가진 풍경화가들, 특히 로이스달은 극히 보잘것없는 자연의 사물을 그려서 네덜란드의 화가들이 나타낸 것과 같은 효과를 즐겨 표현하였다.

4. 예술과 현실

네덜란드파의 훌륭한 화가들에 대하여 단지 그들의 기교의 능력만을 평가하는 데 그치고, 한편 그들이 묘사한 대상이 거의 일상생활을 소재로 하였다고 해서 그들을 경시한다면 그것은 큰 오류이다. 대체로 네덜란드파의 화가들과는 달리 세계사적인 사건이나 성서 이야기를 소재로 묘사한 화가들만이 중요시되는 경향이 있다.

이 경우에 우선 깊이 생각해 보아야 할 것은, 어떤 행위의 내면적인 중요성은 외면적인 중요성과 전혀 다르며 그리고 양자는 때때로 완전히 분리된 채 서로 동떨어져 있다는 것이다. 외면적인 중요성이란 그 행위가 현실세계 속에서, 그리고 이 세계에 대하여 어떤 결과를 낳게 되느냐 하는 관계에 의해 결정되는 것이며 따라서 근거율에 따르고 있다. 한편, 내면적인 중요성이란 그 행위에 의해 해명된 인간적 이념에 대한 깊은 통찰에 의해 결정되는 것이다.

그것은 어떻게 하여 나타나는 것일까? 자기 행위가 지니고 있는 중요성을 분명히, 그리고 결정적으로 표현하려는 사람들이 있다. 이러한 사람들은 그 목적하는 바에 따라 형성된 환경에서 자기들의 특성을 발휘한다. 이와 같이 함으로써 인간의 이념 속에서 좀처럼 나타나는 일이 없는 측면이 비로소 분명하게 된다. 예술에서 의미가 있는 것은 오로지 이 내면적인 중요성이다. 외면적인 중요성은 역사 속에서 통용될 따름이다. 양자는 서로 완전히 독립되어 존재하며 간혹 함께 나타나는 일도 있지만 각자 전혀 개별적으로 모습을 나타낸다.

역사상 이 이상 더 의의가 있을 수 없다고 생각될 정도의 행위도 내면적인 중요성이라는 관점에서 보면 극히 일상적이고 통속적인 것에 불과할 경우도 있다.

그런가 하면 이와 반대로 일상생활의 한 장면이라도 그 속에서 개개의 인간이 지닌 개성이나 인간의 행동 및 욕구가 구석구석 그 깊은 움직임까지 분명히 밝은 빛 속에 나타나 있을 경우에는 매우 중요한 내면적 의의를 지니게 된다.

5. 예술의 위안

모든 미와 예술이 주는 위안을 받아들이는 것이나 삶의 괴로움을 망각시켜 주는 예술가의 열정은 일반 사람에게는 주어지지 않은 천재의 특권이다.

천재는 의식이 뚜렷하기 때문에 그만큼 이질적인 사람들 속에서 더욱 큰 괴로움을 느끼고 고독에 시달리는 것이다. 그러나 천재의 특권은 이러한 괴로움을 보상하여 준다. 지금까지 상세히 해명해 온 바와 같이 삶 자체는 의지이며, 생존은 끊임없는 고뇌인 동시에 어떤 때는 비참하기 짝이 없고, 또 어떤 때는 공포에 가득 차 있는 반면에 같은 삶이라는 표상으로서만 파악하였을 경우, 다시 말해서 순수하게 감상할 경우나 혹은 예술을 재현하였을 경우에는 고통에 시달리지 않고 조심스럽게 연극을 전개시켜 주기 때문이다.

이와 같이 세계를 순수하게 인식하고 그것을 어떤 예술 속에 재현하는 것은 예술가의 사명이다. 예술가를 매혹시키는 것은 의지의 객체화라는 연극을 보는 것이다. 예술가는 이 연극의 옆에 멈춰 서서 언제까지나 이를 넋 없이 바라보고 표현을 통하여 이것을 반복시키는 것이다. 그리고 때로는 이 연극을 상연시키는 비용까지도 감당하는 경우가 있을 것이다. 즉, 예술가 자신이 객체화하여 언제나 고뇌 속에 머물러 있는 의지 자체가 될 것이다.

예술가는 세계의 본질을 순수하고 진실하게, 그리고 깊이 인식하는 것만이 목적이다. 그리하여 예술가는 그 목적의 곁에 머물러 있게 된다.

이로 말미암아 예술가는 나중에 서술하는 바와 같은 체념에 도달한 성자의 경지인 의지의 진정에는 이르지 못한다. 예술가는 결단코 해탈하는 일이 없으며 다만 한순간만 삶에서 해방될 뿐이다. 그것도 삶에서 벗어나는 길을 발견하였기 때문이 아니라 삶 속에서도 때때로 위안을 발견할 수 있기 때문이다. 그러나 삶에서 위안을 느껴 점차 힘을 얻게 된 예술가가 때로는 유희로 일하는 데 싫증이 나서 삶의 엄격한 장면을 붙잡기도 한다. 이러한 과정을 잘 말해주는 것이 라파엘로의 성 세칠리아이다.

Ⅹ. 역사와 문학

1. 역사가와 시인

고대의 위대한 역사가들은 자료에 구애되지 않고 개개의 구체적인 내용에 대하여 언급할 때, 가령 영웅이나 시인의 연설을 취급할 경우에 서사시적인 것에 가까워진다. 이것은 소재의 취급방법 전반에 대해서도 마찬가지라고 하겠다. 바로 이런 이유 때문에 그의 서술에는 통일성이 있다. 그리고 외면적인 진리에는 도달하지 못하는 경우가 있지만, 아니 오류를 범하는 경우도 있지만 내면적인 진리만큼은 지니게 되는 것이다.

나는 앞에서 시가 역사화와 대응되는 반면에, 역사는 초상화와 비교된다고 말하였다. 이러한 견지에서 보더라도 초상화는 개인의 이상이어야 한다는 빙켈만1717~1768, 독일의 예술 비평가—역주의 요청을 고대의 역사가들도 지켰음을 알 수 있다. 그들은 개개의 사물을 그 속에 표현되는 인류의 이념을 부각시켜 묘사하고 있으니 말이다.

이와는 반대로, 최근의 역사가들이 묘사하는 것은 소수의 예외를 제외하고 거의 모두가 단지 쓰레기통이나 잡동사니가 들어 있는 곳간이며, 고작해야 군주나 국가의 움직임을 묘사하는 데 불과하다. 그러므로 인류를 모든 현상의 발전을 통하여 완전히 동일한 내면적 본질, 즉 인류의 이념에 입각하여 인식하려고 하는 자에게는 역사가가 성취한 것보다 위대하고 불멸한 시인의 노작이 더욱 귀중한, 그리고 분명한 이미지를 제공해 준다.

그 이유는, 가장 뛰어난 역사가라 할지라도 시인으로서는 제1인자가 아니며 또한 시인답게 자유로운 필치로 쓰지 못하기 때문이다.

이러한 관념에서 보면 시인과 역사가의 관계를 다음과 같은 비유의 말로써도 설명할 수 있다. 수학적인 지식이 전혀 없이 다만 자료에만 의존하여 연구하는 역사가는 우연히 주어진 도형의 관계를 살펴볼 때, 다만 자료를 측정하는 것으로만 만족하는 사람과 흡사하다. 이러한 경험에 의거하여 얻은 결과에는, 본래 주어진 도형에 잘못이 있으면 그 잘못이 그대로 옮겨지게 마련이다.

이와 반대로 시인은 주어진 도형의 관계를 선천적으로 구성하며, 순수한 직관 속에서 묘사된 도형이 실제로 어떻게 되어있느냐가 아니라 실례에 의해 알기 쉽게 되어 있는 도형이 본래의 이념 속에서 어떻게 되어 있는가를 설명할 수 있는 수학자를 닮은 것이다. 이에 대하여 실러는 다음과 같이 노래하였다.

> 언제 어디서나 발생하지 않은 것은 결코 낡아 버리는 일이 없다.

그리고 인류의 본질을 인식함에 있어서 전기, 특히 자서전은 적어도 평범하게 다루어진 역사책보다 훨씬 훌륭한 가치가 있다는 것을 인정해야 한다. 전기나 자서전이 일반 역사책보다 사용한 자료가 분명할 뿐더러 고루 갖추어져 있기 때문이다.

한편, 일반 역사책에서는 인간보다는 오히려 여러 민족이나 군대에 대하여 다루고 있다. 설사 개인이 등장하더라도 그러한 개인은 단시 터무니없이 좁은 환경 속에서 많은 사람들과 함께 있는 장면을 먼 데서 바라본 것처럼 묘사하고 있지 않으면, 답답한 예복을 걸치거나 육중하기만 해서 몸이 잘 움직여지지 않는 갑옷을 입었을 때에나 잠깐 모습을 나타내게끔 되어 있다. 그러므로 이 개인이 등장하는 대목을 모조리 읽어 보아도 이 사람에게서 인간다운 행동을 찾아본다는 것은 무리한 일이다.

이와 반대로, 충실하게 묘사한 좁은 환경 속에서 영위되는 개인의 생활은 여러 모로 뉘앙스가 풍부한 인간의 행동 방식, 즉 훌륭한 인덕이 있는 사람, 신성한 사람이 있는가 하면, 대부분의 사람들은 어리석고 가련한 존재이면서도 음험하고 천하다는 것을 보여주고 있다.

여기서 문제 삼는 입장에서 보면, 다시 말해 현상적인 것의 내면적인 중요성의 유무를 중요시하는 입장에서 보면, 모든 행동이 관련되어 있는 대상이 상대적으로 보아 사소한 것인가 대단한 것인가, 혹은 농가의 뜰 안인가 궁전인가 하는 것은 아무래도 상관없다. 왜냐하면 이러한 것은 그 자체로는 아무런 의미도 없으며 이런 것들 속에 의지가 작용하고 있어야만 비로소 의미를 갖게 되기 때문이다. 이러한 것들과 의지 사이의 관계에서만 동기는 중요성을 갖게 된다.

그런데 이러한 것과 다른 사물과의 관계는 전혀 문제가 되지 않는다. 지름 1인치가 되는 원이건, 지름 40마일이나 되는 원이건 똑같은 기하학적 성질을 갖고 있는 것과 마찬가지로, 어떤 마을과 나라의 여러 가지 움직임이나 역사는 본질적인 점에서는 다를 바가 없는 것이다. 그러므로 한 인간에 대하여 고찰해 보면 인류 전체를 파악할 수가 있다.

2. 역사의 진가

이성이 개인에게 갖는 의미는 역사가 인류에게 갖는 의미와 마찬가지이다. 즉 이성의 덕택에 인간은 동물처럼 눈에 보이는 좁은 범위의 현재의 광경뿐만 아니라 현재와 결부되고 현재를 낳은, 비교도 되지 않을 정도로 긴 과거를 인식한다. 그리하여 인간은 이 과거를 통하여 비로소 현재를 참으로 이해할 수 있을 뿐만 아니라 미래를 미루어 알 수도 있다.

그러나 반성하는 일이 없는 인식이 직관에만, 즉 현재에만 한정되어 있는 동물은 비록 잘 훈련시키더라도 영문도 모르고 단순하고 어리석게 구속된 채 정처 없이 인간 사이를 방황하며 헤맬 뿐이다. 자기 나라의 역사를 모르고 현재 생존중인 각 세대의 사람들이 살아가고 있는 모습밖에 알지 못하는 민족은 동물과 다를 바가 없다. 그들은 자기들의 일에 대해서도 모를뿐더러 현재가 어떻게 돌아가는지도 알지 못한다. 그들은 자기들을 과거에 결부시킬 수 없으며 과거에서 현재의 모습을 설명할 수도 없기 때문이다. 그러므로 미래를 예측한다는 것은 더욱 불가능한 일이다.

한 민족은 역사를 통하여 비로소 자기 자신을 충분히 의식하게 된다. 이로 말미암아 역사를 인류의 이성적인 자기 의식으로서 간주할 수 있다.

이것을 개인의 경우에 비추어 보면 이성에 의해 구속된 사려가 풍부한 일관된 의식에 해당된다. 이것이 결여되어 있기 때문에 동물은 눈에 보이기만 하는 좁은 범위의 현재에만 사로잡혀 있다. 그러므로 역사 속에서 빠져 있는 부분은 모두가 인간의 자기 의식 속에서 회상하려고 하여도 도저히 불가능한 부분과 같은 것이다. 그러므로 그것이 무엇인가를 전해 주는 기록을 상실한 먼 옛날의 기념물, 예를 들면 유카탄 반도의 피라미드, 사원 그리고 궁전을 눈앞에 목격하고 사람들은 다만 멍하니 바보처럼 서 있을 뿐이다.

이러한 모습은 동물이 자기 주인의 행적을 보았을 때나, 혹은 이전에 암호를 써 두었지만 그것을 푸는 방법을 잊어버린 자가 다시 그 암호에 접했을 때의 모습과 흡사하다. 또는 몽유병자가 잠결에 자기가 행한 일을 이튿날 아침에 깨어나 바라보았을 때의 모습과 같다. 이러한 의미에서 역사는 인류의 이성 혹은 배려 깊은 의식이라고 볼 수 있다.

또한 역사는 전인류에게 직접 공통된 자기 의식을 대표하고 있기 때문에, 인류는 역사 덕분에 비로소 현실적으로 하나의 전체 즉 인류라는 전체가 될 수 있는 것이다. 이것이 역사의 참된 가치이다. 역사가 일반적으로 깊은 관심의 대상이 되는 까닭은 주로 역사가 인류의 일신상의 일이기 때문이다.

3. 비극(1)

그것이 미치는 영향력으로 보, 그것을 창조하는 어려움으로 보더라도 비극은 문학의 정점이다. 우리가 여러 가지 관찰에 대하여 최고의 시적인 업적, 즉 비극의 목적이 인생의 놀라운 측면의 표현이라는 것, 비극 속에 전 인류의 말할 수 없는 고통이나 신음소리, 악의 승리와 이것을 조소하는 우연의 횡포, 올바른 자·죄 없는 자가 구원을 받을 수 없는 함정에 빠지는 광경 등이 전개되어 있는 것은 매우 의미심장하며 한편 주목할 만한 일이다.

왜냐하면 이러한 것이야말로 세계가 그리고 생존이 어떠한 모습을 하고 있는가를 잘 암시해 주기 때문이다. 이것은 의지의 나 자신과의 투쟁이며 객체화의 최고의 단계로서, 가장 완전한 형태로 표면화되어 놀라운 모습을 나타내기 때문이다.

의지의 내적 투쟁은 인간이 괴로움을 겪을 때 나타난다. 이것은 먼저 우연과 미망을 통하여 모습을 보여준다. 이 양자는 세계의 지배자이며, 마치 일부러 장난을 하고 있는 것처럼 보이기 위해 운명으로서 인격화되어 있다. 또한 의지의 자기 자신과의 싸움은 의지의 여러 가지 노력이 서로 교차되어 있는 개인을 통하여, 그리고 대다수의 사람에게서 볼 수 있는 악의와 우행을 통하여 등장한다.

모든 인간 속에 살아 있는 것은 모두 동일한 의지이지만, 의지의 여러 가지 현상은 어느 것이나 자기 자신과의 싸움으로 스스로를 할퀴고 있다. 의지는 어떤 사람 속에서는 격렬하고 또 다른 사람 속에서는 서서히 나타난다. 의지가 강하게, 혹은 약하게 등장함에 따라서 각각 의식의 작용이나 인식의 빛을 받고 냉정해지는 태도도 달라지지만, 의지가 발휘되는 방법이 매우 은근한 사람에게는 그 인식은 이미 괴로움 자체에 의해 정화되고 고양되어서 마야의 베일 따위에 매혹되는 일이 없는 경지에 도달한다. 이러한 사람은 현상의 형식인 개체화의 원리를 속속들이 꿰뚫어볼 수 있기 때문에, 이 원리에 입각해 있는 이기주의는 소멸해 버린다.

또한 이것에 의해 전에는 매우 강력했던 여러 가지 동기도 그 힘을 잃고 그 대신에, 세계의 본질의 완전한 인식이 의지의 진정제로서의 효력을 발휘하면서 단순히 인생의 과제일 뿐 아니라 삶에의 의지의 과제인 체념을 갖게 한다. 그 때문에 비극의 결말에서는 오랜 싸움과 괴로움을 거쳐 온 가장 고귀한 사람이 지금까지 열심히 추구해 온 목적과 삶의 모든 즐거움을 영원히 체념하든가, 혹은 자기 자신이 기꺼이 이러한 것들을 포기하는 광경을 흔히 볼 수 있다.

칼데론의 극 속에서 의연한 모습을 하고 있던 왕자도 그러하였으며, ≪파우스트≫ 속의 그레첸도 그러하였다. 또한 ≪햄릿≫에서의 호레이쇼는 흔연히 죽어가는 햄릿의 뒤를 따르려고 하였지만, 햄릿은 자기의 운명이 어떠한 것이었는가를 분명히 밝히고 호레이쇼에게 이 세상에 남아서 아직 얼마 동안 혐오스러운 이 세상의 공기와 괴로움을 함께 들이마시면서 자기가 죽은 후의 자기에 대한 추억을 정화시켜 달라고 부탁하였다.

오를레앙의 소녀도 메시나의 새색시모두 실러 극의 여주인공—역주도 마찬가지이다. 그들은 모든 괴로움을 겪고서 정화되면서 죽어갔다. 즉, 살려는 의지가 그들 속에서 소멸된 후에 죽음에 임한 것이다.

이것이 볼테르의 ≪마호멧≫에서는 죽음에 직면한 파르미라가 마호멧을 향해 호소한 마지막 말, '이 세상은 폭군을 위해 있는 것입니다. 안녕히 계십시오'라는 말 속에 문자 그대로 잘 표현되어 있다.

이와 반대로 이른바 시적 정의의 요구(인과응보)는 비극의 본질을 전혀 이해하지 못한 데서 비롯된다. 이 시적인 정의가 어떻게 평범하고 저속한가는 사무엘 존슨 박사가 몰염치하게 셰익스피어의 모든 극에 대하여 논평한 비평 속에 나타나있다. 존슨 박사는, 셰익스피어의 극은 어느 것이나 이 시적인 정의가 전혀 등한시되어 있다고 탄식하고 있다.

존슨 박사는 "시적인 정의는 분명히 등한시되어 있다. 도대체 오필리아 · 데스데모나 · 코델리아 등모두 셰익스피어의 극의 여주인공들—역주은 무슨 죄를 범하였단 말인가?"하고 반문하였다. 그러나 다만 낙천적이고 프로테스탄트적 합리성이, 혹은 본래의 유대적인 세계관이 시적 정의라는 요구조건을 내세우고 이것을 충족시키는 것이야말로 그들의 세계관을 만족시키는 것이라고 한다. 비극의 참뜻은 주인공이 같은 것은 주인공 특유의 죄가 아니고 원죄와 생존 자체의 죄라는 것이다. 칼데론은 이것을 다음과 같이 분명하게 표현하였다.

인간의 최대의 죄는,
이 세상에 태어난 것이다.

비극을 얼마나 소박하게 다루고 있는가를 한층 더 자세히 살펴보기 위해, 여기서 구태여 주석을 붙여 보기로 한다.

커다란 불행을 표현하는 것은 비극의 본분이다. 시인들에 의해 여기 이르는 여러 가지 방법이 표현되고 있지만, 그러한 방법은 세 종류의 개념으로 구분해 볼 수 있다. 즉 불행은 성격이 음험한 데서 비롯된다. 이러한 성격의 소유자는 불행을 일으키는 원인이 된다. 그 실례로는 ≪리처드 2세≫, ≪오델로≫의 이야기, ≪베니스의 상인≫의 샤일록, ≪군도群盜≫의 프란츠 모아, 에우리피데스의 ≪페드라≫, ≪안티고네≫의 크레온 왕 등을 들 수 있다.

또한 불행은 맹목적인 운명, 다시 말해서 우연이나 오류에서 일어난다. 이러한 종류의 불행의 보기로는 소포클레스의 ≪오이디푸스 왕≫이나 트라키아의 ≪여인들≫과 같이 대체로 고대 비극의 대부분이 이에 속한다. 근대 영국의 예로서는, ≪로미오와 줄리엣≫, 볼테르의 ≪탄크레드≫, 실러의 ≪메시나의 새색시≫가 있다.

끝으로 불행은 단순한 인간관계 즉, 어떤 인간이 얼굴을 나타내고 있느냐에 따라서도 일어나는 경우가 있다. 이러한 경우에는 큰 오류나 전대미문의 우연, 그리고 이것도 인간이냐고 생각될 정도로 악랄한 성격을 필요로 하지 않는다. 등장인물의 성격은 도덕적인 면에서 보면 극히 평범하여도 무방하다. 그러나 때때로 실생활에서도 찾아볼 수 있는 주위의 형편에 따라서, 그들은 서로 번연히 알면서도 또한 충분히 그런 불행이 일어날 것을 예상하면서도 최대의 저항을 준비하는 궁지에 빠져들어 가는 것이다. 그리고 이 경우에 과연 어느 쪽이 나쁜지 잘라서 말할 수 없을 정도로 분명치 않다.

불행을 일으키는 데 있어서는 이 제3의 방법이 처음 두 가지 방법보다 훨씬 우세한 듯이 생각된다. 그것은 제3의 방법이 닥쳐오는 최대의 재앙을 예외적인 것, 좀처럼 찾아볼 수 없는 상황이나 극악무도한 성격에서 비롯된다고 보는 것이 아니라, 인간의 행위나 성격으로부터 어쩌면 당연하다고 해도 좋을 정도로 스스로 그리고 쉽사리 일어나며, 바로 이러한 사실을 통해 우리 신변에 무서운 일이 일어나고 있음을 느끼게 하기 때문이다.

아닌 게 아니라 불행이 일어나는 제1, 제2의 방법을 추구해보면 큰 운명이나 극악무도한 악의가 매우 무서운 것으로 생각되지만, 역시 두려운 여러 가지 힘은 저 멀리 바라보일 따름이므로 우리로서는 체념의 경지에 이르지 않고도 이러한 힘으로부터 벗어날 수 있다. 그러나 제3의 방법이 보여주는바, 행복이나 생명을 파괴하는 여러 가지 힘의 경우에는 이야기가 달라진다.

이 모든 힘에 이르는 길은 언제 어느 때 열릴지 모른다. 또 엄청난 고뇌가 본질적으로 우리 운명이 될 수도 있는 인간관계나, 아니면 우리도 흔히 그와 같은 길을 달리게 되는 행동에 의해 일어나기 때문에 이러한 고뇌를 당한다고 해서 우리가 부당하다, 불공평하다 하고 불평을 할 수는 없다.

이렇게 되면 우리는 자기 자신이 이미 지옥 속에 떨어져있다는 데 대해 몸서리치면서도 통감하지 않을 수 없게 된다. 그러나 이 불행을 나타내는 제3의 방법으로 비극을 상연하는 것은 매우 어려운 일이다.

중요한 것은, 어찌하여 그렇게 되었는가를 나타내는 원인의 설명을 최소한으로 줄이고 등장인물이 차지하는 위치나 역할만으로 최대의 효과를 올릴 수 있도록 해야 한다. 참으로 훌륭한 비극 속에서는 이러한 애로가 극복되어 있다.

이러한 비극 중에서 가장 뛰어난 본보기로서 괴테의 ≪클라비고≫를 들 수 있다. 어떤 면에서 ≪클라비고≫는 여러 가지 점에서 괴테의 다른 연극보다 훨씬 뒤떨어져 있기도 하다. ≪햄릿≫도 단지 햄릿과 레어티즈와 오필리아의 관계에 대해서 생각해 보면, 역시 이런 비극에 속한다고 말해도 좋을 듯싶다. 그리고 ≪발렌슈타인≫도 이런 비극의 특징을 갖추고 있다. ≪파우스트≫는 단지 파우스트와 그레첸 및 그녀의 오빠 사이의 갈등에 치중해 보면, 완전히 이런 종류의 비극이라고 할 수 있을 것이다. 코르네이유의 ≪르 시드≫도 그렇다. 이 극에서는 맥스와 테크라와의 사이에 비슷한 다른 관계에서 찾아볼 수 있는 비극적인 결말이 결여되어 있다.

4. 비극(2)

우리가 비극에서 기쁨을 느끼는 것은 미의 감정이 아니라, 숭고한 감정에 의한 것이다. 그것은 최고도의 숭고함이라 할 수 있다. 왜냐하면, 우리가 자연에서 숭고한 광경을 바라볼 때 순수하게 보는 자의 입장을 지키기 위해 의지의 관심을 떠나는 것처럼, 비극적인 장면에 접하는 삶에의 의지에서 떠나기 때문이다. 즉, 비극에서도 삶의 두려운 측면만이 전개된다. 인류의 참상, 우연과 미망의 지배, 의로운 자의 파멸, 악인의 승리 등등 우리의 의지에 정면으로 대립하는 이세상의 모습이 눈앞에 전개된다.

이러한 상태를 바라보면 우리는 삶에의 의지에서 떨어져, 어느새 또 다시 삶에의 의지를 원하거나 사랑하거나 해서는 안 된다는 것을 느끼게 된다. 그런데 바로 이 일로 인하여, 물론 우리로서도 그것을 적극적으로 인식할 수는 없고 단지 소극적으로 인식할 뿐이지만, 삶을 원치 않는 삶에의 의지와도 다른 무엇이 남아 있음을 알 수 있다.

일곱 화음이 기초 화음을, 붉은 색이 푸른 색을 구하고 다시 이것을 돋보이게 하는 것처럼, 모든 비극은 현상과는 전혀 다른 생존, 전혀 다른 세계를 요구하고 있다. 그러나 이러한 요구에서 비롯된 다른 생존, 다른 세계에 대한 인식은 인제나 간접적으로만 주어질 뿐이다. 비극적 곤경에 빠지는 순간에 우리는 다른 어느 때보다도 분명하게 삶이란 거기서 눈뜨지 않으면 안 되는 하나의 길고 깊은 꿈임을 확신하게 된다.

그때에만 다이내믹한 숭고성이 가져오는 효과와 마찬가지로 비극의 효과는 우리를 의지와 그 관심 이상의 경지로 끌어올리며, 또한 우리의 마음가짐을 변화시킴으로써 우리가 의지와는 완전히 적대하는 것에 기쁨을 맛보게 한다. 그것은 설령 그것이 어떤 형태를 취하고 등장하더라도 모든 비극적인 것에 독특하게 고양된 활기가 넘쳐 있는 것은 이 세상의 삶이 참된 만족을 주지 못하며, 따라서 이러한 것에 구애될 가치가 없다는 인식을 불러일으키기 때문이다. 이 점에 비극적 정신이 있다. 그리고 이 정신은 체념으로 인도해 나가게 된다.

5. 시에 대하여

일반적으로 미술에 대하여 관찰해 온 것을 시에 적용해 보면 시도 분명히 이념, 즉 의지의 객관화의 단계를 표현하는 것을 목적으로 하며, 시인이 명백히 생생하게 직관에 의해 체득한 이념이데아을 독자에게도 확실하게 전하려는 것이 시이다.

이념은 본래 직관적이지만 시로 전달하는 것은 개념이다. 그러나 시가 뜻하는 것은 독자로 하여금 이러한 개념을 통해 인생의 이념을 직관케 하는 데 있으며, 독자는 자기의 상상력의 도움을 받아 비로소 이 목적에 도달하게 된다.

그런데 상상이 이 목적에 부합하도록 움직이게 하려면, 시에는 직접적인 소재인 추상개념을 잘 구사하여 어느 하나도 추상 일반으로 정지되어 있지 않도록 할 필요가 있다. 이렇게 하면 직관적으로 개념을 대표하는 것이 상상에 떠오르기 쉬우며, 시인은 그 의도에 따라 언어를 구사함으로써 여러 가지 변화를 줄 수 있다. 마치 화학자가 투명한 액체를 혼합하여 거기서 고체로 된 침전물을 얻는 것과 비슷하다. 시인은 추상적인 개념을 사용하여 그 배합에 의해 구체적인 개성을 지닌 직관적 표상과 같은 결과를 가져온다.

이념은 다만 직관적으로 인식할 수 있으며 모든 예술의 목적은 이념을 인식하는 데 있다. 시인의 기량은 화학자의 그것과 마찬가지로, 언제나 용도에 응하고 목적에 따라 그 침전물을 만들 수 있는 능력에 있다.

시에 많이 사용하는 형용은 이 목적을 위해서며, 이를 사용하여 점차로 개념의 평균성을 한정하여 직관성을 띠게 된다. 호머는 주요한 낱말에는 거의 언제나 다른 말을 첨가하여 그 개념을 압축하고 범위를 축소하여 직관에 접근시키고 있다.

가령,

태양은 화려한 바다 한복판에 침몰하였다.
넓은 땅 위에 검은 밤을 입히면서

또는,

산들바람이 하늘에서 불어와,
천인화天人花는 조용하고, 월계나무는 높이 솟아 있다.

와 같은 극히 적은 개념으로 남유럽의 즐거운 모습을 남김없이 머릿속에 그려볼 수 있게 한다.

시인이 인류의 이념을 묘사하는 방법에는 두 가지가 있다. 하나는 표현하는 사람과 표현한 작품이 같은 경우이다. 즉, 서정시는 진정한 의미의 노래이며, 이 경우에 시인은 자기 자신의 모습을 생생하게 직관하여 표현함으로써 성질상 자연히 주관성을 필요로 한다. 다음은 표현한 사람과 표현한 대상이 다른 경우로서, 서정시 이외의 시에서는 표현하는 사람은 표현하는 작품의 배후에 숨기도 하고 때로는 완전히 자취를 감춰버린다.

담시譚詩: Ramanze에서는 그 전체의 톤이나 내용으로 보아 어느 정도 표현하는 사람의 상태를 이야기하므로 서정시보다도 객관성이 많지만, 아직도 다소 주관적인 요소가 남아있다. 그러나 그것이 전원시田園詩: Idyll가 되면 더욱 적어지고, 소설에서는 더 줄었다가 전정한 서사시에서는 거의 없어지며, 마지막으로 희곡에서는 가장 적고 가장 객관성을 띠게 된다.

XI. 음악의 형이상학

1. 음악의 근원

나는 다채로운 형식을 갖는 음악의 인상에 모든 정신력을 집중하여, 그 후 다시 검토하고 나서 현재 집필하고 있는 이 책 속에 나타나 있는 그러한 정신상태로 돌아갔을 때, 나에게 분명히 충분한 만족을 주며 나의 연구에도 의의가 깊은 것일 뿐만 아니라, 지금까지 나의 입장에 서서 나의 세계관에 동조해 온 사람들에게도 가르침을 주는 바가 많았으리라고 생각하는 음악의 본질 및 각각 유사한 점에서, 필연적으로 전제되는 음악과 그 본보기도 되는 세계와의 관계에 대하여 이것이구나 하는 열쇠를 얻을 수 있었다.

그러나 이 열쇠는 명확하게 이런 것이라고 입증해 보일 수 없다는 것도 알게 되었다. 그것은 이 열쇠가 음악의 상태를 본래 절대로 표상이 될 수 없는 표상의 상태로서 파악하고 또한 확정하는 동시에, 음악을 직접적으로는 결코 표상할 수 없는 어떤 본보기의 모사로 간주하려고 하기 때문이다.

그래서 나로서는 주로 예술의 관찰에 바치고 있는 이 대목의 매듭을 짓기 위해, 뛰어난 예술인 음악에 대하여 어쨌든 만족할 만한 설명을 하고자 한다. 나의 설명이 과연 독자들의 동의를 얻을 수 있을지 부정否定될지는, 음악 자체 또는 내가 이 책에서 전개한 사상의 전부나 그 일단이 독자들에게 미치는 효과에 맡길 수밖에 없다.

그리고 여기서 제시하는 음악의 의미에 대한 나의 설명에 확신을 갖고 찬의를 표시하려면 독자로서도 가끔 재검토하여 음악의 의미를 경청할 필요가 있으며, 또한 내가 지금까지 전개해 온 사상에 정통할 필요가 있다고 생각한다.

의지의 정당한 객체화는 (플라톤적인) 이념이다. 이 이념의 인식을 개개의 사물(예술작품도 이러한 개개의 사물이다)을 표현함으로써 얻게 하려는 것이 모든 다른 예술의 목적이다(이념의 인식은 인식하는 주관 속에서 여기에 부합되는 변화가 이루어져야만 가능한 것이다).

음악 이외의 모든 예술은 다만 간접적으로 의지를 개체화할 뿐이다. 다시 말해서 이 경우에 이념을 통하여 개체화하는 것이다. 그리고 우리의 세계는 이념의 다채로운 현상이며, 개체화의 원리(이러한 개인에게 가능한 인식의 형식) 속에 들어가는 것을 말한다.

이와 반대로 음악은 현상하는 세계에도 전혀 제약되지 않고, 이것을 무시하기 때문에 설사 세계가 존재하지 않더라도 존재할 수 있다. 이것은 다른 예술에서는 찾아볼 수 없는 것이다.

음악은 곧 모든 의지의 직접적인 개체화이며 모사이다. 이것은 세계 자체가, 아니 그뿐만이 아니라 그 다양화된 현상이 개개의 사물을 형성하는 이념 자체가 의지의 직접적인 개체화이며 모사인 것과 마찬가지이다. 그러므로 음악은 다른 예술처럼 결코 이념의 모사가 아니라, 그 객관성이 이념이기도 한 이 의지 자체의 모사이다. 그러므로 음악의 효과는 다른 예술의 효과보다 훨씬 강하며 침투성이 크다. 왜냐하면 여러 예술이 단순히 그림자에 대하여 작용하는 것과는 달리, 음악은 본질에 대하여 작용하기 때문이다. 역시 같은 의지가 이념 속에도 객체화되고 음악 속에도—전혀 다른 방법이기는 하지만—객체화된다.

그러므로 직접 유사한 면은 없지만 음악과 이념—그 다채롭고 불완전한 현상이 현실에 나타나는 세계인—사이에 평행적인 비유가 존재한다. 따라서 이 비유가 어떠한 것인가를 설명하는 것은 대상이 막연하기 때문에 해명하기 어려운 이 문제의 이해를 돕게 될 것이다.

나는 화음 속에서 가장 낮은 음, 즉 기초가 되는 저음 속에 의지의 객체화의 최저 단계인 무기적인 자연, 한데 뭉쳐진 유성을 다시 발견한다. 쉽사리 소리 나고 재빨리 사라져 버리는 모든 고음은 기초가 되는 저음의 부진동副振動에 의해 발생한 것이라고 볼 수 있다.

기본음이 소리 나면, 여기에 맞춰서 그보다 높은 음도 동시에 언제나 작게 들리게 마련이다. 이리하여 저음부에는 부진동에 의해 현실에 자연히 그 저음과 동시에 울리기 시작하는 높은 음(그 화음)만이 잘 대응할 수 있는 것이 화음의 법칙이다. 이것은 자연의 모든 물체나 조직이 덩어리져 유성 속으로부터 단계적으로 발전함으로써 발생하였다고 보는 것과 같은 입장이다. 같은 관계가 기초 저음과 그보다 높은 음과의 관계에도 해당된다.

저음에도 한도가 있으며 그 한도에 미치지 못하는 저음은 귀로 들을 수 없다. 이것은 어떠한 물질도 형식과 성질이 없으면 지각할 수 없다는 것, 즉 물질은 바로 그 안에 이념이 등장한다고 밖에는 설명할 수 없는 힘이 발휘되지 않으면 지각할 수 없다는 사실과 부합된다. 다시 일반적으로 말하면, 어떠한 물질도 전혀 의지가 결여되어 있다고 볼 수는 없다는 것이다.

그러므로 음은 음인 이상, 어떤 일정한 높이를 지녀야 한다는 것과 불가분의 관계가 있지만 이와 마찬가지로 물질에도 어느 정도의 의지가 발휘되어야 한다.

화음 속에서의 기초 저음은 무기적인 자연의 세계 속에서의 조잡한 물질의 덩어리에 해당하며, 모든 것이 여기에 의지하고 또한 여기서부터 모든 것이 발전한다. 그리고 모든 화음을 일으키는 합주성부合奏聲部 속에 나는 의지가 그 속에서 객체화되는 여러 이념의 모든 단계의 경과를 찾아볼 수 있다.

베이스에 접근되어 있는 음은 여전히 무기적이기는 하지만, 이미 물질이 여러 가지 형태를 나타내고 있는 단계에서는 최저의 단계에 해당된다. 그 이상의 고음은 각각 식물계 혹은 동물계를 나타내고 있다.

음계에 있어서의 일정한 음정은 의지가 객체화되는 일정한 단계, 즉 자연 속에서의 일정한 종에 평행되어 있다. 음정이나 조율이 뒤틀리거나 혹은 정확성을 잃는 것은, 객체가 그것이 속하는 종의 전형으로부터 이탈하는 것과 유사하다. 뿐만 아니라 절대로 일정한 음정을 부여하는 일이 없는 불손한 불협화음은 두 가지 종류의 다른 동물 사이에, 혹은 동물과 인간 사이에 태어난 정체불명의 괴물과 비교할 수 있다.

모든 합주성부가 불규칙하게 움직이는 것은, 결정체로부터 고등동물에 이르기까지 모든 비이성적 세계에서는 그 삶을 의의 있는 전체를 형성하는 매우 규칙적인 의식을 갖고 연속된 정신적인 발전의 경과를 경험하거나, 교양에 의해 자기를 완성하려는 의지가 없는 것처럼 이 세계의 존재는 모두가 각각 자기 나름으로 언제나 법칙에 매인 상태를 감수하고 있는 것과 흡사하다.

끝으로 높은 음을 내면서 전체를 지도하고 제약되지 않고 뜻대로 나아가더라도, 하나의 사상을 의미심장하게 중단하지 않고 결합시켜 처음부터 끝까지 한결같이 움직이고 있는 전체를 표현하는 주성부, 즉 선율 속에서 의지의 객체화의 최고단계인 사려가 풍부한 인간의 삶과 노력을 다시금 발견할 수 있다.

인간은 이성이 풍부하며 인간만이 현실 생활에서 무수한 가능성에 직면하여도 언제나 앞뒤를 돌아보며 깊이 생각하고 전체에 결합된 인생 코스를 걸어가는 것처럼, 오로지 선율만이 처음부터 끝까지 일관되게 의미심장한 창의성과 풍부한 관련을 지니고 있다.

그러므로 선율은 깊이 사려한 의지, 즉 표현이 현실에 있어서 여러 가지 행위로 나타난 의지로 역사를 말해 주고 있으며 그 이상의 것도 보여주고 있다. 선율은 의지의 숨은 역사를 이야기하고 의지의 감동이나 노력 등 모든 움직임을, 즉 이성을 넓고 소극적인 개념인 감동으로서 파악하고, 추상적인 말로는 이 이상 표현할 수 없는 것까지도 묘사하고 있다.

그러므로 언어가 이성의 말인 것과는 달리, 음악은 감정과 정열의 말이라고 언제나 이야기해 왔다. 이미 플라톤도 이를 가리켜 '영혼의 움직임을 모방하는 것은 선율의 움직임이다'고 말했으며, 아리스토텔레스도 '어찌하여 음에 불과한 리듬과 선율이 인간의 성격과 유사한 것일까?' 하고 반문하였다.

인간의 본질은, 그 의지에 쫓겨 일단 만족을 얻으면 새로운 의지에 의해 쫓기게 되어 또다시 끊임없이 전진을 계속하는 데 있다. 그리고 욕망에서 만족에로, 다시 만족에서 새로운 욕망에로의 이행은 만족이 충족되지 않았을 때에는 고통이 오고, 새로운 욕망이 생기지 않을 경우에는 공허한 동경이, 즉 초조와 권태가 생기게 마련이다. 바로 여기에 대응하여 선율의 본질은, 몇 천 가지 방법에 의해 기본음으로부터 이탈하여 화성적인 음정뿐만 아니라 모든 음에, 심지어 불협화의 음계에까지 이행하면서도 언제나 나중에는 기본음으로 복귀하는 데 있는 것이다.

이 모든 단계에서 선율은 여러 가지 형태를 취하는 의지의 충동을 나타내 보여주고 있지만, 또한 언제나 화성적 음정에서 기본음과 결합함으로써 만족을 얻게 되는 것이다. 선율의 발견과 선율 속에 인간의 욕망과 감각의 심오한 비밀을 표현한 것은 천재가 성취한 일이다.

그리고 그 효과는 다른 어느 면보다 명백하며, 그야말로 영감에 의해 발생한다고 보아도 좋을 것이다. 예술에는 어디나 그렇듯이 개념 같은 것은 쓸모가 없다. 작곡가는 세계의 가장 내면적인 본질을 밝히고, 가장 깊은 지혜를 말한다.

이 말은 마치 최면술에 걸린 몽유병자가 깨어 있을 때에는 아무런 개념도 갖지 않은 사물에 대해서조차 수수께끼라고 생각하는 것처럼, 작곡가의 이성으로는 이해할 수 없는 언어이다.

그러므로 작곡가들은 다른 예술가들 이상으로 인간과 예술가로 완전히 분리되어 서로 떠나 있다. 그리고 음악이라는 이 놀라운 예술을 설명함에 있어서 개념 따위는 전혀 의지할 것이 못 되는 한정된 것임을 드러내고 있다. 그럼에도 불구하고 나는 그 비유를 계속해 나가고자 한다.

욕망에서 욕망으로, 다시 만족에서 새로운 욕망에로 재빨리 옮아가는 것이 행복이요 건강인 것처럼, 크게 곁길로 벗어나지 않는 신속한 선율은 즐거운 것이다.

이와 반대로, 느리고 무거운 불협화음에 빠졌다가 꽤 오랜 사이를 두고 겨우 다시 기본음으로 복귀되는 선율은 좀처럼 만족감을 느낄 수 없을 뿐더러 슬픈 느낌을 준다.

새로운 의지의 고양이 잘 나타나지 않는 게으른 기분을 표현하려면, 그것은 도저히 참고 듣고 있을 수 없는 정체된 기본음보다 나은 것이 없다. 매우 단조롭고 무의미한 선율이 이와 유사하다.

짧고 알기 쉬운 무도음악의 악장이 쉽사리 도달할 수 있는 평범한 행복에 대해서만 표현하고 있다면, 이와 반대로 대악장의 장중한 알레그로는 먼 길을 거쳐 긴 음정을 통과하면서도 저 멀리 목표를 향해 더욱 힘차게 노력하여 드디어 이에 도달함을 표현하고 있다.

아다지오는 조그마한 행복을 전혀 돌보지 않고 고귀한 노력을 계속하는 자의 고뇌를 나타내고 있다.

그러나 단조와 장조의 효과는 얼마나 엄청난가? 음조가 크게 변화하는 대신 겨우 반음의 변화 정도에 의해 즉시 필연적으로 불안하고 괴로운 감정이 빚어지고, 장조가 다시 이러한 감정에서 즉시 해방시키는 것은 물론이다. 단조의 아다지오는 최고의 고뇌를 표현하여 마음을 뒤흔드는 것 같은 탄성이 된다. 단조의 무도음악은, 가능하다면 그들도 보지 않는 편이 좋았을 사소한 행복을 손에 넣는 데 실패한 것을 나타내고 있는 듯이 보이기도 하고, 애태우고 걱정 끝에 보잘것없는 목적에 도달한 것을 보여주고 있는 것처럼 생각되기도 한다.

선율을 낳는 가능성이 무한정인 것은, 자연 속에서의 개체의 특질, 표정 그리고 생활방식의 차이가 무한정한 것과 같다. 음조가 하나에서 다른 하나로 옮겨가는 경우 선행된 멜로디와 아무런 관련이 없을 때에는, 이에 의하여 개인의 생명이 종말을 고하는 죽음과 같다. 그런데 이 개인 속에 나타나있는 의지는 사후에도 그 사람이 살아 있을 때와 마찬가지로 다른 개인 속에 나타난다. 다만 이 타인의 의식은 처음 사람의 의식과는 아무런 관계가 없다.

그런데 여기서 예고한 비유에서 잊어서는 안 되는 것은, 음악은 이러한 비유와 직접적이 아니라 간접적인 관계가 있다는 점이다. 그것은 음악의 현상이 아니라, 다만 내면적인 본질, 즉 모든 현상의 본체인 의지 자체를 표현하고 있기 때문이다.

2. 음악의 특질

음악이라는 뛰어난 예술 본래의 의미에서 보면 음악의 업적과 표상으로서의 세계, 즉 자연과의 사이에는 분명히 유사한 점이 없지만 양자는 서로 평행선을 걷고 있다는 것이 명백하게 드러난다.

여기서는 이에 대해 상세히 설명하고자 한다. 그리고 이것을 더욱 확실히 밑받침하는 몇몇 규정을 첨가해 보자.

모든 화성의 네 개의 음역, 즉 베이스 · 테너 · 알토 · 소프라노는 존재의 계열에 있어서의 단계, 즉 광물계 · 식물계 · 동물계 그리고 인간에 대응하고 있다. 이 사실은 음악의 다음과 같은 기본 원칙에 비추어 보더라도 놀라울 만큼 정확한 것임을 알 수 있다. 즉, 베이스 이외의 세 가지 음역 사이에도 서로 높고 낮은 차이는 있지만 베이스는 이 세 음역보다 훨씬 낮은 단계에 머물러 있는 것이다.

그러므로 베이스가 높은 세 가지 음역에 접근하려고 한다 해도 겨우 한 옥타브 정도이며 대개는 그 이하에 머물러있다. 따라서 세 화음은 그 위치를 기본음에서 세 번째의 옥타브에 두는 셈이 된다. 이에 대응하여 베이스와 멀리 떨어져 저쪽에 머물러 있는 넓은 화음은 베이스가 아주 가까이 있는 화음보다 훨씬 강하고 아름답다.

이러한 규칙은 기분에 따르는 것이 아니라 음의 조직의 기원에 그 근거가 있는 것이다. 이런 법칙 속에서 우리는 자연의 기본적인 상태가 음악적인 것과 유사함을 알 수 있다.

이에 의하면, 유기적인 자연은 생명이 없는 무기적인 광물계의 물질과 유사하며, 광물계의 물질과 유기적인 자연 사이에는 결정적인 경계가 있어 모든 자연 속에서도 가장 큰 차이를 보이고 있는 것이다. 선율을 연주하는 높은 음역은 동시에 화음 속의 가장 완전한 부분이며, 그 속에서는 가장 낮은 기초 저음이라도 결합될 수 있다는 사실은 인간의 체내에서 물질이 의지의 객체화의 최저 단계를 나타내고 있는 것과 매우 유사하다.

음악은 다른 모든 예술처럼 이념 혹은 의지의 객체화의 단계가 아니다. 직접 의지 자체를 표현하고 있다. 그 때문에 음악은 의지, 즉 음악을 청취하는 자의 감정 · 정열 · 정서에 직접 작용하여 이것들을 급속히 높이기도 하고 변화시키기도 한다.

그러므로 음악은 시의 단순한 보조수단이 아니라, 분명히 독립된 예술일 뿐더러 모든 예술 중에서도 가장 강력한 예술이기 때문에 목적하는 바를 자기의 수단에 의해 이룰 수 있다. 또한 음악이 가사나 오페라의 세리프의 도움을 필요로 하지 않는 것도 확실하다. 그러므로 음악에 있어서는, 인간의 노랫소리도 본원적으로는 기악器樂에서 오는 음과 마찬가지로 제한된 음이다. 그리고 인간의 노랫소리에는 악기에 따라 좌우되는 여러 가지 기악음과 마찬가지로 본래의 장점도 있고, 반대로 단점도 있다.

음악의 경우에 인간의 노랫소리라는 악기가 말을 하는 도구와는 다른 방식으로 개념을 전한다는 것은, 다만 우연한 일이다. 분명히 음악은 시와 결합되기 때문에 인간의 노랫소리를 보조적으로 이용할 수는 있지만 인간의 노랫소리를 주역으로 해서는 안 되며, 천박한 시구에 구애되어서는 안 된다.

음악에서 보면, 말은 이질적인 첨가물이며 그다지 가치가 없는 것으로, 금후에도 그 위치에 머물게 될 것이다. 왜냐하면 음의 효과는 말의 효과와는 비교도 되지 않을 정도로 강력하며 오류에 빠지는 일이 없고 또한 신속하기 때문이다. 그러므로 말은 음악과 결합되었을 경우에는 완전히 예속된 지위를 감수하고 음악에 따라야 한다.

그런데 완성된 시, 가곡이나 오페라의 텍스트에 음악이 첨가될 경우에는 반대의 관계가 생기게 된다. 그럴 수밖에 없는 것이, 음악은 말로 표현된 감정 속에 가장 깊고 신비적인 해석을 내리고 감정이 지닌 참된 본질을 표현하며, 오페라 무대에 있어서도 단지 그 기본 뼈대나 육체를 부여하는 데 불과한 사건이나 줄거리의 가장 내면적인 영혼을 감상하는 사람들에게 알려 줌으로써, 즉석에서 그 강력한 엄청난 능력을 발휘하기 때문이다.

이와 같이 음악은 강력한 힘을 갖고 있다. 그리고 음악과 오페라의 텍스트나 세리프와의 관계는 보편과 개체, 혹은 원칙과 실례와의 관계와 같다. 그러므로 음악을 텍스트에 맞춰서 작곡하기보다 텍스트를 음악에 맞춰서 작성하는 편이 적당할 것이다.

그러나 일반적인 방법에 의하면, 가사나 오페라의 텍스트가 작곡가의 근저에 있는 의지의 정서를 인도하여 그 사람 자신 속에 표현 의욕을 불러일으키는 동시에 그의 음악적인 구상을 자극하는 재료가 되기도 한다.

그리고 음악에 시가 첨가되면 즐겁고 부드러운 말로 된 노래가 아름답게 들리는 것은 우리의 직접 그리고 간접의 인식방식이 동시에 결합하여 자극되기 때문이다. 이 경우에 가장 직접적인 인식방식은 음악이 의지 자체를 자극하는 것이며, 가장 간접적인 인식방식은 언어로 표시된 개념에 의한 것이다.

언어의 경우 감각의 영역에 이성이 전혀 무관할 수는 없을 것이다. 음악도 분명히 자체의 여러 가지 수단으로 의지의 모든 움직임과 모든 감각을 표현할 수 있다. 그러나 말을 첨가함으로써 우리는 다시금 감각의 대상, 이러한 감각을 불러일으킨 동기를 이해하게 된다. 악보가 보여주고 있는 그대로의 오페라 음악은 그 자체가 완전히 독립되고 분리된 이를테면 추상적인 존재이다. 이 음악은 오페라의 스토리나 등장인물과는 조금도 관계가 없으며 오로지 그 자신의 불변의 법칙에 따르는 것이다.

그러므로 음악은 설사 오페라의 텍스트가 없어도 만족할 만한 효과를 거둘 수 있다. 그러나 음악은 드라마를 염두에 두고 작곡한 이상 거기에는 이미 영혼이 깃들어 있는 것이다. 그것은 이 음악이 드라마의 스토리 · 등장인물 · 세리프와 결부되어 극중의 모든 사물의 내면적인 의미와 그 내면적인 의미에 입각한 깊은 필연성을 표현하기 때문이다.

관객으로서도 그저 입을 벌리고 현혹되어 있을 때에는 별문제이지만, 그렇지 않을 경우에는 이러한 내면적인 의미에 대하여 어렴풋이나마 느끼는 바가 있기 때문에 오페라를 즐길 수 있는 것이다. 그러나 오페라 속에서의 음악은 역시 스토리나 세리프와는 이질적인 것이며, 보다 높은 본질을 지니고 있기 때문에 오페라의 모든 움직임의 소재에는 전혀 무관심한 태도를 취한다. 그 결과 음악은 정열의 폭풍이나 감각의 격정을 언제나 같은 방법으로 표현하고, 대본의 소재가 아가멤논과 아킬레우스를 다루고 있건 혹은 시민의 가족적인 싸움을 다루고 있건 마찬가지의 호화로운 음을 내게 된다.

음악은 결코 소재에 동화되지 않는다. 설사 음악이 가장 우스꽝스럽고 탈선 투성이인 코믹 오페라를 연주할 경우에도 본질적인 아름다움과 순수성 및 숭고함은 그대로 남아 있다. 그러므로 음악을 크게 융화시키려고 해도 그 고상한 위치에서 음악을 끌어내릴 수는 없다. 그 때문에 음악은 인간생활 속에서 그 서투른 연극이나 끊임없는 재앙을 초월하여 인간 생존의 엄격한 그리고 깊은 의미를 노래한다.

여기서 일반 기악에 대하여 고찰해 보자. 베토벤의 교향곡은 매우 혼란스러운 듯이 보인다. 그러나 그 근저에는 참으로 완벽한 질서가 깃들어 있으며, 가장 심한 싸움이 다음 순간에는 가장 아름다운 조화로 변모해 간다. 이것은 사물의 부조화의 조화로 무수한 형체가 끝없이 뒤얽혀 있는 속을 헤치며, 다시금 끊임없는 파괴를 통하여 자기 자신이 보유하고 있는 세계의 본질에 대한 충실하고도 완전한 모사이다. 그러나 동시에 이 교향악에 인간의 모든 정열과 정감이 나타나 있다. 무수한 뉘앙스로 기쁨과 슬픔, 사랑과 미움, 두려움, 희망 등을 속삭이고 있다.

그러나 이 모든 것은 다만 추상적이며 여러 가지 특수성이 결여되어 있다. 그것은 인간이 지닌 특수한 정열이나 정감의 단순한 형식으로, 유령의 세계에 물질적인 밑받침이 없는 것처럼 소재를 갖고 있지 않다.

우리는 물론 베토벤의 교향곡을 들을 때 이것을 구상화하여 공상 속에서 피와 살을 첨가하고 삶과 자연의 여러 가지 광경을 머릿속에서 그려보게 된다. 그러나 이러한 일들은 대체로 말해서 교향곡 자체의 이해나 감상을 촉구하는 것이 아니라 오히려 제멋대로 어색하기 짝이 없는 군더더기를 붙이는 것과 마찬가지이다. 그러므로 교향곡을 직접 순수하게 받아들이는 것이 가장 바람직한 태도이다.

지금까지 나는 음악을 주로 형이상학의 측면에서, 즉 음악의 업적을 내면적인 의미에 대하여 고찰해 왔으나 이제는 음악이 우리의 정신에 작용하여 내면적인 의미를 발휘하는 수단을 일반적인 방법을 통해 관찰해 보고, 음악의 형이상학적인 면을 이미 상세히 탐구해 왔으므로 이를 음악의 형이하학적인 면과 결부시켜 살펴보는 것도 중요한 작업이라고 생각한다.

나는 비록 새로운 착상이 떠올랐다 하더라도 결코 흔들리지 않는 다음과 같은 이론에서 출발하고자 한다. 음의 모든 화음은 두 개의 음이 동시에 울리면 진동의 일치에 의해 각각 제2, 제3, 제4의 진동이 일어난다. 그리고 두 개의 음의 진동이 합리적인 한, 이러한 음은 때때로 반복되는 일치에 의해 우리의 지성 속에서 통합된다. 그리하여 음은 모두가 융합되며 따라서 협화음으로 들리게 마련이다.

이와 반대로, 음과 음의 관계가 불합리할 경우에는 진동의 일치가 이루어지지 않고 끊임없이 삑삑 소리를 내며 우리의 이지 속에서 저항하기 때문에 불협화음이 된다. 이 이론에 의하면, 음악은 합리적 및 비합리적인 관계를 개념의 도움을 빌어 알게 하는 것이 아니라, 직접적인 공통된 감각적 인식을 얻기 위한 수단이다.

어쨌든 형이상학적 음악의 의미가 이와 같이 형이하학적인 것과 결부된 것은 우리의 이해에 저항하는 것, 비합리적인 것, 즉 불협화음이 우리의 의지에 저항하기도 하고 반대로 협화음 또는 합리적인 것이 우리의 이해에 적합하여 의지의 만족을 가져오기 때문이다. 그리고 이러한 합리적인 것 및 비합리적인 것은 진동의 관계에서 무수한 차이 · 뉘앙스 · 순서 · 변화 등이 허용되어 있다.

그러므로 이 진동을 통하여 음악은 그 속에서 마음의 모든 움직임이 나타나는 소재를 미묘한 뉘앙스나 변화까지도 충실히 묘사하고 재현한다. 그리고 이것은 선율을 발견함으로써 가능하게 된다. 우리는 여기에서 의지의 움직임이 모든 예술업적의 독점적 무대인 표상의 영역 속에서 전개되어 있는 것을 알 수 있다. 왜냐하면 예술에서는 의지 자체는 얼굴을 내놓지 않고 우리가 순수하게 인식하는 자의 입장을 취할 것을 요구하기 때문이다. 따라서 의지 자체의 동요, 즉 현실의 고통이나 기쁨이 아니라 다만 그 대용품인 지성에 적합한 것이 의지가 만족하는 모습으로서, 또한 지성에 다소라도 저항하는 것이 고통의 모습으로서 환기되는 것이 허용된다.

그 때문에 음악은 우리의 현실에 고통을 일으키는 원인이 될 수 있다. 설사 비통한 화음이라 하더라도 우리를 즐겁게 해주며, 그것이 아무리 고통스러운 선율이라도 음악의 언어 속에서 우리 의지의 가장 은밀한 역사와 그 의지의 움직임과 노력을 여러 가지 지체, 장해 그리고 고뇌와 함께 즐거운 마음으로 들을 수 있다. 이와 반대로, 공포에 충만한 현실의 세계에서는 우리의 의지 자체는 커다란 자극을 받고 괴로워하고 있다. 여기서 우리는 음과 그 수와의 관계 같은 것은 문제시하지 않을 뿐만 아니라 오히려 우리 자신이 긴장하여 떨고 있는 활시위와 마찬가지 입장이 된다.

음이 지닌바 본래의 음악성이 진동하는 속도의 균형 위에 놓여 있고 각각 음의 상대적 강도 위에 있지 않는 이상, 음악을 감상하는 청각은 화음으로서는 언제나 가장 강한 음이 아니라 가장 높은 음을 좋아한다. 그러므로 가장 강력한 오케스트라의 반주가 있을 경우에는 소프라노가 뛰어나게 되며, 이에 의해 선율을 연주하는 자연의 권리를 갖게 된다.

여기서 선율의 기원을 근본적으로 검토해 보기로 하자. 이 탐구는 선율을 그 구성 부분으로 분해함으로써 이루어지지만 동시에 우리에게 만족감을 주는 것이기도 하다. 그것은 구체적으로는 누구나 알고 있는 일을 일단 추상적인, 그리고 명백한 의식으로 높이면 어떤 새로운 맛을 풍기는 감각을 주기 때문이다.

선율은 리듬과 화음의 두 가지 요소로 되어 있다. 리듬은 음의 지속을, 화음은 음의 고저에 관련이 있기 때문에 전자를 양적인 것, 후자를 질적인 것이라고 부를 수 있다. 그리고 전자의 기초는 음의 상대적인 지속이고 후자의 그것은 진동의 상대적인 속도이다.

리듬의 요소는 본질적인 것이다. 그것은 혼자서도 일종의 선율을 나타낼 수 있기 때문이다. 예컨대 북을 치기만 해도 선율이 생긴다. 그러나 완전한 선율은 리듬과 화음의 양자를 모두 필요로 한다. 즉, 이것은 양자의 투쟁과 화해가 교체되는데서 생기게 된다. 여기서 바로 이 문제를 다루려고 한다. 그전에 화음의 요소에 대해서는 이미 말하였으므로 리듬의 요소에 대하여 좀 상세히 살펴보도록 하자.

리듬은 시간 · 공간에 있어서의 시메트리Symmetry: 조화 · 균제 · 좌우상칭, 미학상의 미술요소의 하나로서 상하좌우의 균형이 잘 되어 있는 것을 의미하며, 서양의 조형미술에 특히 중요시된다—역주에 해당되는 것이다.

내가 제시한 예술의 계열에서는 건축과 음악이 각각 양단에 위치한다. 그리고 양자는 각각 내적인 본질이나 힘, 각각의 영역의 범위 그리고 각각 지닌바 의미로 인해 완전히 이질적인 대조를 이루고 있다. 뿐만 아니라 건축은 시간과는 아무 관계가 이 공간 속에만 존재하지만, 음악은 공간과는 아무 관계도 없이 시간 속에만 존재함으로써 각각의 현상형식까지 대립하는 것이다.

이러한 점으로 보더라도 양자의 유일한 유사점은, 결합되어 질서를 세우고 있는 것이 건축에서는 시메트리이고, 음악에서는 리듬이라는 것뿐이다. 이것으로도 '두 극단은 접촉한다'는 말이 옳다는 것이 입증된다.

한 건축물의 최종적인 구성부분이 같은 돌인 것처럼, 음악작품의 최종적인 구성부분은 모두가 같은 박자이다. 다른 점은 음악이 주로 시간 속에 있다면, 건축의 경우는 주로 공간 속에 있다는 것이다. 그런데 양자가 유사하다고 보는 관점 때문에 지난 30년 동안에 '건축은 동결된 음악이다'라는 대담한 주장을 때때로 되풀이해 왔던 것이다. 그것은 괴테 때문이었다. 그는 ≪에커만과의 대화≫ 제2권에서 다음과 같이 말했다.

"나는 내가 쓴 메모 중에, 건축은 동결된 음악이라는 것을 발견하였네. 사실 이 말에는 일리가 있네. 건축에서 느끼는 감각은 음악에 가깝네."

주지하는 바와 같이, 괴테의 발언을 열심히 수집하여 그것을 나중에 내용도 없이 겉만 번지르르하게 꾸며 떠들어대는 자들이 적지 않다. 괴테가 무엇이라고 말했던 간에 내가 건축과 음악이 유사하다고 말하는 유일한 근거는 리듬과 시메트리에만, 즉 외적 형식에만 있으며 본래 하늘과 땅만 한 거리가 있는 양자의 내적 본질이 유사한 것은 아니다. 그리고 모든 예술 중에서 가장 제약된 약한 예술을 모든 예술 중에서 가장 효과가 큰 예술과 본질적인 점에서 동일시한다는 것은 우스운 일이다.

음악은 일반적으로 다소나마 사람을 불안하게 하는, 즉 욕망을 일으키는 화음과 사람을 침착하게 하고 만족감을 주는 화음이 끊임없이 교체交替됨으로써 성립하는 것이다. 이것은 마치 삶에서 욕망이나 공포에 의해 일어나는 불안이, 이에 반비례하여 얻게 되는 만족과 언제나 교체되는 것과 유사하다.

그러므로 화음의 전진은 협화음과 불협화음의 예술적인 교체에 의해 성립되어 있다. 단순한 협화음의 연속은 모든 욕망의 만족에서 오는 권태감처럼 진력이 나고 귀찮고 허망한 것이다. 따라서 불협화음은 사람에게 불안감을 갖게 하여 고통스럽게 하지만 역시 도입하지 않으면 안 된다. 하지만 이런 경우에는 적당한 마련을 하여 다시 협화음으로 해소시킬 필요가 있다.

그리고 모든 음악 속에는 본래 두 가지 기본이 되는 화음, 즉 불협화음의 일곱 화음 및 조화된 세 화음이 있으며 따라서 발생되는 모든 화음은 모두가 양자에 속한다. 이것은 의지가 아무리 여러 가지 형태를 취하더라도 근본적으로는 불만과 만족의 두 형태밖에 없는 것과 같다. 또한 인간의 기분에 두 가지 일반적인 기본이 되는 명랑함과 우울함이 있는 것처럼, 음악에도 두 가지 일반적인 음의 종류, 즉 장조와 단조가 있다.

이것은 함께 인간의 일반적인 기분에 대응하는 것이지만, 어쨌든 음악은 장조와 단조의 어느 한편을 차지하게 마련이다.

이 음악의 형이상학에 동의한다면, 인간의 정신을 고양시키고 우리의 세계와는 다른 이상적인 세계에 대하여 속삭여 주는 것처럼 느껴지기도 하는 음악이, 실은 의지의 본질을 표현하거나, 의지에 대하여 목표를 내세우거나, 의지의 만족과 충족을 나타냄으로써 다만 삶에의 의지에 아부하고 있을 따름이라는 주장에 대하여 거부감을 느끼는 사람은 거의 없을 것이다.

XII. 금욕에 대하여

1. 세계의 눈

의식에서 의지가 소멸됨으로써 개인의 개성은 물론 이에 따르는 괴로움도 재앙도 없어지게 된다. 그러므로 나는 남아 있는 인식의 순수한 주관을 영원의 「세계의 눈」이라고 기술하였다. 세계의 눈은 분명히 그 밝기에 여러 가지 정도의 차이는 있으나 모든 생명체의 발생이나 소멸에 전혀 구애됨이 없이 사물을 바라보고 있다. 이리하여 세계의 눈은 자기 자신과 동일하며, 언제나 변하지 않고 지속되는 이념의 세계를 지향해가고 있다. 즉, 의지의 타당한 객체화이다.

이와는 반대로, 의지에서 비롯한 개성에 의해 인식이 흐려진 개체의 주관은 단지 개개의 사물을 대상으로 삼고 있을 뿐이며, 개개의 사물과 마찬가지로 허망하게 사라져 버리는 것이다. 여기 제시한 의미에 따라서 모든 사람들에게 이중의 존재방식을 부여할 수 있다. 의지로서, 다시 말해 개체로서는 누구나 단순한 「1인」, 「이 한 사람」이며 일하거나 고민하기에 분주하다.

그런데 순수하게 객관적으로 표상하는 자로서는—이 사람도 순수한 인식의 주관이 되어—이 사람의 의식 속에만 객관적 세계가 존재하게 된다. 후자의 입장에 서게 될 때, 이 사람은 자기가 보는 한도 내의 모든 사물 자체이며, 이 사람 안에 모든 사물이 존재하는 것이 된다. 사물은 이 사람의 표상 속에 존재하는 한 이 사람의 존재이다.

그러나 그때 의지가 개입되어서는 안 된다. 이와 반대로, 사물이 의지인 경우에는 사물은 이 사람 속에는 없다. 누구나 그 사람이 모든 사물과 동일한 상태일 때는 축복받을 만하다. 그러나 그 사람이 아무개라는 한 사람의 인간의 상태에 있을 때에는 불행하다.

인간이나 인생사나 삶의 상태가 흥미 있고 사랑스럽고 부러워할 만한 것으로 옮아가기 위해서는 펜의 힘이건 말의 힘이건, 이것을 오직 객관적으로 파악하여 기술하는 대상으로 삼아야 한다. 그러나 일단 그 속에 몰입해 버리면 대상 자체가 된다(흔히 말하는 바와 같이). 이렇게 되면 악마도 도사리게 될지 모른다. 그래서 괴테는 다음과 같이 노래하였다.

삶에서 우리를 불쾌하게 하는 것도
형상 속에서는 기꺼이 즐길 수 있나니

나도 젊었을 때에는 나 자신이나 나의 행동을 객관적으로 보고 이것을 기술하려고 부단히 노력한 적이 있다. 아마 나도 스스로 즐기기 위해 이런 것을 쓰려고 했던 것 같다.

2. 삶에의 의지의 긍정과 부정

의지가 자기를 긍정한다는 것은 다음과 같은 것을 가리킨다. 의지의 객관화, 즉 세계와 삶 속에서 의지의 본질이 표상으로 완전히 그리고 분명히 주어졌을 경우에, 그러한 인식은 의지의 욕망을 결코 거부하는 일이 없다. 이와 같이 인식된 삶 자체는 의지가 요구한 것이며, 종래에는 인식이 따르지 않는 맹목적인 충동이었으나 이제는 인식에 의해 의식되어 사고에 의지하게 되었다.

이와 반대의 일, 즉 삶에의 의지의 부정은 의지의 본질이 인식됨으로써 욕망이 끝날 때에 등장한다. 이 경우에는 인식된 개개의 현상이 이미 욕망의 동기가 되지 않으며, 이념을 파악함으로써 생긴 의지를 반영하는 세계의 본질의 인식이 의지의 진정제가 되어 의지는 자유롭게 자기 자신을 포기한다. 일반적인 표현을 써도 매우 이해하기 어려운 전혀 미지의 것이라고 보아도 무방한 이 개념은, 이어서 곧 소개하는 여러 현상에 의해 분명히 드러나리라고 생각되지만, 여기에서는 정도의 차이는 있지만 어쨌든 한편으로는 의지의 긍정을 나타내고, 다른 한편으로는 의지의 부정을 나타내고 있는 여러 가지 행위의 양상에 대하여 언급하고자 한다.

의지의 긍정이건 부정이건, 양자는 각각 분명히 인식에서 비롯되는 것이지만, 추상적인 개념에 의해서가 아니라 살아있는 행동에 의해서만 표현되는 것이며, 또한 이성에서 오는 추상적인 인식으로서의 여러 가지 교의에는 구애되지 않는다.

이 양자를 묘사하여 이성에 의해 분명히 인식시키는 것만이 나의 목적이며, 그 어느 쪽이 다른 쪽보다 우세하다고 지시하거나, 그 어느 쪽을 취하라고 권하려는 것도 아니다. 의지 자체는 본래 완전히 자유이며, 자기 자신에 의해서만 자기를 규제하고 어떠한 법칙도 지니지 않는 이상, 이런 일은 어리석기 짝이 없으며 또 무의미한 일이다.

3. 금욕의 찬가

자기 자신의 눈앞에서 개체화의 원리인 마야Maya: 고대 인도에서 환영과 허위에 충만한 물질계를 가리킴—역주의 베일이 높이 걷히고 있을 때에는, 그 사람은 자기와 타인의 이기적인 구별을 없애고 타인의 괴로움에도 자기의 괴로움과 같은 정도의 관심을 갖게 된다. 그러므로 그는 최고도로 타인에게 협력하려고 할 뿐더러, 많은 타인이 구원된다면 자기 일신을 희생시킬 용의도 갖게 되는 것이다.

여기서 스스로 비롯되는 것은 모든 존재 속에서 자기의 가장 내면적인 그리고 참된 자아를 인식한 사람은 뭇 생명체의 무한한 괴로움을 자기 자신의 괴로움으로 간주하고, 전 세계의 고통을 자기 한 몸에 안게 된다는 것이다.

그에게는 모든 고뇌가 남의 일처럼 생각되지 않는다. 그의 눈에 보이는 좀처럼 해결될 것 같지 않은 타인의 고뇌의 전부, 그가 간접적으로 알게 된, 아니 그가 다만 그런 것이 있을 수 있을 것이라고 생각한 타인의 고뇌의 전부가 그의 마음에 자기의 고뇌와 마찬가지로 작용한다.

여전히 이기심에 사로잡힌 사람들에게서 찾아볼 수 있는 자기 자신의 행·불행의 전환 따위는 그의 안중에 없는 것이다. 그는 개체화의 원리를 통찰하였기 때문에 모든 것이 그와 관련이 있고 또 가깝게 되는 것이다.

그는 전체를 인식하고 그 본질을 파악한다. 그리고 모든 것이 끊임없이 변화하며 무의미한 노력을 계속하며, 내분으로 지새고 언제나 고뇌에 시달리고 있음을 간과한다. 그는 어디를 바라보나 고뇌에 가득 찬 인류, 고통에 사로잡힌 동물, 몰락해 가는 세계를 발견하게 될 뿐이다. 이기주의자가 오직 자기 자신의 일만을 피부로 가까이 느끼는 것처럼, 그들에게는 이제 이 모든 일들이 매우 가까이 접근해 있는 당면문제이다.

이와 같이 세계를 인식한 사람이 어찌 끊임없는 의지의 발동이 빚어내는 이 삶을 긍정하고, 언제까지나 이 삶에 자기 자신을 얽매어 점점 그 사슬에 묶일 수 있겠는가? 아직도 개체화의 원리에 구애되어 이기심에 사로잡힌 사람은 개개의 사물과 자기와의 관계밖에는 인식하지 못하고, 이런 것이 언제나 새삼스럽게 자기 욕망의 동기가 된다.

이와 반대로, 앞에서 말한 전체와 사물 자체의 본질의 인식은 모든 욕망을 진정시키는 길로 인도한다. 이제야 의지는 삶에서 이탈된다. 그는 그 속에 의지의 긍정이 깃들어 있음을 알게 된 삶의 즐거움에 두려움을 느끼게 된다. 그는 자유의지에 의거한 체념, 체관, 참된 안정과 완전한 무의지의 경지에 도달한다.

아직도 마야Maya의 베일에 묻혀 있던 다른 사람들도 때로는 자기 자신의 괴로움이나 타인의 고통을 목격하고, 삶이 얼마나 무의미하며 괴로움으로 가득 차 있는가 하는 인식에 접근하게 된다. 그리하여 욕망을 완전히 그리고 영구히, 결정적으로 단념함으로써 욕망의 가시를 꺾고 모든 괴로움이 흘러드는 문을 닫은 후에 자신을 순화시키고 정화시키고자 원할 때도 있다.

그러나 그와 같이 노력해 본들, 다시 현상의 미망에 사로잡혀 온갖 동기가 의지를 거듭 움직이게 만드는 것이다. 그러므로 인간은 결코 해방될 수가 없다.

설사 우리가 고뇌의 도가니 속에서 시달림을 받고 있더라도 우연이나 미망에 사로잡혀 여러 가지 기대에 빠져 움직이거나, 즐거움을 누리는 것은 참으로 좋은 일이라거나, 행복을 차지하고 싶다고 생각할 때가 있다. 그렇게 되면 우리는 다시 뒤로 물러가 새로 손발이 묶이게 되는 것이다. 그래서 예수는 이렇게 말하였다.

"부자가 천국에 들어가기보다는 낙타가 바늘구멍에 들어가기가 더 쉽다."

삶은 군데군데 서늘한 장소가 있기는 하지만, 마치 우리가 끊임없이 그 위를 달려야 하는 벌겋게 타오르는 석탄으로 된 원주의 코스로 비유된다. 미망에 사로잡힌 자는 자기가 지금 서 있거나, 혹은 눈앞에 보이는 싸늘한 장소를 보고 몸서리치며 다시 삶의 궤도로 위안을 바라며 달려가려고 한다.

그러나 개체화의 원리를 통찰하고 물자체의 본질, 따라서 전체를 인식한 자는 벌써 이러한 위안을 원치 않는다. 그는 모든 코스를 대뜸 간파하고, 그 코스로부터 떠난다. 그의 의지는 이탈되고 자기 자신의 현상 속에 반영되는 존재도 이미 긍정하지 않는다.

이것이 명백히 드러나는 현상이야말로 덕에서 금욕에의 이행이다. 즉, 그는 타인을 자기 자신과 마찬가지로 사랑하고 타인을 위해 자기 자신을 봉사하는 것만으로는 이제 만족할 수 없게 된다.

그는 자기라는 현상으로 표현되는, 즉 삶에의 의지, 고뇌에 충만해 있다고 생각되는 이 세상의 본질 및 핵심에 대한 혐오를 느끼게 된다. 그러므로 그는 그의 안에 현상하고 이미 그의 육체를 통하여 나타난 존재를 부정하며, 이제야 자기라는 현상이 허위의 덩어리임을 명확히 인식하여 그의 행위는 자기 자신과 분명히 모순 대립한다.

본래 의지의 현상에 불과한 그는 무엇이건 원하기를 그치고 자기의 의지가 아무것도 집착하지 않도록 조심하며, 모든 사물에 대하여 완전히 무관심한 태도를 취하려고 노력한다. 건장한 그의 육체는 생식기를 통하여 성욕을 나타내고 있으나, 그는 의지를 부정하고 자기의 육체가 허위의 덩어리임을 고백한다. 그는 어떤 조건하에서도 성욕의 만족을 요구하지 않는다. 자유의지에 입각한 완전한 동정이 금욕, 혹은 삶에의 의지의 부정의 첫걸음이다.

금욕은 이에 의해 개인의 삶을 초월하여 지속되는 의지의 긍정을 부인하고, 그의 육체의 생명과 함께 이 육체도, 그 현상임에 틀림없는 의지도 끝장이 남을 분명히 드러내 보인다. 언제나 진실하며 순박한 자연은, 만일 이 격률이 일반적인 것이 되면 인류는 죽어 없어지리라고 분명히 말하고 있다.

내가 전에 모든 의지의 현상의 관련에 대하여 말한 바와 같이, 최고 단계에 이른 의지의 현상과 함께 의지의 현상의 더욱 약한 반영인 동물성도 없어진다. 이것은 빛이 완전히 없어지면 명암의 차이가 소멸되는 것과 마찬가지 원리이다. 인식이 완전히 소멸되는 동시에, 자연히 다른 세계도 無 속으로 사라져 버린다. 주관이 없으면 객관도 없기 때문이다. 여기서 다시 다음과 같은 ≪베다≫의 구절을 인용해 보자.

> "세상에서 굶주린 아이들이 어머니의 곁으로 몰려드는 것처럼, 모든 존재는 성스러운 희생을 기다리고 있다."(코르불크의 ≪베다에 대하여≫, 사마 베다로부터의 발췌. 그 밖에 코르불크의 ≪여러 가지 수필≫)

희생은 단념을 의미하며, 자연은 그 해탈을 승려들과 희생적인 사람들에게서 기대하고 있다. 뿐만 아니라 이 사상은 경탄할 만한 그리고 매우 심각한 앙겔루스 질레지우스1624~1677, 독일의 신비주의적 시인—역주가 "인간은 모든 것을 신에게 드린다"고 읊은 짤막한 시 속에도 표현되어 있는데, 이것은 꽤 주목할 만한 일이며 여기에 인용할 가치가 있을 것이다. 그 시는 다음과 같다.

인간이여! 만물이 그대를 사랑하고 있노라.
그대의 주위에서는 사람들이 붐비고 있노라.
신에 도달할 수 있도록, 모든 것이
그대를 향해 뛰어오고 있노라.

그러나 위대한 신비주의자의 훌륭한 저작으로, 프란츠 파이퍼 판으로 출간(1867)되어 간신히 일반 사람들의 손에 들어가게 된 마이스터 에크하르트는, 여기서 말한 바와 같은 의미를 이렇게 말하고 있다.

"그리스도는 '내가 땅에서 하늘로 오를 때에는 모든 사람을 나에게 이끌어오리니' 하고 말하였는데, 그리스도와 함께 이것이 사실임을 확신한다. 선한 인간은 모든 것을 그 최초의 모습대로 신의 곁으로 인도해 가는 것이다. 인류의 스승들은 모든 피조물이 인간을 위해 만들어진 것임을 확증해 주었다. 이것은 모든 피조물의 하나하나가 타자를 위해 유용하다는 것을 명시하고 있다. 풀이 소에게, 물이 물고기에게, 하늘이 새에게, 숲이 동물에게 각각 유용한 것이다. 이와 같이 모든 피조물이 인간에게 유용하다. 그리고 선한 인간은 타자 속의 피조물을 신에게 인도해 가는 것이다."

에크하르트는, 자기 속에 자기와 함께 있는 사람은 생활에 동물을 이용함으로써 동물까지도 구원한다는 것을 말하고 싶었던 것이다. 뿐만 아니라 성서 가운데서도 어려운 대목인 <로마서> 제8장 21~24절*도

이런 의미로 해석할 수 있으리라고 생각한다.

불교에도 이런 내용이 담긴 가르침이 있다. 보살이었을 무렵의 석가가 부친의 성곽에서 황야로 탈출하려고 결심하고 드디어 말에 안장을 얹었을 때, 그는 말에게 이렇게 말했던 것이다.

> "너는 이미 오랫동안 여기 있었다. 그러나 이제 너는 등에 짐을 지거나 이끄는 일을 그만두어야 한다. 다만 이번만은, 오 칸타카여, 나를 이곳에서 떠나게 해다오. 네가 도를 얻으면(붓다가 되었을 때) 너를 결코 잊지 않으리라."
> (레뮤자의 프랑스 번역판에서)

* 그 바라는 것은 피조물도 썩어짐의 종노릇한 데서 해방되어, 하나님의 자녀들의 영광의 자유에 이르는 것이니라. 피조물이 다 이제까지 함께 탄식하며 함께 고통하는 것을 우리가 아나니, 이뿐 아니라 또한 우리, 곧 성령의 처음 익는 열매를 받는 우리까지도 속으로 탄식하여 양자될 것, 곧 우리 몸의 구속을 기다리느니라. 우리가 소망으로 구원을 얻었으매, 보이는 소망이 소망이 아니니, 보는 것을 누가 바라리오.

4. 금욕의 높은 단계

금욕은 자유의지에 의한 의식적인 가난 속에 나타난다. 이를테면 이것은 타인의 고통을 덜어주기 위해 자기의 재산을 내줌으로써 우연히 발생할 뿐 아니라 그 자체가 목적이 되기도 한다. 이와 같이 사서 얻은 궁핍은 욕망의 만족이나 삶의 즐거움이 의지를 다시 자극하여, 자기 의식의 혐오와 반발을 초래하지 않도록 의지를 끊임없이 학대하기 위해 이용된다.

그런데 비록 이 경지에 도달한 자라도, 역시 정력을 지닌 구체화된 의지의 현상인 이상, 언제나 어떤 종류의 욕망에 이끌릴 소지가 있다는 것을 느끼고 있다. 그러나 그는 자기가 진심으로 하고 싶은 일에 손을 대지 않고, 반대로 자기가 원치 않는 일, 이것이 의지를 학대하려는 목적밖에 갖고 있지 않다고 하더라도 모두 수행하도록 자기 자신에게 강요함으로써 의식적으로 자기의 욕망을 억제하는 것이다.

그는 자기에게 나타나 있는 의지 자체를 부인하기 위해 타인이 그의 의지를 부정하더라도, 즉 그에게 부정한 일을 하더라도 저항하지 않을 것이다. 그리하여 그는 우연에 의해서이건 타인의 악의에 의해서이건, 외부로부터 자기에게 닥쳐오는 고통을 환영한다. 어떠한 위해 · 치욕 · 모독도 무방하다. 그는 이미 의지를 긍정하지 않는 이상 이 모든 것을 바로 자기 자신인 의지의 현상의 모든 적의 진영에 스스로 앞장서서 가담하는 절호의 기회로 간주하고 기꺼이 받아들인다.

그 때문에 그는 이러한 수치나 고통을 강한 인내심과 온유한 태도로 찾아 나가며 외면을 장식하는 일 없이 선으로 악을 멸하고, 정욕의 불길 따위로 인해 다시금 전신에 일 만큼 분노를 일으키는 법이 없다.

의지 자체와 마찬가지로, 그는 의지의 객관화인 자기의 육체를 학대한다. 육체는 의지의 표현이요 거울이므로, 육체가 건전하게 발육하여 의지가 다시금 활동해서 강화되는 일이 없도록 자기에게 영양도 별로 제공하지 않는다. 그는 끊임없이 궁핍과 고통에 의해 의지를 점점 좌절시켜 사멸로 인도하기 위해 단식을 할 뿐만 아니라, 자기 자신을 괴롭히는 고행을 한다.

그는 의지가 자기와 세계를 괴롭히는 원인임을 깨닫고 이를 혐오한다. 드디어 그 의지를 해소시키는 죽음이 찾아온다. 하기는 자기 자신을 부정하고 있기 때문에 금욕자의 존재는 몸을 간신히 지탱하고 있는 것 같은 잔존물을 제외하고는 이미 이전부터 거의 사멸되어 있는 것이다. 이것으로 보더라도 금욕자에게 죽음이란 오히려 바람직한 것으로, 그 도래를 기꺼이 받아들인다. 다만 다른 사람의 경우와 달라서 그의 죽음과 동시에 끝나 버리는 것은 단지 현상이 아니라 본질 자체가 해소되는 것이다.

그리고 이 본질은 현상 속에, 현상을 통하여 간신히 그 허망한 존재를 보존해 온 셈이며*, 이리하여 이제 최후의 연약한 매듭까지도 절단되

* 이 사상은 태고의 철학적인 산스크리트(Sanskrit: 완성된 언어라는 뜻으로 속어에 대한 잡어란 의미. 기원전 5~4세기경에 된 파니니 문전 이래 그 규격이 확립되어, 전인도의 고급 문장어로서 오늘날까지 지속되어 왔는데, 인도에서 출판된 불경이나 고대 인도 문학은 대개 이 글로 되어 있다—역주)의 저작 ≪삼키아 카리카≫ 속에서 다음과 같은 아름다운 비유의 이야기로 표현되어 있다.
"도공들이 그릇이 완성된 후에도 처음 가해진 타격으로 계속해서 회전하는 것처럼, 영혼은 한동안 육체에 붙어있다. 광명을 얻은 영혼이 육체에서 떠나 영혼에게, 자연이 사라지고 나서 비로소 영혼의 완전한 해탈을 얻을 수 있다."(코르불크의 ≪인도 철학에 대한 여러 가지 수상≫ 참조)

어 떨어져나간 셈이다. 이와 같이 하여 죽은 자에게는 그와 동시에 세계도 끝나 버리는 것이다.

5. 금욕의 실례

내가 사용한 개념을 매우 구체적으로 해명했을 뿐 아니라 사실상의 밑받침이랄 수 있는 책으로 특히 기욤 부인1648～1717, 프랑스의 신비주의자—역주의 자서전을 추천하고자 한다. 나는 이 아름다운 위대한 영혼을 상기할 적마다 언제나 경건한 마음으로 돌아가게 된다.

이 사람에 대하여 충분히 알고 그녀의 이성이 보여준 미신적인 면에 대해서는 분명히 경계할 필요가 있지만, 그녀의 사상의 훌륭한 점을 공정히 취급하는 것은 뜻있는 사람들에게는 바람직한 일일 것이다.

그녀의 자서전은 대중, 즉 대다수의 사람들 사이에서는 평이 좋지 않다. 그 책은 언제 어디에서든지 자기와 비슷한 사람, 적어도 자기도 다소나마 그와 유사한 소질을 가진 사람밖에는 평가할 수 없기 때문이다.

그리고 저 유명한 프랑스어의 ≪스피노자 전≫도 이 책을 해명하는 열쇠로서, 스피노자 자신이 쓴 작은 책자인 ≪지성 개조론≫의 그 훌륭한 서두를 아울러 읽으면 어느 정도 내가 든 금욕의 실례를 찾아볼 수 있을 것이다. 스피노자의 이 작은 책자의 서두는, 끝없는 정열의 폭풍을 가장 효과적으로 진정시키는 수단으로써 추천할 만한 것이다.

대 괴테도 이 인간성의 아름다운 측면을, 사물을 선명히 하는 시라는 거울을 통하여 우리에게 보여주는 것이 자기에게 합당치 않은 하찮은 일이라고는 생각하지 않았을 것이다. 괴테는 <아름다운 영혼의 고백>≪빌헬름 마이스터의 수업시대≫ 속에 있음—역주에서, 크레텐베르크 양의 생활을 이상화하여 표현하고, 나중에 자서전인 ≪시와 진실≫ 속에서 그녀에 대한 역사적 배경을 분명히 밝히고 있다. 그리고 그는 성 필리포네리의 생애를 두 차례에 걸쳐 서술했다.

6. 성자들

세계사는 지금까지도 그러했듯이 앞으로도 그의 생애야말로 우리의 관찰의 가장 중요한 점을 잘 해명해 줄 것이라고 생각되는 사람들에 대하여 계속해서 침묵을 지킬 것이다. 그도 그럴 것이 세계사의 소재는 전혀 다른 종류의 것, 아니 전혀 대립되는 것이기 때문이다. 세계사가 취급하는 것은 삶에의 의지의 부정이나 포기가 아니라 무수한 사람들의 삶에의 의지의 현상과 그 긍정이다.

그리고 이와 같이 개인 속에서, 삶에의 의지의 자기 분열이 그 객체화의 최고 단계에 있어서 완전하게 그리고 분명히 나타나는 세계사 속에서는, 때로는 개인이 머리를 잘 써서 우위를 차지하고, 때로는 대중이 수적인 우세를 무기 삼아 폭력을 행사하며, 또 때로는 운명으로서 인격화된 우연이 맹위를 떨치기도 하지만, 이 모든 일들은 다 어떤 노력도 결국은 허망한 것임을 우리 눈앞에 보여주는 것이다.

그러나 함부로 시간 속의 여러 현상의 흐름을 추구하지 않고 철학자로서 여러 가지 행위의 윤리적 의미를 탐구하는 것이야말로 무엇이 의미심장하고 중요한가를 추정하는 유일한 척도라고 생각하는 우리로서는 평범하고 저속한 사람들의 의견에 조금도 구애받지 않고, 세계에서 가장 위대하고 중요하며 또한 의미심장한 현상은 세계 정복자가 아니라 세계 극복자임을 감히 고백하고자 한다.

세계 극복자는 만물 속에 충만하고, 만물 속에서 부단히 움직이며 작용하는 삶에의 의지를 버리고 부정한다는 인식을 가진 사람을 가리키며, 이러한 사람들은 남에게 알려지지 않은 채 조용히 살아간다. 또한 세계의 극복자 속에서만 의지의 자유는 비로소 나타나는 것이며, 그 때문에 이런 사람들의 행동은 속인들의 행동과는 정면으로 대립된다.

이런 점으로 보면, 자기 자신을 부정한 성인들의 생활 기록은 거의 전부가 딱딱하게 씌어져 있으며, 그 중에는 미신이나 공상이 섞이는 경우도 있지만 그 소재의 의미의 깊이로 보아 철학자들에게는 플루타르코스나 리비우스보다도 훨씬 배울 바가 많은 중요한 것이다.

7. 어느 승려의 이야기

이 장을 마치기 전에 「제2의 길」이라는 표현에 대하여 언급하고자 한다. 「제2의 길」은 의지의 부정을 스스로 크게 느낀 고통에서 비롯되는 것으로, 단지 타인의 고통을 자기 것으로 간주하고, 이로 말미암아 우리의 존재가 얼마나 허망한 것인가를 인식하는 데 그치는 것이 아니다.

그럼 이와 같은 정신의 고양이 이루어질 경우에, 그리고 이에 의해 정화작용이 시작되었을 때 당사자의 내면에 어떤 현상이 일어나는가?

그것은 이러한 정신작용과 비슷한 성격을 지닌 비극을 감상할 때, 감수성이 강한 사람이 경험하는 일을 머릿속에 그려봄으로써 알 수가 있다. 즉, 이런 사람은 비극의 제3막과 제4막에서 주인공의 행복이 점차 사라지고 위협을 당하는 모습을 보고 마음이 동요되어 큰 불만을 느끼게 마련이다. 그런데 이와 반대로, 제5막에서 주인공의 행복이 완전히 뒤집혀 무너져버리면 감수성이 강한 관객은 자기의 심정이 어느 정도 고양된 것을 느끼게 될 것이다. 이것은 주인공이 대단히 행복했을 때의 모습을 보는 것과는 비교도 되지 않을 정도로 훨씬 고상한 종류의 만족감이다. 이러한 느낌은 분명히 뚜렷이 의식된 환각을 불러일으키더라도 역시 공감이라는 매우 담백한 감각에 불과하다. 이것은 인간을 완전히 체념의 도가니 속에 몰아넣는 커다란 불행 때문에 자기의 운명이 현실적인 거대한 힘에 좌우되는 것을 피부로 느낀 사람의 감각과 같은 것이다.

인간을 뿌리로부터 변화시키는 회심回心이 이런 과정을 통하여 이루어진다는 것을 나는 이미 말한 적이 있다. 그때 나는 라임트 루리우스의 회심의 경위에 대하여 서술했지만, 이와 매우 유사하고 또한 끼친 영향의 크기로 보더라도 크게 주목할 만한 수도원장 란세가 회심한 이야기를 여기 간단히 소개하는 것도 그만한 가치가 있는 일이라 생각된다.

그는 청년 시절에 오락과 쾌락으로 나날을 보내었다. 급기야 그는 몬바존 부인과 뜨거운 사이가 되었다. 어느 날 밤에 부인을 찾아간 그는 그녀의 방에 인기척이 없고 주위가 캄캄했지만 매우 지저분한 것을 알아차렸다. 그때 발길에 무엇이 걸렸다. 그것은 몸으로부터 잘려진 부인의 머리였다. 그렇게 머리를 동강 내지 않으면, 갑자기 변사한 부인의 시체를 옆에 놓인 납으로 된 관 속에 넣을 수 없었기 때문이다.

1663년, 끔찍한 고통을 참아넘긴 란세는 그 당시에 엄격하던 규율에서 완전히 이탈해 버린 트라피스트 수도회 개혁자가 되었다. 란세는 곧이 수도원에 들어갔으며 트라피스트 수도회는 란세에 의해 본래의 매우 엄격한 금욕주의의 위대성을 회복하였던 것이다.

트라피스트는 이 엄격한 규율을 유지하면서, 오늘날에도 라트라프에 엄존해 있다. 여기서는 매우 엄격한 금욕이 실시되어 믿기 어려울 정도로 가혹한 생활을 하며, 의지의 부정이 계획적으로 이루어지고 있다. 이곳을 방문하는 자는 이미 입구에서 인사를 나눌 때부터 단식과 추위, 불침번, 기도 그리고 노동을 하여 메마른 수도사들이 속인이며 죄인인 자기들의 앞에 무릎을 꿇고 축복을 구하는 겸손한 태도를 보고 크게 감명을 받으며, 또한 수도사들이 의지를 부정하는 태도에 신성한 전율을 느끼는 것이었다.

프랑스에서 많은 변혁이 있은 후에 모든 수도회 중에서 이 트라피스트 수도회만이 완전한 모습을 지니게 된 것은, 이 수도회에서는 다른 모든 의도를 버리고 엄격한 규율을 그대로 실시하고 있기 때문일 것이다. 뿐만 아니라 종교가 타락하더라도 이 수도회만은 상처를 받지 않고 제 모습 그대로 남아 있을 것이다. 이 수도원의 토대가 기성 어느 신앙보다도 깊은 인간성에 의거해 있기 때문이다.

8. 기독교의 윤리

우리에게 우선 친근한 것은 기독교이며, 그 윤리는 모두가 전술한 정신에 가득 차 있고, 단지 최고도의 인간애뿐만 아니라 금욕에로 이끌어 간다. 금욕은 이미 사도들이 쓴 글에도 그 싹을 분명히 찾아볼 수 있지만, 나중에 비로소 완전히 제자리를 잡아 그 모습을 드러내게 되었다. 사도들을 통하여 명령한 것은 자기애와 맞먹는 이웃에 대한 사랑, 복지, 증오에 대해 사랑과 선행을 베풀 것, 인내, 유화, 모든 모욕을 순순히 참아나갈 것, 정욕을 억제하기 위해 영양을 조금만 취하는 것 그리고 가능하면 완전히 성욕에 저항하는 것 등이다.

이미 이러한 점에서도 금욕의 최초의 단계, 혹은 본래의 의지 부정을 찾아볼 수 있다. 의지의 부정에 대해서도 복음서 속에서는 자기 자신의 부정과 십자가의 수용으로서 불리우고 있다(마태복음 16, 24, 25, 마가복음 8, 34, 35, 누가복음 9, 14, 23, 26, 27, 33장 참조). 이러한 방향은 이윽고 점차로 발전되어 속죄자 · 은자 · 승단의 기원을 이루었다. 이것은 그 자체로서는 분명히 순수하고 신성하지만, 대다수의 사람들에게는 부당하기 짝이 없다.

그러므로 이런 것들은 단지 위선과 불미한 것으로 발전하지 않을 수 없었다. 가장 선한 것을 악용함은 가장 몰염치한 일이 아닐 수 없다. 기독교의 발전에 있어서, 그 금욕의 씨앗은 기독교의 성자나 신비주의자의 저작에서 꽃을 피웠다. 그들은 가장 순수한 사랑과 아울러 완전한 금욕, 자유의지에 의한 철저한 빈곤, 참된 평온, 세속적인 사물에 대한 철저한 무관심, 자기의지의 소멸과 신 속에서의 재생, 자기 자신을 모조리 망각하고 신의 직관을 위해 노력할 것 등을 주장하였다. 이에 대한 완벽한 묘사는 페누론의 ≪내면적인 생활에 대한 성자의 격률의 해명≫에서 볼 수 있다.

그런데 이러한 방향으로 발전한 기독교의 정신은 독일 신비주의자들의 저작, 특히 마이스터 에크하르트의 저작과 누구에게나 인정받음으로써 유명해진 ≪독일신학≫ 이상으로 강력하게 표현된 것은 없다. 루터는 몸소 집필한 이 책의 서문에서, 자기는 성서와 아우구스티누스를 제외하고 이 책 이상으로 신, 그리스도 및 인간에 대하여 많은 것을 배운 책이 없다고 말하고 있다.

그런데 이 책의 진정한, 따라서 위조되지 않은 텍스트는 1851년의 파이퍼에 의한 슈투트가르트 판이라 할 수 있다. 이 책 속에 씌어 있는 규칙이나 가르침은 내가 삶에의 의지의 부정으로서 표현한 것을 가장 완전하고 깊은 내면적인 확신으로 해명하고 있다.

유대적 · 신교적 확신에만 의존해서 이 책을 거부하기 전에, 우리는 우선 이 책을 충분히 정독해야 한다. 이 책과 똑같이 평가할 수는 없지만, 마찬가지로 훌륭한 정신으로 쓴 책으로서 타울러의 ≪그리스도의 가난한 생활을 본받아서≫ 및 ≪마음의 심연≫이 있다.

내가 보기에는 이들 진정한 기독교 신비주의자들의 가르침과 신약성서의 가르침의 관계는 알코올과 포도주의 관계와 비슷하다. 혹은 신약성서 속에서 마치 베일과 안개를 통해 본 것이, 신비주의자들의 저작에서는 아무런 베일도 없이 매우 분명하게 눈에 들어오는 것과 같다. 또한 신약성서를 제1의 영감, 신비주의자들을 제2의 영감이라고 볼 수도 있다. 작은 그리고 커다란 신비로서 말이다.

9. 인도인의 윤리

인도의 문헌에 대한 우리의 지식은 불완전하기는 하지만 오늘날에도 이미 이해되고 있는 바와 같이, 인도인의 윤리관은 ≪베다≫나 ≪프라나≫에서 시인들의 작품, 신화, 성자의 전설, 격언 그리고 생활규칙 등에 여러 가지로 그것도 매우 강력하게 표현되어 있다.

이와 같은 인도인의 윤리관 속에 인간이 지켜야 할 사항으로서 표현되어 있는 것은, 자기에의 사랑을 모조리 부인하고 이웃을 사랑할 것과, 인간에게만 한정시키지 말고 모든 생명체를 사랑할 것, 자기가 하루하루 생활 속에서 간신히 손에 넣은 것까지도 모조리 버리고 남을 위해 이바지할 것, 자기에게 위해를 끼치는 자에게도 무한한 인내심을 가질 것, 어떤 봉변을 당하더라도 악에 대하여 신과 사랑으로 보답할 것, 모든 치욕을 자유의지에 입각하여 기꺼이 참아나갈 것, 모든 동물성 음식을 피하고 참으로 거룩한 것을 숭상하기 위해 동정을 지키며 모든 육욕을 버리는 것 등등이다.

그리고 인도인의 윤리는 자기의 재산을 버리고 거처를 정하지 않은 채 가족들과 떨어져 깊은 사색에 잠기는 고독 속에 살며, 자유의지에 의한 속죄와 서서히 자기에게 고통을 가하여 의지를 학대할 것을 가르치고 있다.

그리고 이것은 마침내는 굶기 시작하여 악어에게 몸을 내맡기는 것, 히말라야의 신성한 바위산 꼭대기에서 몸을 던지는 것, 스스로 생매장을 당하는 것, 무희들의 노래와 탄성과 춤과 함께 신상을 싣고 가는 수

레에 깔리는 것 등등 자유의지로 죽음에 이르기를 가르치는 것이다. 이러한 인도인의 가르침의 기원은 4000년도 더 된 옛날부터이다. 오늘날에도 분명히 인도인의 많은 종족들 속에서 상당히 변질되기는 하였으나 여전히 명맥을 유지하고 있으며, 특정한 개인에게는 이것이 극단적인 형태로 실시되고 있다.* 오랜 시일에 걸쳐 몇 백만에 이르는 민족 사이에서 매우 큰 희생을 치르면서 실시해 온 것은, 과거에 멋대로 이루어진 즉흥적인 소산이 아니라 인간의 본성에 의거한 것이 아니겠는가.

그런데 기독교의 속죄자 혹은 성자와, 인도교의 속죄자나 성자의 생활을 읽으면 양자가 너무나 일치하는 데 놀라지 않을 수 없다. 교리나 풍속이나 환경이 근본적으로 다른데도 불구하고 양자의 노력이나 내면적인 생활은 완전히 동일한 것이다. 양자에게서 찾아볼 수 있는 규범 또한 마찬가지다. 가령 타울러는 인간이 요구해야 할 완전한 빈궁에 대하여 말하고 있는데, 이 빈궁은 어떤 위안이나 세속적인 만족을 누릴 수 있는 것을 모조리 남에게 주고 포기하는 데 있다는 것이다. 그 이유는, 분명히 이것들은 모두가 완전히 사멸시키기를 원하는 의지에게 언제나 새로운 영양을 제공하기 때문이다.

한편, 인도의 가르침에 의하면, 불교의 규범은 수행자에게 자기 집과 재산을 가져서는 안 된다고 가르치고, 심지어는 수행자가 나무에 대하여 애착을 느끼지 않도록 같은 나무 아래 가지 말라고까지 권유하고 있다. 기독교의 신비주의자들과 베다철학의 스승들 중에서 완성의 단계에 도달한 자들은, 외부적인 활동이나 종교적인 행사에 종사하는 것은 불필요한 일이라고 생각하고 있다.

---

* 1840년 지가나무트에서 시위행진이 있었을 때, 인도인 11명이 열차 아래 몸을 던져 모두 즉사하였다(1840년 12월 3일 ≪타임즈≫지 게재).

이와 같이 시대가 다르고 민족이 다른데도 불구하고 많은 공통점이 있는 것은, 이러한 행동이 낙천적이고 평범한 사람들이 즐겨 주장하고 있는 것처럼 사물의 사고방식이 그릇되었거나 이상하게 된 데서 비롯된 것이 아니라, 훌륭하기도 하지만 좀처럼 표면에 나타나지 않는 인간의 본질적인 성격이 노출되었기 때문이라는 사실에서 설명할 수 있는 것이다.

10. 내면적인 희열

이런 희열의 상태를 일반적으로 표현하기 위해 여기서 몇 가지 사실을 첨가하고자 한다. 앞에서도 말한 바와 같이, 악한 자는 욕망이 강하기 때문에 언제나 심한 내면적인 고뇌에 가득 차게 되며 미친 듯이 욕망을 충족시키려고 하지만, 일단 욕망의 대상이 없어지면 이번에는 타인의 고통을 보고 안도의 한숨을 내쉬게 된다.

이와는 반대로, 삶에의 의지의 부정에 투철한 자는 분명히 밖에서 보았을 경우에는 가난하고 아무런 즐거움도 없고 궁핍한 듯하지만, 내면적으로는 희열과 티 없이 푸른 하늘과 같은 참된 평안에 가득 차 있다. 이런 사람들은 심한 고통에 선행되는 불안한 삶의 충동이나 터무니없이 기쁨에 잠기거나, 혹은 삶의 쾌락을 탐내는 자의 생애에 따르는 기쁨 후의 고뇌에 빠지는 일도 있다.

이 사람들이 도달한 경지는 누구에게도 훼방을 받지 않는 평화와 깊은 평정 그리고 내면적인 명랑성이다. 이러한 경지에 도달한 사람은 우리에게 망설임 없이 '현명해지기 위해 행동하라'고 외칠 수 있는 모든 권리를 가졌을 뿐만 아니라 어느 누구보다도 뛰어난 자라는 것을 인정해야만 한다.

우리는 이러한 경지를 목격하거나, 혹은 상상력을 다하여 머릿속에 그려보면서 무한한 동경을 갖게 된다. 또한 우리는 이 세상에서 손에 넣은 욕망 같은 것은 거지에게, 이틀이면 그가 다시 굶주리게 되는데도 오늘 하루의 목숨을 보존케 하기 위해 던져주는 푼돈과 같은 것임을 통감하게 된다. 이와 반대로, 금욕은 세습의 영지이며, 영주는 언제나 이 일 때문에 주저할 필요가 없는 것이다.

11. 성인의 내적 고투

육체는 단지 객체화의 형식 속에 있어서의, 혹은 표상으로서의 세계 속에 나타난 의지 자체인 이상, 육체가 살아 있는 한 삶에의 의지도 가능성으로서 존재하면서 언제나 현실 속에 모습을 나타내려고 하며 다시금 그 불길을 타오르게 하려고 노력하고 있다.

그러므로 신성한 사람들의 생활 속에 나타난 마음의 평화와 즐거움은 다만 의지를 부단히 극복하는 데서 비롯되는 것이며 이러한 성과를 가져온 땅에서는 삶의 의지와의 끊임없는 투쟁이 이루어지고 있다는 것을 알 수 있다. 왜냐하면 영속적인 마음의 평화는 이 지구상에서 아무도 가질 수 없기 때문이다.

우리는 성인의 내면생활을 다룬 기사 속에서 영혼의 투쟁상을 얼마든지 볼 수 있다. 그들은 끊임없이 고개를 치켜드는 의지의 힘을 약화시키기 위해 금욕에 힘쓰고, 자기의 죄과를 보상하기 위해 엄격한 생활을 하며, 불쾌한 일을 일부러 원하는 등 여러모로 애쓰고 있다.

그들은 해탈의 가치를 잘 알고 있으며, 이미 획득한 마음의 평안을 유지해 나가기 위해 세심한 주의를 기울인다. 또한 향락을—남을 조금도 해치지 않고 즐길 수 있는 것이라도—누리거나 조금이라도 허영심이 꿈틀거리면 이에 대하여 엄격한 양심의 가책을 느끼게 된다. 그리하여 마침내 인간의 모든 욕구 속에서 가장 어리석은 것이면서도 가장 활발히 움직이며 좀처럼 소멸되지 않는 허영심도 사라져 버리게 된다.

내가 지금까지 몇 번이나 사용해 온 낱말인 금욕에 대하여 나는 좁은 의미에서 이렇게 생각하고 있다. 즉, 그것은 의지를 끊임없이 학대하기 위해 쾌적한 것을 거부하고 불쾌한 것을 원하며, 스스로 속죄의 생활을 보내면서 자기를 괴롭힘으로써 의식적으로 의지를 파괴하는 것이라고.

12. 고뇌에서의 해탈

우리는 이미 의지의 부정에 도달한 자가 이를 간직하기 위해 힘쓰는 일, 즉 금욕에 대해 살펴보았는데, 운명에 의해 정해진 괴로움도 일반적으로 말해서 의지를 부정하기 위한 제2의 길이다. 뿐만 아니라 대다수 사람들은 오직 이 제2의 길에 의해서만 의지의 부정에 도달할 수 있으며, 단지 인식된 괴로움이 아니라 거의가 몸소 피부로 느낀 괴로움에 의해, 때로는 죽음에 접근해 감으로써 비로소 완전한 체념의 경지에 들어가게 됨을 알 수 있다. 왜냐하면 소수의 사람들만이 객체화의 원리를 통찰하고, 인식을 통하여 완전한 선의를 지니게 되며, 모든 사람에 대하여 애정을 품으며, 드디어 이 세상의 괴로움을 모두 자기 자신의 괴로움으로 인정하고 의지를 부정하는 경지에 도달할 수 있기 때문이다.

그런데 이러한 경지에 접근한 자라도 언제나 간신히 살아나가는 형편이며, 한동안 남들이 찬양하여 흐뭇하게 생각하게 되면 어떤 희망을 갖게 되고 따라서 의지의 만족을 도모하는 등, 요컨대 쾌락이 의지를 부정하는데 장해가 되어 다시금 의지를 긍정하려는 유혹을 받게 되는 것이다.

이 때문에 이와 관련하여 모든 유혹은 악마로서 인격화되어 있다. 그러므로 일반 사람들은 스스로 더 이상 괴로울 수 없을 정도로 시달림을 받음으로써 의지가 자기 자신을 부정하기 전에 의지가 타파되어 있어야 한다. 그때, 즉 점점 더 가혹해지는 고뇌의 모든 단계를 거쳐서 매우 완강하게 저항하면서도 절망하기 바로 직전에 놓인 사람이 그 후에 갑자기 자기 자신으로 돌아와 자기와 세계를 인식하고, 자기의 모든 본질을 변경시켜 자기 자신뿐만 아니라 모든 고뇌를 초월해서 마치 고통으로 정화되어 신성하게 된 것처럼 그 무엇에 의해서도 흔들리지 않는 마음의 평정과 지복至福 그리고 숭고한 경지에 들어가게 되며, 종전에는 악착같이 집념하던 모든 것을 아낌없이 버리고 죽음을 기꺼이 맞아들이게 된다.

이 경지는 고뇌를 정화하는 불길이 가져온 삶에의 의지를 부정하는 은빛 눈초리로 세상을 보는 것으로, 곧 해탈이다. 매우 악질이던 사람도 때로는 극심한 고통으로 말미암아 이러한 경지에까지 정화되는 모습을 목격할 수 있다. 그들은 완전히 딴사람으로 변화된 것이다. 그러므로 그들이 전에 범한 여러 가지 악행들도 이미 그들의 양심을 불안에 몰아넣지 않는다. 오히려 그들은 과거의 악행을 기꺼이 죽음으로써 보상하려고 하며, 이제는 그들에게 이질적인 혐오스럽기 짝이 없던 의지의 현상의 종말을 즐거운 마음으로 바라보게 된다.

커다란 불행에 의해, 그리고 구원을 얻는 데 절망함으로써 이루어진 이 의지부정의 모습을 분명히 묘사한 시로서는, 대 괴테의 불멸의 걸작 ≪파우스트≫에 등장한 그레첸의 고난의 이야기를 능가하는 것은 없을 것이다.

이 이야기는 인간이 자유의지에 의해 스스로 구한 세계의 고뇌를 단지 인식하는 데서 얻을 수 있는 제1의 길이 아니라, 과도의 고뇌를 몸소 체험해야만 도달할 수 있는 제2의 길의 전형이다. 분명히 자기 욕심에 사로잡힌 주인공이 나중에는 완전한 체념의 경지에 도달하며, 그때 삶에의 의지가 그 현상이 소멸되는 모습을 취급한 비극은 많이 볼 수 있지만, 그 변신의 본질적인 점을 앞에서 말한 ≪파우스트≫의 경우처럼 군더더기가 전혀 없이 순수하게 눈앞에 볼 수 있도록 전개한 작품은 달리 찾아볼 수 없을 것이다.

XIII. 죽음에 대하여

1. 어느 은자의 죽음

인간의 성격 속에 깃들여 있는 놀랍고도 감동적인 기이한 현상의 보기 드문 사례를 확실히 보존해 두기 위해서도, 여기에 이러한 현상을 나타내 보여준 최근의 뉴스를 전해두고자 한다.

이 현상은 적어도 외관상으로 보면 내가 말하고 싶었던 것이지만, 이것을 막상 설명하려고 하자니 상당히 어렵다. 이 최근의 뉴스는 1813년 7월 29일 <뉘른베르크 코레스폰덴트>지에 실렸던 것으로, 거기에는 다음과 같이 적혀 있었다.

> "베를린으로부터의 보도에 의하면, 투르넨 부근의 밀림 속에서 한 오두막집이 발견되었는데 그 안에 이미 약 1개월 전부터 부패하기 시작한, 옷을 입은 채인 어떤 남자로 보이는 시체가 놓여 있었다. 그런데 이것만으로는 그 시체가 남성이라는 것을 얼른 분간할 수 없었다. 이 밖에 고급 셔츠 두 벌이 옆에 놓여 있었다. 가장 중요한 증거품은 흰 종이를 접어 넣은 성경으로, 그 종이에는 죽은 자의 친필로 된 글이 씌어 있었다. 거기에는 이 사나이가 집을 나온 날짜가 기록되어 있으며(그러나 현주소는 기록되어 있지 않았다), 그리고 그가 단식하며 기도하기 위해 성신의 지시로 황야에 나오게 되었다는 것과 여행 중에 이미 7일 동안 단식을 하고 그 후에 다시 식사를 취했으며, 오두막집에 거주한 후에 다시 단식을 시작하여 상당히 오랫동안 계속해 왔다는 내용 등이 적혀 있었다. 장본인은 날마다 줄을 하나씩 그었는데, 그것이 다섯 개였으며 그 후에는 아마도 그가 숨진 모양이었다. 그리고 어떤 목사 앞으로 죽은 자가 이 목사에게 들은 설교에 대하여 의견을 진술한 편지가 있었지만, 수신인의 이름은 적혀 있지 않았다."

2. 자살에 대하여

우리의 관찰방식의 한계 속에서는 충분하다고 할 만큼 누누이 말해 온 삶에의 의지의 부정, 즉 이것만이 현상 속에 모습을 나타내는 의지의 자유에 의한 행위이며, 아스무스크라우디우스가 앞장의 마지막 대목에서 말한 문장의 집필자로 되어 있음—역주가 초경험적인 변화라고 부른 것과 뭐니 뭐니 해도 의지의 개개의 현상을 현실에 폐기하는 것, 즉 자살만큼 다른 것은 없다. 자살은 의지의 부정과는 전혀 거리가 멀며 반대로 강력한 의지 긍정의 현상이다. 왜냐하면 부정의 본질은 괴로움이 아니라 삶의 즐거움을 혐오하는데 있기 때문이다.

자살하는 자는 삶을 원하고 있으며, 단지 그 사람이 놓인 삶의 조건에 불만을 가질 따름이다. 그러므로 그는 결코 삶에의 의지가 아니라 단지 삶만을 파괴하는 것이다.

그는 삶을 원하며 삶에 훼방을 받지 않으려 하고 삶을 긍정하려 한다. 그런데 사정이 엉켜서 원하는 것을 손에 얻을 수 없게 되면 커다란 고통을 느끼게 되는 것이다. 이 개별적인 현상(자살하려고 하는 자) 속에서 삶에의 의지는 완전히 속수무책이며, 그 노력의 결실을 볼 수 없는 것이다.

삶에의 의지는 그 본질에 의해 진로를 결정한다. 삶에의 의지 자체는 만물의 발생과 소멸에 아무 영향도 받지 않고 그러면서도 만물의 삶의 핵심이므로, 개개의 현상은 삶에의 의지에게는 아무래도 무방한 것이다. 우리는 언제나 죽음의 공포를 느끼지 않고 살아갈 수 없다는 확신이, 다시 말해서 현상은 의지에서 비롯된다는 확신이 자살의 경우에도 행위를 지탱하고 있는 것이다.

따라서 삶에의 의지는 자살이라는 행위(시바 신) 속에도, 자기보존의 만족(비슈누 신)이나 생식에의 쾌락(브라마 신) 속에서와 마찬가지로 나타난다. 이것이 곧 인도교의 삼위일체의 내적인 의미이다. 즉, 삼신은 때에 따라 어느 때에는 한 머리를, 또 어느 때에는 다른 머리를 치켜들지만 결국 개인은 모두가 삼신을 아울러 지니고 있다는 것이다.

개개 사물의 이념에 대한 관계는 자살과 의지의 부정에 대한 관계와 같은 것이다. 자살하는 자는 단지 개인을 부정할 뿐이지 종족을 부정하는 것은 아니다. 삶에의 의지에게 삶은 언제나 확실한 것이며, 삶에 있어서는 고뇌가 본질적인 것이기 때문에 자살, 즉 개개의 현상을 자기 멋대로 파괴하여도 물자체는 조금도 파손되지 않은 채 그대로 남게 된다. 이것은 마치 한순간 무지개를 이루고 있는 물방울이 계속해서 교체되어도 무지개 자체는 그대로 남아 있는 것과 같다. 그러므로 자살은 실로 어리석기 짝이 없는 헛된 행위이다.

3. 석가 · 에크하르트* · 성 프란시스

일반적으로 외부의 사정에서 비롯되는 여러 가지 현실을 도외시하고 사물을 근본적으로 파악했을 경우, 석가나 마이스터 에크하르트는 같은 것을 주장하고 있음을 알 수 있다. 다만 석가는 그 사상을 그대로 분명히 말할 수 있었지만, 에크하르트는 자기의 사상을 기독교의 신화에 싸서 여기에 맞춰 표현하지 않으면 안 되었다.

그런데 에크하르트의 경우에는 이러한 표현방법이 극단의 형식을 취했기 때문에 기독교 신화가 신플라톤학파 사람들에게 그리스신화가 그랬던 것처럼, 마치 회화문자처럼 되어 버렸다. 그는 기독교 신화를 완전히 상징적인 의미로 간주했던 것이다.

이러한 관점에서 보면 성 프란시스가 명문 출신이면서도 거지생활을 고집했던 경위가 더욱 극적이기는 하지만, 붓다 석가모니가 왕자이면서 거지 생활을 하게 된 경위와 흡사하며, 이처럼 성 프란시스의 생활이나 교단의 그것이 일종의 고행자의 길이었다는 것은 주목할 만한 일이다.

뿐만 아니라 성 프란시스의 인도정신에의 친근성이 동물에 대한 사랑이나 그들과의 거듭되는 접촉에 나타나 그들을 언제나 형제 자매로

---

* 에크하르트(Eckhart Jokhanes: 1260?~1327, 통칭 마이스터 에크하르트[Meister Eckhart]라고 불림): 독일 신비주의의 대표적인 사상가이다. 신플라톤학파 및 에리우게나의 영향을 받은 범신론적 경향 때문에 사후 교회로부터 이단시되었다. 신과 사람과의 혈연상 동질을 주장함. 교회의 봉건적 권력에 의한 정신적 노예화에 반대한 점에서 무정부주의적 요소가 있음. 타울러가 그의 후계자이다. 저서 ≪설교집(Preeligten und Franktate)≫(1857).

불렀다는 것은 여기서 언급해 둘 가치가 있을 것이다. 그리고 그의 아름다운 노래가 태양과 달 · 별 · 바람 · 물 · 불 그리고 대지를 찬양하는 것도 그의 타고난 인도적인 정신을 나타내고 있다.

4. 예수 그리스도

기독교는 본질적인 점에서 보면, 전아시아가 당시에 이미 분명히 알고 있던 것을 가르쳤을 뿐이지만 유럽에서 이 가르침은 새롭고 위대한 계시였으며, 따라서 이에 의하여 유럽 여러 민족의 정신의 방향이 완전히 변형되었다. 왜냐하면 기독교는 그들에게 생존의 형이상학적 의미를 분명히 하고 그들에게 사소하고 가난하고 덧없는 지상의 생활을 초월할 것, 이 지상의 생활을 자기 목적으로서가 아니라, 실은 이것은 괴로움·죄·시련·싸움 그리고 정화의 장소로 간주하는 것, 또는 인간은 도덕적 업적, 엄격한 체념, 자기 자신의 부정을 통하여 이 지상의 영위에서 알려져 있지 않은 보다 훌륭한 존재에로 고양될 수 있음을 가르쳤기 때문이다.

기독교는 아담의 원죄에 의해 만인의 저주를 받게 되고, 죄가 이 세상에 나타나게 되었으며, 이 죄는 모든 사람들에게 계승되었지만 예수의 희생적인 죽음으로 만인의 죄가 용서받아 세계는 구원되고 죄는 소멸되고 정의가 보상되었다고 가르침으로써 알레고리*의 형식을 띠면서 의지의 긍정과 부정에 관한 위대한 진리를 가르쳤던 것이다.

그러나 신화 속에 포함되어 있는 진리 자체를 이해하기 위해서는 인간을 시간 속에서 각각 피차에 독립된 존재로 보지 않고, 인간의 (플라톤적) 이념을 파악해야 한다. 이 이념이 인간의 계열에 대한 관계는, 영원

---

* 알레고리(Allegory): 우화 또는 풍유. 이면에 있어서는 그 진의를 감추고 풍유를 통해서만 그 진의를 짐작하게 함. 예컨대 이솝 우화의 <토끼와 거북>.

자체가 현재의 시간 속에서 토막난 영원에 대한 관계와 같은 것이다.

인간의 이념을 분명히 이해하면, 아담의 원죄는 유한한 동물적인 죄 많은 인간의 본성을 나타내고 있으며 이 본성에 의해 인간이 여러 가지 죄와 고뇌 및 죽음의 손에 맡겨진 유한한 존재임을 알 수 있다.

이와 반대로 예수 그리스도의 생애와 가르침과 죽음은 영원하고 초자연적인 측면, 인간의 자유와 구원을 나타내고 있다. 모든 사람은 이러한 존재로서 잠재적으로는 그 사람이 자기 자신을 어떻게 이해하느냐, 또한 의지가 그 사람을 어떤 방향으로 향하게 하느냐에 따라서 예수일 수도 있고 아담일 수도 있다.

이로 말미암아 인간도 즉시 단죄되어 죽음에 인도되거나 또는 구원을 받아 영원한 생명을 얻을 수 있는 것이다.

5. 교수대에서의 설교

1837년 4월 15일, 계모를 죽인 버트레르라는 사나이는 글로체스터에서 교수형에 처해지기 전에 다음과 같이 말하였다.

"영국인들이여! 내가 할 말은 몇 마디 되지 않는다. 그러나 나는 당신네들 누구나가 이 몇 마디 말을, 지금 여기서 상연하고 있는 비참한 연극을 구경하는 동안뿐만 아니라 집에 돌아가 자제들이나 친구들에게도 전해주기 위해 마음에 깊이 간직해 두기를 바란다. 처형할 도구의 준비가 이미 다 갖추어진 지금, 죽어가는 인간으로서 이것을 바라고자 한다. 나의 몇 마디 말은, 이 죽어가는 세계와 당신네들의 허망한 즐거움에 대한 애착을 버리라는 것이다. 세속의 일에 너무 구애되지 말고 신을 더욱 생각하라는 것이다. 내 말대로 하라. 회개하라. 마음을 고쳐라. 왜냐하면 깊은 진정한 회개가 없이는 하늘나라의 신에게 돌아갈 수 없고, 내가 지금 그곳을 향해 발길을 재촉하고 있음을 확신하는 저 행복의 동산, 평화의 나라에 도달한다는 희망을 가질 수 없을 것이다."(1837년 4월 18일 ≪타임즈≫에서)

이 유언 이상으로 주목할 만한 것은 1837년 5월 1일, 런던에서 처형된 유명한 살인범 그린에커가 마지막으로 남긴 말이다. 영국 신문 ≪더 포스트≫는 이에 대하여 다음과 같이 전하고 있다.

그린에커를 처형하는 날 아침에, 한 신사가 그를 향하여 신을 의지하고 예수 그리스도의 중개로 속죄를 하도록 권유하였다. 그린에커는 이에 대하여 다음과 같이 대답하였다. "예수 그리스도의 중개로 속죄를 하느냐 하는 것이 정당한지의 여부는 인간이 어떤 견해를 갖고 있느냐에 따라서 결정될 일이다. 나로서는, 지고의 존재로 말하면 이슬람교도 기독교와 마찬가지의 가치를 갖고 있으며, 따라서 기독교 정도의 지복에의 요구를 갖고 있다고 생각한다. 나는 체포된 후로 신학적인 문제를 깊이 생각해 왔으며, 처형대는 천국에 이르는 패스포트라고 확신하게 되었다"라고.

여기서 표명된 기성종교에 대한 무관심이 그린에커의 발언에 커다란 무게를 주고 있다고 생각한다. 그의 발언은 광신적인 미망이 아니라, 독특한 직접적인 인식에 기초해 있음을 입증하고 있기 때문이다. 그리고 ≪가리냐니의 메신저≫가 1837년 8월 15일 ≪라임리크 크로니클≫에 다시 수록한 다음과 같은 발췌를 소개한다.

> "지난 월요일에, 메리아 쿠니는 앤더슨 부인을 학살한 죄로 처형되었다. 이 가엾은 여인은 자기가 범한 죄가 너무나 마음에 큰 충격을 주었기 때문에 고개 숙여 신의 은총을 기원하면서 자기의 목에 걸린 밧줄에 키스를 하였다."

끝으로 또 하나 1845년 4월 29일의 ≪타임즈≫는, 데라류를 살해한 죄과로 사형선고를 받은 호커가 처형되기 바로 전에 쓴 많은 편지를 실었다. 그 편지 중의 하나에서 호커는 다음과 같이 쓰고 있다.

> "만일 인간이 본래의 깨끗한 마음이 흐려진 후로 신의 은총에 의해 재생되는 일이 없다면, 이 세상에서 그 본래의 마음이 매우 고귀하게 보이더라도 마음 깊숙이 스며드는 두려움을 느끼지 않고는 영원을 생각할 수 없다고 믿는다."

6. 재생과 은총

성격이란 부분적으로 변화하는 일이 절대로 없으며, 자연법칙처럼 시종일관 개인이 전체로서, 그 현상인 의지를 개인 속에서 수행하지 않으면 안 된다. 그러나 이 전체, 즉 성격 자체는 앞에서도 말한 인식의 변화에 의해 완전히 소멸되는 경우도 있다. 이러한 성격의 소멸은 앞에서 말한 바와 같이 아스무스가 전반적인 초경험적 변화(≪크라우디우스의 이야기≫를 참조)라고 부르고 경탄한 것으로 이것이 곧 교회 내에서 적절하게도 재생 혹은 중생(새사람 됨)이라고 부르는 것이다.

의지의 자유는 의지가 자기의 본질 자체를 인식하고 동기의 작용에서 벗어났을 때 비로소 나타난다. 이 동기는 그 대상이 한낱 현상에 불과한 다른 종류의 인식방법 속에 존재한다. 그러나 이와 같이 하여 나타난 자유의 가능성은 동물에게는 영원히 주어지지 않고 인간만이 갖고 있는 최대의 특권이다.

그것은 현재의 인상에 의해 좌우되지 않고, 삶의 전체를 통찰할 수 있는 이성에 의한 숙고가 자유의 조건이기 때문이다. 동물에게는 자유의 가능성이 없을 뿐더러, 사물을 생각하여 선택의 결정을 내리는 가능성도 없다. 왜냐하면 이러한 결정을 내리려면 이에 앞서 여러 가지 동기의 투쟁이 있어야 하기 때문이다. 돌이 땅 위에 떨어지는 것 같은 필연성에 의해서만 굶주린 늑대의 이빨은 고깃덩어리를 물어뜯는 것이다. 필연성은 자연의 영역에 속하고, 자유는 은총의 영역에 속한다.

우리가 지금까지 고찰해 온 의지의 기각이 인식에서 출발한 이상, 이러한 인식이나 통찰은 자의에 구애되지 않는다. 그러므로 욕망의 부정이나 자유에의 참가는 이것을 의도한다고 해서 되는 것이 아니라, 인간의 욕망에 대한 가장 내면적인 인식에서 비롯되는 것이며 마치 밖으로부터 날아든 것처럼 뜻밖에 나타나게 된다.

그리하여 교회에서는 이것을 은총의 작동이라고 부르고 있다. 그리고 이러한 은총으로 인간의 본질이 근본적으로 변화되고 기각되므로, 그 사람은 마치 옛사람 대신에 새사람으로 나타난 것처럼 전에는 무척 바라던 것을 때로는 원치 않게 되기 때문에, 교회는 이와 같은 은총의 성과를 중생(거듭남)이라고 불렀다. 왜냐하면 교회가 말하는 자연인은 구원을 요구할 경우에는 부정되어야 하기 때문이다.

7. 원죄에 대하여

근거율根據律에 따라서 인간의 이념을 하나로 묶어 관찰함으로써 기독교의 가르침은 아담 속의 삶에의 의지의 긍정을 상징화하였다. 아담으로부터 우리에게 계승된 여러 가지 죄, 즉 시간의 흐름 속에서 생식의 유대를 통하여 나타나는 우리와 아담과의 이념상의 일체화는 우리를 모든 고뇌와 영원한 죽음에 관여하게 했다는 것이다.

한편 기독교의 가르침은 은총에 의해 의지의 부정을, 인간이 된 신으로부터 비롯되는 구원을 상징화하였다. 인간이 된 신은 모든 죄에서, 즉 모든 삶의 의지로부터 벗어난 자유이다. 그리고 우리들처럼 가장 결정적인 의지의 긍정에서 태어나지도 않은 구체화된 의지이며, 의지의 현상인 육체를 갖는 일도 없이 순수한 처녀에게서 태어나 일시적인 육체를 가질 뿐이다.

이 나중 가르침은 초기 기독교의 교부들이 주장했던 것인데, 그들은 이 문제에 대하여 시종일관 변함이 없었다. 특히 아펠레스는 이것을 역설하였는데, 그와 그의 후계자들에 대하여는 테르툴리아누스가 반대 이론을 제기하였다. 그런데 아우구스티누스까지도 로마서 8장 3절의 '하나님은 자기 아들을 죄 있는 육신의 모양으로 보내었다'는 대목을 다음과 같이 해석하였다.

> "육신의 정욕에 의해 태어나지 않은 육신은 죄를 짓지 않는다. 그러나 그 육신이 죽어야 하는 육신인 이상 죄를 짓는 육신과 유사한 점이 깃들여 있다."

아우구스티누스는 이 말을 ≪불완전한 작품≫이라는 책 1장 47절에서, 원죄는 죄인 동시에 벌이라는 표현으로 주장하였다. 즉, '원죄는 이미 신생아에게도 있지만, 그 아이가 성장했을 때 비로소 모습을 나타낸다. 그리고 이러한 죄의 기원은 죄를 범한 자의 의지에서 비롯된다. 여기서 죄를 범한 자는 아담이지만, 아담 속에 우리 모두가 존재하고 있다. 아담은 불행하였는데, 아담으로 말미암아 우리는 모두가 불행하게 되었다.'는 것이다.

실제로 원죄(의지의 긍정) 및 구원(의지의 부정)에 대한 가르침은 기독교의 중심이 된 위대한 진리를 형성하고 있으며, 그 밖의 가르침은 거의 모두가 단지 나의 의복이나 커버 혹은 첨가물 정도에 지나지 않는다. 그러므로 예수 그리스도는 언제나 일반적으로 삶에의 의지를 부정하는 상징 혹은 인격화로서 파악해야 하며, 복음서에 기록된 신비스러운 이야기나 이 이야기의 밑받침이 된 틀림없이 사실이라고 추측되는 역사적 사실에 입각하여 그를 개인으로서 간주해서는 안 된다. 왜냐하면 성경 속의 이야기나 그 토대가 되는 사실은 완전히 만족스러운 것으로 경솔히 받아들일 수 없기 때문이다. 이러한 이야기나 사실은 언제나 민중에게 일반적인 기독교의 의미를 이해시키기 위한 한낱 전달수단에 불과하다. 그러나 현대에 와서 기독교가 그 참된 의미를 저버리고, 평범한 낙천주의로 타락해 버린 데 대해서는 언급하고 싶지 않다.

8. 마르틴 루터

루터는 실천적인 입장에서 보면, 즉 그가 제거하려고 했던 당시 교회의 악폐와의 관계에서 보면 정당했을지 모르지만, 그렇다고 해서 이론적인 입장에서도 마찬가지로 정당하였다고 할 수는 없다.

어떤 가르침이 숭고할수록 그 가르침은 매우 저속하고 비열한 것밖에 생각하지 않는 인간에 의해 알게 모르게 악용될 우려가 있다. 이로 말미암아 가톨릭에서는, 신교 이상으로 심한 악습이 때때로 성행하였다. 예컨대 수도사의 생활이 그렇다. 분명히 서로 규칙을 엄수하고 격려하면서 함께 의지의 부정을 위해 노력하고 있는 수도사들의 생활은 숭고한 것이지만, 거의 언제나 그 참된 정신에서 이탈되었던 것이다. 그리하여 교회의 한심스러운 악폐는 공정한 정신을 가진 루터를 크게 격분케 하였다.

그런데 이것 때문에 루터는 기독교 자체에서 되도록 많은 것을 제거하려고 하였으며, 그 목적을 달성하기 위해 그는 우선 기독교를 성서의 가르침에만 제한시켰다. 그리고 그는 기독교의 심장부라고도 할 수 있는 금욕적 원칙까지 공박할 정도로 그 선의의 열성이 지나쳤던 것이다. 금욕적 원칙이 제거된 후에는 필연적으로 그 대신에 낙천적인 원칙이 대두되기 때문이다.

그러나 낙천주의는 종교에서는 물론 철학에서도 모든 진리의 진로를 가로막는 근본적인 오류이다. 이것으로 미루어보아 가톨릭이 수치스러울 정도로 악용된 기독교라면, 프로테스탄트는 변질된 기독교라고 하겠다. 그리고 기독교가 앞으로도 인류 가운데 존속하려면 모든 고귀하고 숭고한 것으로 돌아가야 할 운명을 피할 수 없을 것이다.

9. 노화와 죽음

죽음은 주관적인 입장에서 보면 단지 의식에 관여될 뿐이다. 그럼 의식의 소멸은 무엇을 의미하는 것일까? 이에 대해서는 누구나 잠드는 것을 통해서 이를 평가할 수 있다. 게다가 진정한 실신상태를 경험한 자라면 그 모습을 더욱 분명히 평가할 수 있다.

실신의 경우로의 이행은 꿈으로 점차 중개되는 일 없이 의식을 상실한 상태에 들어간다. 이 경우에 느끼는 감각은 결코 유쾌한 것이 못 된다. 잠이 죽음의 형제인 것처럼 실신상태는 죽음의 쌍둥이다.

폭력 때문에 죽을 경우에도 고통스럽지는 않을 것이다. 왜냐하면 일반적으로 아주 큰 중상을 입어도 곧 느끼지 않고 잠시 뒤에, 때로는 한참 후에 중상을 당했다는 외면적인 증세가 나타나서야 비로소 아픔을 느끼는 경우가 있기 때문이다. 중상을 입어도 금세 죽어버릴 정도로 심할 경우에는 자기가 부상당한 것을 알기 전에 의식을 잃어버린다. 부상을 당하고 얼마 후에 죽는 경우에는 다른 일반 질환과 마찬가지이다. 물에 빠지거나 석탄불에 휩싸일 경우, 목을 매어 의식을 잃은 자가 별로 괴로운 줄 몰랐다고 말하고 있는 것은 주지의 사실이다.

그리고 자연현상에 따르는 노화에 의한 죽음, 즉 자연사는 사람의 눈에 뜨이지 않는 방법으로 생존에서 소멸되는 것이다. 나이를 먹어감에 따라 점점 정열이나 욕망이 그 대상에 대한 감수성과 함께 사라져 버린다. 정감도 어느덧 자극을 받지 않게 된다. 왜냐하면 표상력은 나이를 먹어감에 따라 약해지며, 표상이 파악하는 형상은 점차로 희미해질 뿐더러 여러 가지 인상을 더 이상 받아들이지 않으며, 설사 인상을 받아도 곧 깨끗이 사라져 버리고 시일의 회전은 점점 빨라지며, 사건이 일어나도 그것을 중요하게 느끼지 않고 퇴색한 것으로 보일 뿐이기 때문이다.

늙은이는 주위를 비틀거리며 돌아다니거나 한구석에 몸을 감추고 있을 뿐, 단지 과거의 그 사람의 그림자 또는 유령에 지나지 않게 된다. 이런 사람에게 죽음이 그 이상 파괴할 것이 무엇이겠는가? 어느 날 잠들어 버리는 것이다. 마지막 잠에, 그리고 그의 꿈은……

이것은 이미 저 햄릿이 유명한 독백을 하면서 자문했던 것이다. 우리는 이제야 모두 그 꿈을 꾸고 있다고 생각한다.

10. 삶과 죽음

의지는 세계의 물자체요, 내면적인 본성으로 생명이나 눈에 보이는 세계, 즉 현상은 의지의 거울이라고 하겠다. 그러므로 세계가 의지를 떠날 수 없는 것은 그림자가 원체를 떠날 수 없는 것과 같으며, 의지가 있기 때문에 생명이 있고 세계가 있다. 이와 같이 살려는 의지가 있으면 반드시 생명이 있으므로, 우리에게 의지가 있는 한 설사 죽음이 닥쳐와도 우리의 생존을 걱정할 필요가 없다. 물론 개체는 태어나서는 멸망해 간다. 그러나 개체는 현상이며 근거의 원리에 지배되고 개체의 원리에서 파악한 인식에서만 존재하기 때문에 어떤 선물을 받는 것처럼 무에서 태어나 무로 돌아간다.

그러나 생명을 철학적으로 파악하고 그 관념에 의거하여 관찰하면 모든 현상의 물자체인 의지나 현상을 바라보고 있는 인식의 주관은 조금도 생사에 구애되지 않는 것이다. 생사는 의지의 현상에 수반되는 것, 다시 말해서 생명에 따르는 것으로 생명은 개체로 나타나는 것이 본성이며, 개체는 생겼다가 소멸되는 시간이라는 형식 속에 끊임없이 변화하는 모습으로 물자체를 나타낸다. 그리고 이 물자체는 시간에 구애되지 않지만 자기의 본성을 객체화하기 위해서는 지금 말할 방법을 취하게 마련이다.

삶과 죽음은 다 함께 생명에 수반되는 것으로, 이를테면 서로 균등한 생명현상 전체의 양극을 이루고 있다. 세계에서 가장 심원한 인도의 신화에는 이런 이야기가 있다.

파괴와 죽음을 나타낸 신 시바와, 최고의 신으로 그 목에 죽은 자의 뼈를 줄에 매어 달고 한편 생식을 나타내는 링가라는 신은 표지를 달아 생사가 중화된 동지임을 표시하고 있다. 이와 유사한 심정은 그리스인이나 로마인들 사이에서도 찾아볼 수 있다. 즉, 그들은 시체를 넣는 관에 제례나 무도·혼례·사냥·씨름·폭음 등 강한 생명의 요구를 아로새겨 그 속에는 음욕을 표시하는 조각, 심지어 사테레와 암양이 교미하는 모습도 새겨 넣었던 것이다. 그 목적은 자명하다. 한 인간이 죽은 데 대해 자연의 생명에 불사가 있음을 나타내고, 추상적인 이지로 해석하는 것이 아니라 자연 전체가 살려는 의지의 현상이며 또 그 만족을 추구하는 장소임을 표시하려고 했던 것이다.

이 현상의 형식은 시간과 공간 및 인과이며, 이에 의하여 개체의 현상이 나타나고 거기에 개체는 태어나서는 소멸되게 마련이다. 그런데 개체는 의지의 한 현상이며 그 한 보기, 한 표본에 불과하지만 의지 자체는 생멸에 구애되지 않고, 자연 전체는 그 속의 한 개체가 죽어도 조금도 지장을 느끼지 않는다. 자연이 걱정하는 것은 개체가 아니라 종족 전체이며 종족의 보존은 그 가장 진지한 요구이다. 새싹이 넉넉하게 무수히 돋아나거나 생식이나 생산행위가 큰 힘을 갖고 있는 것은 모두가 자연이 이 목적을 위해 낭비라고 부를 정도로 진력하고 있음을 보여주는 것이다.

이와 반대로 개체는 자연에 대하여 아무 가치도 없으며, 무한한 시간과 무수한 장소에 나타나는 허다한 개체가 자연에 대하여 개별적인 가치가 있을 리 없다. 그러므로 자연은 언제나 개체가 멸망하는 것을 두려워하지 않고, 개체는 실로 아무것도 아닌 우연한 일에도 여러 가지 원인으로 멸망하기도 하며, 또 개체가 그 종족보존에 대한 역할을 마친 다음에는 마땅히 죽어야 하는 것으로 결정되어 있으며, 또한 자연은 그 결정을 실천하도록 한다.

인간은 자연이란 살려는 의지가 객관화된 것이므로 이것을 이해하고 또 이 진리를 간파하는 사람이라면, 자기나 근친의 죽음에 대해서도 위로를 하고 자연의 생명은 불멸이며 자기는 자연이기를 단념해야 한다. 시가와 링가를 갖고 있고 고대인의 관에 죽음을 슬퍼하는 자에게 보이기 위해 불타는 생명의 그림을 새기는 것도 이 때문이다. 자연은 걱정하지 않고 슬퍼하지도 않는다.

생사는 생명에 으레 수반되는 것으로, 생명이라는 의지의 현상에는 없어서는 안 되는 것이다. 다시 말해서 생사는 다른 형태로도 나타나는 생명 전체를 이루고 있는 것을 보다 높은 형태로 표시한 것이다. 일반적으로 생명이란 어디까지나 물질이 그 형태를 굳게 유지하면서 끊임없이 교체되는 것을 가리키며 여기 개체는 생멸을 거듭하여 종족은 죽지 않는다는 것을 확인할 수 있다.

끊임없이 번식하고 있는 것은 정도의 차이는 있지만 출산이며 부단히 배설하고 있는 것은 여러 죽음이다. 끊임없는 출산은 식물에서 그 예를 간단히 찾아볼 수 있다. 즉, 잎사귀나 가지를 만들어 나가는 것과 마찬가지 충동이 그 섬유질 속에 있으며, 이것을 언제나 반복하여 식물이 되고 식물계는 서로 양육을 계속해 가고 있는 동류의 식물의 집단을 형성해 항상 생산하고 번식하는 것만이 능사다.

이 충동을 충분히 만족시키기 위해서는 변형의 단계를 거쳐 점차 높은 단계로 나아가 드디어 꽃을 피우고 열매를 맺어 즉시 자기의 생존을 사방으로 확대시켜, 자기 자신을 반복시키는 목적을 손쉽게 달성한다. 즉, 과일은 식물의 생존과 노력의 집결체이다. 식물이 과일을 맺기까지 노력하는 것은, 마치 글을 써서 그것을 인쇄하는 것과 마찬가지이다. 동물의 경우도 사정은 동일하다. 생식작용에 따르는 육욕은 생명감을 한층 높인 쾌감이다.

한편, 배설은 끊임없이 물질을 흡수해서 내뱉는 것을 가리킨다. 이것이 크게 강화되면 곧 죽음이 오고, 생산의 반대현상이 일어난다. 물질을 내뱉어도 그것을 조금도 아깝게 여기지 않고 그저 형체만 보존하는 것으로 만족을 느낀다면 죽음이 닥쳐와도 일어나는 배설현상과 마찬가지로 간주해야 한다. 죽음도 날마다 시시각각 배설로 하나하나 이루어져 가고 있는 것을 전체에 걸쳐, 또 더욱 강력하게 이루는 것이 다를 뿐이다. 배설을 놀라워하지 않는다면 죽음도 두려워할 필요가 없는 것이다.

이런 견지에서 보면 개체로서의 존재를 연장시키려는 것은 전도된 일이며, 한 개체가 죽으면 다른 개체가 대신 들어서는 것은 신체를 이루고 있는 물질이 언제나 신진대사를 하고 있는 것과 마찬가지이다. 그러므로 시체를 썩지 않게 하는 것도 어리석은 일로, 그것은 하나하나의 배설을 알뜰히 간수하는 것과 같다.

또한 개체의 신체가 있고 개인의 의식은 거기 달려 있지만, 그것도 날마다 잠들기 때문에 한 번 정도는 완전히 중단되어 있다. 삶과 죽음은 그 현재에 있어서는 차이가 없으며, 잠은 장차 눈을 뜬다는 점에서 죽음과 다를 뿐인데 이것도 동사하는 것처럼 경우에 따라서는 그대로 죽어버리기도 한다. 죽음이란 개성을 잃어버리는 것으로, 개체 이외의 것은 다시 눈뜨거나 또는 언제나 눈떠 있다.

특히 분명히 알아두어야 하는 것은 의지가 나타나는 방식, 즉 생명이나 실재의 방식은 실로 오직 현재뿐이며, 미래나 과거는 단지 개념 속에 있을 뿐 인식이 근본원리에 따르는 한 이렇게 존재할 뿐이다. 과거에 살았던 인간도 없고, 장차 살 인간도 없으며, 살아 있다는 것은 다만 현재뿐이다. 그러므로 현재만은 생명에서 제거할 수 없는 분명한 소유물이다. 현재는 언제나 그 내용을 갖추고 보존한다. 의지가 있다면 생명이 있고, 그 생명에는 현재만이 분명하다. 지나간 수많은 날을 회고하고 또 그 가운데 살고 있던 수많은 사람들을 생각해 보면 그들에게 무엇이 있는가, 그들은 어떻게 되었는가를 묻지 않을 수 없다.

이 경우에 자기의 과거는 매우 가까운 어제의 일조차 상상 속에 있는 공허한 꿈이며, 과거의 사람들의 일도 이와 마찬가지이다. 거기 무엇이 있었는가? 그리고 무엇이 남아 있는가? 오로지 의지뿐이며 생명은 그 의지를 반영하고, 의지를 떠난 인식은 이 거울 속에서 분명히 의지를 바라보게 된다. 이것을 인정치 않고, 또 인정하려고 들지 않는 사람은 과거의 사람들의 운명에 대하여 위의 문제에 덧붙여 물어야 한다.

수천만의 인간들이 과거로 돌아가고 그 중에는 영웅과 현자도 있었는데, 그들은 모두 과거의 긴 밤에 묻혀 무로 돌아갔지만, 이 물음을 던지는 나만이 이와 같이 사라져 가는 귀중한 존재의 실제내용을 소유할 수 있는 행운을 갖게 된 것은 어찌된 영문일까? 그리고 이 작디작은 나만이 현재 여기 있는 것은 무슨 까닭인가? 혹은 다른 말로 짤막하게 말해도 마찬가지이다. 아니 더욱 기이하다. 지금 내가 갖고 있는 현재는 어찌하여 현재 여기 있는가? 어찌하여 이 현재는 이미 지나가 버리지 않았는가?

이와 같이 묻고 나면 자기의 존재와 자기의 시간은 서로 독립되어, 존재를 시간 속에 던져 넣는 것처럼 될 것이다. 이렇게 묻는 자는 한편으로는 객관의 현재와 또 한편으로는 주관의 현재, 이와 같이 두 현재가 있으며 이 양자가 용케 하나로 결합되는 데 놀라움을 느껴야 할 것이다.

그런데 실은 객관과 주관이 서로 접하는 점이 바로 현재이다. 그리고 객관은 의지가 표상이 된 것이다. 주관은 객관에 대하여 필연적인 상대이다. 또한 실제의 객관은 다만 현재에 있을 뿐, 과거나 미래의 내용은 오직 개념이나 공상뿐이므로 현재는 의지가 나타나는 본래의 방식으로 그것을 떠날 수 없다. 언제나 있고 분명한 것은 단지 현재일 뿐이다.

경험상으로 보면 현재는 가장 소모되기 쉬우나, 형이상적 견지에서 보면 현재는 스콜라철학에서 말하는 이른바 「상주常住의 지금」이다. 그 내용의 원천과 그 담임자擔任者는 물자체, 즉 살려는 의지요 다시 말해서 우리 자신이다.

끊임없이 생겼다가 소멸되고, 혹은 자기에게 있었던 것 또는 닥쳐올 것이 되는 것은 현상이며, 이는 생멸을 나타내는 방식에 의해 생기게 된다. 의지가 있으면 생명이 있고, 생명에 있어서는 현재만이 확실하다. 그리하여 누구나 이렇게 말할 수 있다. "나는 어쨌든 현재의 주인이다. 그리고 이 현재는 영원히 언제나 그림자처럼 나를 따른다. 그러므로 현재가 어디서 왔는지 또 어찌하여 현재가 바로 있는지에 대해서 의아하게 생각할 필요는 없다."

시간을 무한히 돌고 도는 수레에 비유하면 아래로 내려가는 반원은 과거요, 위로 올라오는 반원은 미래이며, 그 정상의 접선에 닿는 한 점은 나눌 수도 없고 크기도 없는데 그것이 곧 현재로, 접선이 수레와 함께 돌아가지 않는 것처럼 현재는 시간이라는 형식에 따르는 객관과 그 형식에 따르지 않는 주관이 접촉되는 점이다. 이 경우에 주관은 인식되는 것이 아니고 인식하는 것이다. 또한 시간을 끊임없이 흘러가는 강물에 비유한다면, 현재는 그 속에서 강물과 함께 흐르지 않고 언제나 강물을 갈라놓고 있는 바위와 흡사하다.

이지는 물자체이며, 인식의 주관은 결국 어느 의미에서는 의지 자체이거나 또는 의지의 표현이다. 그리고 의지에게는 자기 자신의 표현인 생명이 확실한 것처럼 현재만이 현실의 생명의 유일한 형식이다. 그러므로 생명 이전에 있던 과거나 죽은 후의 미래와 같은 것은 탐구할 성질의 것이 못 되며, 의지가 스스로 나타나는 방식도 현재뿐이므로 그것을 인식하기 위해 의지를 떠날 수 없고 의지도 현재를 버릴 수는 없다.

따라서 생명을 있는 그대로 만족스럽게 여기는 사람은 분명히 안심하고 생명을 무궁한 것으로 보고, 죽음을 두려워하는 것은 현재를 잃어버리고 현재가 없는 시간 속에 들어가는 것과 같은 터무니없는 두려움을 일으키는 환상이라는 견지에서 동의해야 한다.

이와 같이 죽음에 대한 공포는 시간과 관련되어 있지만, 이것을 공간에 옮겨보면 현재 자기가 서 있는 지구의 지점만이 정점이고 다른 것은 모두 발아래 있다고 상상하는 것과 마찬가지이다. 인간은 각자 자기 개체의 생명을 현재에 결부시켜 자기의 생명이 없으면 모든 현재는 없어지는 것으로 생각하고, 과거나 현재는 미래가 없이도 있는 것처럼 생각한다. 그런데 지구상의 이 지점이 자기에게 정상인 것처럼 어떠한 생명도 현재를 양식으로 지니고 있다. 그러므로 죽으면 현재가 없어진다고 두려워하는 것은 둥근 지구 위에 서서 다행히 현재 여기 있으나 한 발짝 벗어나면 미끄러져 떨어진다고 두려워하는 것처럼 어리석은 일이다.

의지가 객관이 되려면 현재라는 방식이 필요하며 현재 자체는 연장이 없는 하나의 점으로, 그 전후에 걸친 무한한 시간을 양분하여 마치 미풍이 불지 않는 저녁이 부단한 정오나 되는 것처럼 꿈쩍도 하지 않고 서 있다. 또한 언뜻 보아 태양은 밤의 품속에 가라앉지만, 태양 자체는 언제나 뜨거운 열을 띠고 있는 것처럼 언제나 존재한다. 그러므로 죽으면 그것으로 자기 자신이 멸망이라도 하는 듯이 두려워하는 것은, 저녁 때에 태양이 한탄하면서 '슬프다! 이제부터 영원히 밤으로 접어드는가!' 하고 탄식하는 것과 다름이 없다.

반대로 생명의 무거운 짐에 눌리면서도 여전히 삶을 원하여, 그 고뇌를 혐오하며 자기 자신에게 닥친 가혹한 운명을 감당하지 못하는 사람은 죽는다고 해서 그 고통에서 벗어날 수는 없다. 세계는 낮에서 밤이 되고, 개체는 죽어가지만 불타는 태양은 영원히 변함이 없다. 살려는 의지에게는 생명이란 분명한 사실이며, 생명의 양식은 무한한 현재이다. 그러므로 자살은 헛된 일이요, 따라서 어리석은 행위요, 앞으로 더욱 관찰해 감에 따라 자살은 터무니없는 짓이라는 것을 알게 될 것이다.

세상의 가르침은 변하고 인간의 이지는 잘못을 저지르기도 하지만, 자연은 미혹되지 않고 그 행동은 확실하여 숨기는 일이 없다. 무엇이든지 자연 속에 있고 어디나 자연이 있다. 어떤 동물에게도 자연의 핵심이 있으며, 모두가 가야 할 길을 걸어왔고 또 앞으로도 걸어갈 것이다. 그들은 사멸을 두려워하거나 걱정하지 않고 살다가, 자기 자신이 자연임을 의식하고 또 자연과 같이 불멸임을 알게 된다.

인간은 자기가 반드시 죽을 것을 추상개념으로 파악하고 있지만, 이상하게도 때때로 어떤 기회에 죽음에 대하여 생각할 때에만 죽음을 두려워한다. 자연의 목소리는 강하고, 사려는 이에 대하여 미력하다. 동물은 생각하지 않지만 동물이나 인간을 막론하고 그 의식의 밑바닥으로부터 언제나 자기 자신이 자연, 즉 세계 자체라고 믿고 여기에 안주하고 있다. 그리하여 죽음은 반드시 오며 또 언제나 오고 있지만, 인간은 이 때문에 아무 불안도 느끼지 않으며 언제까지고 죽지 않을 것만 같은 모습으로 살아가고 있다. 만일 죽음이 반드시 닥쳐온다는 것을 염두에 두면 예컨대 사형선고를 받은 죄인과 다를 것이 없는데도 결코 그렇게는 생각하지 않는 것을 보면 누구나 반드시 죽는다는 것을 분명히 모르고 있다고 말해도 무방할 듯싶다.

다시 말해서 누구나 반드시 죽는다는 것을 추상적인 이치로는 인정하고 있지만, 다른 일반 이론과 마찬가지로 그것을 옆으로 제쳐놓고 그것을 분명히 또 생생하게 인식하지 못하며 행실에는 전혀 적용시키지 않는 것이다.

인간의 사고에 이러한 특성이 있는 것에 대해, 단지 외관상 피하기 어려운 일에 대해서는 그대로 만족해 왔다는 심리적인 설명으로는 불충분하며, 그 근거는 더욱 깊은 데 있다는 것을 알아야 한다.

의지의 하나하나의 현상은 시간적으로 시작되어 시간적으로 끝나지만, 물자체인 의지에는 처음과 끝이 없으며, 모든 객관의 상대인 주관은 스스로 인식할 뿐 결코 타자에 의해 인식되는 일이 없고 이것도 처음과 같이 없으며, 또한 살려는 의지가 있는 곳에 반드시 생명이 있다. 이것은 충분히 밝혀진 바이지만, 이것과 지금 말한 사후의 생존에 대한 신앙은 별개의 것이다. 물자체로서의 의지나 또는 언제나 세계를 바라보는 눈인 순수한 인식의 주관에게도 다 함께 존속이나 멸망이 없는 존망은 모두가 시간 속에서 이루어지는 일이며, 의지와 주관은 의지 밖에 있는 것이다.

그러므로 개인(즉, 순수한 인식에 나타나 있는 의지현상)이 자아를 내세워 자기가 무한한 시간 속에 살아남으려는 소망은 이러한 차원의 불멸에는 만족하지 않고, 따라서 그것으로 위로를 얻지 못한다. 자기가 죽은 후에도 자기 이외의 외계는 여전히 존속되리라는 것을 알고 있지만, 이 외계의 존속도 방금 말한 우리의 견해를 객관적 또는 시간적으로 본 것이므로 그것은 자아의 만족은 되지 못한다.

각자는 현상으로서는 생멸하지만, 물자체에는 시간이 있고 따라서 끝이 있다. 그런데 인간이 세계에 어떤 다른 형체가 되는 것은 현상에 있어서 일어나는 일이며, 또한 자기의 의식에서는 다른 형체가 되어 있지만, 물자체로서는 일체에 나타나 있는 의지와 동일체이며, 의지로서는 죽음이란 자기의 의식의 미망이다.

영생, 즉 죽지 않는다는 것은 물자체에만 있을 수 있는 일이지만, 그것을 현상 쪽에서 보면 외계의 존속과 같은 것이 된다. 그리하여 지금 분명한 인식으로서 확인해 온 사멸과 불멸의 한계선을 사람들은 다만 느낌으로서 마음속으로 의식하기 때문에 사람들은 죽음에 대하여 생각하더라도 그에게 이성이 있는 한 죽음으로 말미암아 걱정하지 않고 누구나 이 의식을 마음속에 지닌 채 용기를 갖고 마치 죽음이라는 것이 없는 것처럼 살아 있는 동안은 그 생명을 보존하고 유지해 나간다.

그러나 한편 죽음이 누구에게 실제로 나타나거나 마음속으로라도 죽음에 대하여 진지하게 생각하게 되면 자연히 죽음을 두려워하고 여기서 벗어나려고 애쓰기도 한다.

우리가 죽음에 대하여 두려움을 갖는 것은 그 고통 때문이 아니다. 고통은 죽기 전의 일이기도 하지만, 한편 고뇌에서 벗어나기 위해 죽음을 택하는 경우도 있고 또한 반대로 죽음의 순간은 실로 찰나의 일인데 이것을 한때나마 벗어나기 위해 두려운 고통을 참기도 한다. 그러므로 죽음과 고통은 전혀 다른 해악이며, 죽음에 대하여 우리가 두려워하는 것은 개체로서의 생존을 그치는 데 있다.

개체는 살려는 의지가 하나하나 객관화된 것으로서 죽음이 그것을 파기하려고 하기 때문에 개체는 전력을 다하여 죽음에 저항한다. 그러나 감성만으로는 아무래도 이러한 저항은 힘을 쓰지 못하므로, 거기에 이성이 개입하여 감성만의 거리낌을 극복하고 그보다 높은 입장에 서서 개체보다 전체에 관심을 갖도록 한다. 이렇게 함으로써 세계의 본성을 철학적으로 인식하여 지금까지 우리가 확정한 인식에 도달하게 되면 그것만으로 이미 죽음의 두려움에서 벗어날 수 있으며, 사람들이 사고력으로 직접적인 느낌을 억제할 수 있는 힘의 정도에 따라서 그 공포는 제거될 것이다.

어떤 사람이 지금까지 말해온 진리를 충분히 납득하였다고 치자. 그는 내가 주장하는 진리의 인식을 무기로 손에 쥐고 더욱 강한 자가 되어, 시간의 날개를 타고 오는 죽음을 싸늘한 눈초리로 노려보고 죽음이란 약자만을 위협하는 허망한 그림자요 무기력한 괴물에 불과하다는 것을 알게 된다. 또한 자기의 본성은 의지로, 객관적인 모습을 보여주고 있는 세계와 본성을 아울러 지닌 것을 알고 있는 자의 마음을 움직일 수 있음을 인정하게 될 것이다. 왜냐하면 자기의 본성은 세계와 하나이므로 그 생명은 분명히 영구하며, 본래 의지는 다만 현재로서만 나타나고 그 현재는 가장 확실하다.

그 밖에 과거나 미래는 미혹이 조성하는 그림자, 마야고대 인도에서 환영과 허위에 충만된 물질계를 뜻하는 말—역주에 떠도는 환상에 불과하므로 자기의 생명이 없는 과거가 있었는가, 미래가 있을 것인가 하는 것은 조금도 문제되지 않는다. 그러므로 태양이 밤을 두려워할 필요가 없듯이 죽음은 두려울 것이 없는 것이다.

죽음은 철학에 진정한 영감을 주는 하늘의 선물로, 소크라테스가 철학을 가리켜 「죽는 연습」이라고 말한 것도 이를 가리키는 것이다. 아마도 죽음이 없다면 철학을 생각하는 일도 없을 것이다.

동물은 죽음을 모르고 살아간다. 그러나 인간에게는 이성이 있기 때문에 불가불 죽음을 맞이하게 된다는 것을 생각하고 두려움을 느낀다. 그런데 자연에는 어떠한 침해를 당하더라도 구원의 방도와 적어도 그 보상의 길이 있으므로 죽음을 인정할 경우에도 이와 관련해서 형이상학적인 견해를 갖게 된다. 그래서 인간은 거기서 위안을 얻고, 동물로서는 필요성도 느끼지 않고 또 엄두도 내지 못할 문제를 해결해 나간다.

여러 가지 종교나 철학은 주로 이 목적을 위한 것으로, 죽음은 도저히 면할 수 없다는 사실에 대한 치료제가 된다. 인간은 우선 이성의 힘으로 이것을 생각해 내지만 그 목적을 이루는 정도에는 커다란 차이가 있다. 어떤 종교 또는 철학은 다른 것보다 훨씬 더 인간으로 하여금 조용히 죽음을 받아들이게 하는 힘이 있다.

우리는 모두가 살려는 의지이며 선천적으로 죽음을 두려워하는 것은 또 다른 얼굴이다. 그러므로 어떠한 동물에게도 자기 자신을 보호할 배려를 하는 본능과 자기의 소멸을 두려워하는 본능도 다 함께 천성으로 타고난 것이다. 동물이 위난을 당했을 때 자기나 자기의 태아를 보호하려고 무척 애쓰는 것은 단지 아픔을 모면하기 위해서가 아니라 이 천성에 의거한 행동이다. 동물이 도망쳐 숨거나 놀라 숨으려고 하는 것은 동물의 살려는 의지이면서 동시에 죽음에서 벗어날 수 없으므로 조금이라도 이것을 연장시켜 보려는 것이다.

인간의 천성도 이와 마찬가지이다. 가장 큰 위해, 어디서나 일어나는 이 위해 중에서 제일 고약한 것은 죽음이며 가장 큰 걱정은 죽는 걱정이다. 남이 죽어가는 것을 목격하는 것처럼 동정을 일으키고 관심을 갖게 하는 것이 없으며, 사형집행보다 더 두려운 것은 없다.

이와 같이 생명에 대한 집착은 무한하지만 이것은 인식이나 숙려에서 비롯된 것이 아니다. 숙려의 편에서 보면 죽음을 두려워하는 것은 어리석은 일이며, 살아 있는 것은 생명의 객관적인 가치기준으로 보아 아무것도 아니다. 때때로 살아 있는 것과 소멸되는 것의 어느 편이 나은지 의심스럽기도 하고, 소멸 쪽이 오히려 이득이 될 것처럼 보이기도 한다. 만일 무덤의 죽은 자를 일으켜 세상에서 다시 살고 싶으냐고 물으면, 그들은 고개를 옆으로 흔들 것이다.

플라톤의 ≪변명≫에 나타난 소크라테스의 견해도 이에 귀착되며 쾌활하고 명랑한 볼테르도 "인간은 삶에 애착을 느끼지만, 죽어가는 시점에서 인간은 결코 세상에 좋은 일이 있었다고는 말하지 않을 것이다"하고 말하였던 것이다. 그리고 다시 이렇게 덧붙였다. "영원한 생명이 무엇을 가리키는지 알 수 없지만, 그것은 고약한 유희에 불과할 것이다."

그리고 어떠한 생명도 결국 죽을 수밖에 없으며, 앞으로 아무리 오래 목숨을 연장하더라도 그 몇 해 동안이란 죽은 후의 무한한 시간에 비하면 무나 마찬가지이다. 잘 생각해 보면, 이 한때의 생애를 위해 여러모로 걱정하면서 나와 타인의 생명이 위난을 당하여 떨고 있다거나, 혹은 죽음의 공포를 표시한 비극을 지어내는 것 등은 실로 가소로운 일이다.

그러므로 생명의 집착은 강하지만 이치에 닿지 않고 맹목적인 것이다. 이것은 우리의 본성이 살려는 의지이기 때문이며, 생명에 아무리 고통이 많고 불안이 크더라도 그것을 최고의 보물로 간주할 수밖에 없다. 또한 이 의지는 본래 맹목적이므로 이런 집착을 하게 된다.

이와 반대로 인식은 생명에 대한 집착의 원천이기는커녕 오히려 그 반대편에 서며 하등 생명에 가치가 없음을 폭로하여 죽음의 공포와 싸운다. 그리하여 인식이 승리해서 인간이 용기를 갖고 침착하게 죽음을 맞아들이면 그것을 위대하고 고귀하다고 하여 존중하고, 우리 자신의 본성의 핵심이 되어 있는 맹목적인 의지에 대하여 인식의 승리를 구가한다. 이와 마찬가지로 누가 이 싸움에서 인식을 굴복시켜 끝까지 생명에 집착하고 닥쳐오는 죽음으로 인하여 허덕이던 끝에 실망 속에 죽어갔을 경우에 세상은 그를 비속하게 여기지만, 그는 우리 자신이나 자연 자체의 본성을 나타내고 있는 것이다.

그렇다면 이와 같이 무한히 삶에 애착을 느껴 조금이라도 더 목숨을 연장하려고 애쓰는 것이 어찌하여 비천한 일로 경멸당하는 것이 마땅하다고 할 수 있겠는가? 생명이 자비로운 신의 선물이며 감사하는 마음으로 받아들여야 한다면, 어찌하여 어떤 종교의 신자에게나 이것이 품격에 어긋나는 일인가? 또 어찌하여 생명을 경시하는 것이 위대하고 고상하게 보이는가? 이러한 관점에서 확인할 수 있는 것은, 첫째 살려는 의지는 인간의 가장 내적인 본성이다. 둘째, 이 의지는 맹목적이다. 셋째, 인식은 본래 의지와 관련이 없다. 넷째, 인식은 의지와 싸워 승리를 거둔다는 것이다.

만일 죽음이 그토록 두려운 것은 소멸, 즉 존재하지 않는다는 사념에 있다면, 우리는 살아 있지 않던 때를 생각해 보고도 전율을 느낄 것이 아닌가. 왜냐하면 사후의 소멸도 생전의 무와 다를 바가 없다는 것은 분명한 사실이며, 그렇다면 그 편이 더욱 한탄스러울 것이기 때문이다.

자기가 아직 없던 때도 헤아릴 수 없이 무궁한 시간이었지만 그것은 전혀 괴로워할 것이 못 된다. 그러나 반대로 자기가 있지 않게 되어 이 그림자와 같은 생존의 한순간의 휴식 후에 제2의 무궁한 시간이 계속되는 것은 괴로워 견딜 수 없다는 것이다. 이와 같이 생존에 집착하는 것은 그것을 맛보고 난 연후에 매우 탐스러운 것인 줄 알게 되었기 때문일까? 앞에서도 말한 바와 같이 결코 그렇지는 않다.

인간의 정신은 세계로 포괄하며, 또한 매우 훌륭한 사상을 지니고 있는데 이것이 육신과 함께 무덤 속에 묻혀 버린다고 생각하니 못 견딜 노릇이라고 말하면서, 이 정신이 그러한 기능을 갖추고 나타나기 전에 이미 무한한 시간이 흘러갔으며, 그동안에는 세계가 정신이 없이도 존재하였다는 사실에 대해서는 아무도 입 밖에 내지 않는다. 그러나 인식이 의지에 매수되지 않는 한 이 문제처럼 자연스럽게 제기되는 것도 없을 것이다. 즉, 내가 태어나기 전에는 무한한 시간이 경과되었는데, 그동안에 나는 대체 무엇이었던가? 이 물음에 형이상학적으로 이렇게 대답할 수도 있다.

"나는 언제나 나이며, 그 무한한 시간을 통하여 나라고 말한 것이 바로 나였다."

그러나 이 대답은 당면한 경험적인 입장을 전혀 염두에 두지 않은 것이다. 이런 식으로 말한다면 앞으로 내가 없게 될 사후의 무한한 시간에 대해서도, 여태까지 없던 전 세계의 무한한 시간과 마찬가지로 간주하여 의미를 부여하지 않을 것이다. 전 세계의 무한한 시간 속에 자기가 없었다고 하면 사후의 무한한 시간 속에 자기가 없다 하여도 조금도 두려울 것이 없으며, 이 양자 중간에 그것을 둘로 구획하고 있는 것은 꿈결 같은 일생이다. 사후의 생존이 입증된다면 생전에도 당연히 적용되어야 하며, 인도인이나 불교도들이 일관해서 주장하고 있는 바와 같이 생전의 존재도 해명되어야 할 것이다.

어쨌든 내가 존재하지 않게 되는 사후의 시간을 슬퍼하는 것은 지금까지 살아 있지 않던 때를 슬퍼하는 것과 마찬가지로 이치에 닿지 않으며, 자기의 생존이 지금 충족시키고 있는 시간과 그것이 충족되어 있지 않은 시간은 미래와 과거의 구별이 있을 리가 없다.

그리고 시간에 대하여 이러한 관찰을 떠나 그 자체를 보더라도 존재하지 않는 것을 하나의 해악이라고 보는 것은 이치에 맞지 않는다. 해악이니 이득이니 하는 것도 다 생존해 있어야, 즉 의식이 있고 나서야 비로소 문제가 될 수 있으며, 의식은 수면이나 졸도에 의해서도 생명과 함께 그치게 되는 것이다. 그러므로 의식이 없으면 해악도 없다는 것은 정한 이치이며, 또 그것은 안심할 수 있는 성질의 것으로 해악이 발생하는 것은 다만 한순간의 일이다.

에피쿠로스는 이러한 관점에서 죽음을 관찰하여 '죽음은 우리가 관여할 바가 아니다'라고 말하고 이를 해명하여 우리가 살아 있을 동안은 죽음이 없고, 죽으면 우리가 없다고 주장하였다. 상실할 수 없는 것을 상실하더라도 이것은 해악이랄 수 없으며, 앞으로 존재하지 않게 되는 것은 전에 없었던 것처럼 조금도 놀랄 것이 못 된다. 그러므로 인식의 입장에서 보면 죽음을 두려워할 근거가 없으며 의식은 인식 속에 있는 것이므로 이에 대해서는 죽음은 아무런 해악도 되지 않는다. 그리고 죽음을 두려워하는 것은 우리 안에서 인식이 아니라 어떠한 생물도 지니고 있는 맹목적인 의지에서 비롯된다.

그런데 말한 바와 같이 죽음을 두려워하는 것은 의지의 본성이며, 의지란 다름 아닌 살려는 의지로 그 본성은 오직 생명과 생존을 원하는 강압으로 이루어져 있다.

한편, 인식은 본래 의지가 동물의 객체화된 결과로 생긴 것이다. 그리하여 인식의 매개로 의지는 이 현상과 자기를 동일시하여 자기는 이 현상에 국한되어 있다고 보고, 죽음은 이 현상이 끝장나는 것이라고 해서 이를 기피하고 온힘을 다해 배격하는 것이다. 그러나 인간의 본성에는 욕구하고 인식하는 양면이 있으며, 이를 잘 구별해 보면 죽음을 두려워하는 근원도 스스로 알 수 있으므로 이에 대하여 상세히 말하고자 한다.

죽음이란 주관적으로는 뇌수의 활동이 중단되어 의식이 소멸되는 한 순간의 일에 지나지 않는다. 죽음에 뒤이어 이 중단이 다른 국부에 퍼지는 것은 죽은 후에 일어나는 일이다. 그러므로 주관적으로 말하면 의식에만 관계되는 일이다. 의식의 소멸이 무엇을 가리키는가에 대해서는 누구나 잠이라는 형태를 통해 어느 정도 이것을 알 수 있으며, 또 혼수상태에 빠진 적이 있는 사람은 처음에 시력이 사라지고 그 후에 곧 깊은 무의식 상태에 빠져 들어감으로써 죽음을 아는 데 더욱 유용하다. 그동안의 감각은 불쾌한 것이 아니며 수면이 죽음의 형제라면 혼수상태는 그 쌍둥이 형제이다.

급작스런 죽음도 고통스럽지는 않을 것이다. 중상을 입었을 경우에는 대체로 이를 느끼지 못하다가 나중에야 느끼며, 또 경우에 따라서는 밖에 나타난 상처를 보고 비로소 알기도 한다. 또한 이로 말미암아 곧 죽게 될 경우에는 이것을 발견하기 전에 의식을 잃거나, 다른 질환으로 죽게 될 경우도 마찬가지이다. 물에 빠지거나 탄산가스로 질식하였거나 목을 매어 죽으려다가 살아난 사람들의 이야기를 들어보면 한결 같이 고통은 없었다는 것이다. 그리고 진정한 노사老死 · 자연사 · 안락사 등의 경우는 언제인지도 알 수 없는 동안에 점점 사라져 버리듯이 생존에서 벗어나는 것이다.

노년에 이르면 정열이나 정욕이 점점 감퇴되어 그 대상을 느끼지 못하게 되며, 감동이 고정되고 표상되는 힘이 점차 약해져 그 형상이 희미해지고 인상이 흔적도 없이 사라지며, 시간은 재빨리 흘러가서 사건은 힘을 잃고 무슨 일이든지 그림자조차 희미해진다. 노쇠한 사람들은 여기저기서 서성거리거나 한구석에 조용히 앉아 일찍이 거쳐온 생활의 그림자나 유령으로서 생존하고 있다. 그러므로 죽음이 그들에게서 더 파괴할 것이 아무 데도 남아 있지 않은 형편이다. 마지막에 가서는 드디어 잠들게 마련이며, 그 꿈은…… 이것은 햄릿이 저 유명한 독백으로 묻고 있는 꿈이다.

여기서 명심해야 하는 것은 생명의 경로에는 형이상形而上의 기틀은 있으나, 이것을 유지해 나가려면 여러 가지 저항 때문이라도 노력을 하지 않으면 안 된다는 것이다. 즉, 이것은 유기체가 밤마다 잠드는 것과 같은 상태이며, 그때에는 뇌수의 작용이 중지되고 또한 호르몬의 분비나 호흡 · 맥박 · 열의 발생이 감퇴된다. 그리고 한 걸음 나아가 생명의 움직임이 완전히 정지되는 것은 이 생명을 지탱하고 있는 힘으로 보면 하나의 기이한 휴식으로, 죽은 사람의 얼굴에서 흔히 달콤한 안정의 표정을 찾아볼 수 있는 것도 이 때문일 것이다. 아마도 죽는 찰나는 괴로운 악몽에서 깨었을 때와 비슷할 것이다.

이러한 점으로 미루어보아 인간은 대체로 죽음을 두려워하지만 사실 해악은 아닐 것이다. 뿐만 아니라 죽음이 어떤 선하고 바람직한 일, 좋은 천국(죽음)인 경우도 많은 모양이다. 인간의 생존이나 그 노력에는 극복할 수 없는 장해가 있어 언제나 충돌하며 불치의 병이나 위안을 얻을 길 없는 고뇌에 빠지는데, 이것들은 그 최후의 도피처, 대개 자연이 마련하는 피난처를 얻어 자연의 품속으로 돌아간다. 본래 생물은 이 자연의 품에서 다른 사물과 함께 나와 한동안 나타나서 자기가 손에 넣을 수 있는 생존에 유리한 상태를 바라며, 이에 얽매어 있으므로 그 본래 나온 길은 언제나 열려 있어 아무 때나 그곳으로 돌아갈 수 있는 것이다.

시체에는 감각 · 힘의 작용 · 혈액순환 · 생식작용 등이 중단되어 있다.

그러므로 추리해 보건대 지금까지는 그 안에서 움직이고 있던 것이 나에게 알려지지 않았다고 하더라도——지금은 이에 움직이지 않고 그 작용은 사라졌다고 단정할 수 있다——한 걸음 나아가 이것이 의식으로서, 즉 지능으로서만 알려진 것(영혼)이 틀림이 없다고 한다면 이것은 이치에 맞지 않을 뿐더러 분명히 그릇된 추론이다.

왜냐하면 의식은 유기체의 원인으로서 나타나는 것이 아니라 그 산물과 성과로서 나타나는 것이며, 신체와 함께 부침하기 때문이다. 따라서 나이에 따라, 혹은 건강과 질병에 의해, 또는 수면이나 혼수상태 및 각성 등으로 말미암아 여러모로 변화하여 언제나 유기적인 생명의 결과로서 나타나, 그 원인이 아니라 생멸을 거듭하며 그 조건이 갖추어지면 나타나는 것이다. 뿐만 아니라 의식이 착란을 일으켜 미치게 되어도 그 밖의 힘이 이와 동시에 쇠퇴하지 않고 생명에 위험을 주지도 않으며, 근육의 힘은 오히려 더 억세게 되고 다른 원인이 첨가되지 않는 한 생명이 단축되기는커녕 더욱 연장된다.

그런데 유기적인 생명이 그쳤다고 해서 그것을 움직이고 있던 힘도 없어졌다고 말할 수는 없다. 가령 물레가 정지되어 있다고 해서 물레를 돌리던 소녀가 죽었다고 할 수는 없다. 진자가 그 중점으로 돌아와 조용해지고 하나의 살아 있는 개체처럼 보이던 것이 멈춰 섰다고 해서 중력을 상실했다고 생각할 사람은 없을 것이다. 중력은 무수한 현상 속에 지금과 다름없이 움직이고 있다는 것은 변함없는 사실이다. 또한 전기를 발하는 물체를 보더라도 전기가 끊겼다고 해서 전기 자체가 없어졌다고 볼 수는 없는 것이다.

이런 말을 하는 것은 자연의 힘에도 구원성久遠性과 편재성遍在性이 있어 그 생멸의 현상은 그치더라도 이것들은 소멸되지 않음을 밝히기 위해서이다. 그렇다면 생명이 그치는 것을 가리켜 곧 생명을 부여한 힘이 소멸된 것, 즉 죽음이라 해도 이것으로 인간의 전멸이라고 말할 수는 없을 것이다. 3000년 전에 오디세이의 활을 잡아당긴 강한 팔은 지금 존재하지 않지만 지각이 있고 이해력이 있는 사람이라면 그 힘 자체가 소멸되었다고는 생각하지 않을 것이다. 그러므로 더욱 상세히 생각해 볼 때 오늘 활을 당기는 힘은 오늘 처음으로 이 팔에 생겼다고는 볼 수 없다. 그렇다면 한 걸음 더 나아가 지금 중지된 생명을 지금까지 움직이고 있던 힘은 지금 발생하기 시작한 생명 속에 움직이고 있는 것과 같은 힘임을 부인할 수 없다.

이것을 보더라도 우리의 진정한 본성이 불멸임을 잘 알 수 있는 것이다. 그러나 이것만으로 사후의 생존의 증명으로서 우리의 요구를 충족시켜 줄 수는 없으며, 또 이것으로 기대하는 위안을 줄 수는 없다. 그러나 이 불멸만 두고 보더라도 어떤 의미가 있으며 생명의 가장 내면적인 힘은 죽음에 구애되지 않는 무엇이라는 것은 분명한 사실이다.

생사를 거는 것 이상의 도박은 세상에 없을 것이다. 이 경우에 사람들은 극단의 긴장과 관심과 두려움을 갖고 대하며 우리의 안중에는 이 한 가지 일이 곧 일체 중의 일체가 된다. 이와 반대로 자연은 결코 기만하는 일이 없으며 정직하고 공명하여 이에 대해서도 인간과 전혀 다른 입장에 있는 ≪바가바드기타≫ 의 키리시나처럼 개체의 생사는 아무것도 아니라는 것이다.

동물이나 인간도 생명은 대수롭지 않은 극히 우연한 일에 좌우되어 있으며, 자연은 이것을 도우려고도 하지 않는다. 예컨대 길가에서 우연히 눈에 띈 곤충의 경우를 보라. 당신들의 발길이 가는 대로 무심코 한 발짝 내디딘 것이 곤충의 생사를 결정하지 않는가. 숲속에 있는 달팽이를 보라. 도망치거나 방어하거나 기만하거나 숨어버리려고 하여도 아무런 도구가 없으며 누구에게나 잡혀 죽도록 되어 있다. 또 물고기를 보라. 펴놓은 그물 속에서도 태평스럽게 놀고 있다. 개구리는 어떤가. 도망치면 목숨을 건질 텐데도 귀찮은 듯이 잠자코 있다. 새의 경우를 보라. 솔개가 머리 위를 날고 있는 줄도 모르고 있다. 양의 경우는 어떤가. 늑대가 숲속에서 잔뜩 노리고 있다. 이들은 아무 준비도 없이 언제 자기의 생존이 절단될지 모르는 위험 속에 놓여 있다.

이와 같이 자연은 절묘하게 조화되어 유기체를 강자의 탐욕에 내맡길 뿐만 아니라 극히 맹목적인 우연이나 어리석은 자의 자의나 아이들의 폭행에 일임하고 조금도 돌보지 않으며, 이와 같은 개체의 멸망은 자연으로서는 예사이며 아무렇지도 않은 일, 따라서 무의미한 일이듯이 이 경우에 결과(죽음)는 원인과 함께 아랑곳없다고 공언하고 있는 것이다.

만물의 어머니가 이와 같이 그 자식들을 돌보지 않고 조금도 보호하지 않은 채 엄청나게 두려운 위험에 내맡긴다는 것은 결국 그들이 소멸된 연후에는 다시 어머니의 품속으로 돌아와 숨게 된다는 이치를 깨달은 것을 의미한다. 그 소멸은 단지 하나의 장난에 불과함을 알고 있기 때문이다.

그리고 그 어머니는 인간에 대해서도 동물과 조금도 다름이 없다. 그러므로 그 선언은 인간에게도 적용되어 개체의 생사는 전혀 문제시하지 않는다. 우리 자신도 또한 자연이므로 어느 의미에서는 우리에게 생사는 아무것도 아닌 일이라고 보는 것도 옳다. 우리 자신도 깊이 생각해 보면 자연의 이치에 따라 자연이 생사를 대하듯이 태연해야 할 것이다. 따라서 자연이 개체의 생명에 대하여 조금도 걱정하지 않고 태연스러운 것으로 미루어보아 자연의 이러한 현상의 파괴는 그 진실한 본성에 조금도 위배되지 않는다는 것을 파악해야 한다.

이렇게 생각해 볼 때 생사는 극히 보잘것없는 우연한 일에 지배될 뿐만 아니라 대체로 유기체의 생존은 그림자와 같은 것이며, 동물 · 식물할 것 없이 오늘 생겼다가도 내일은 소멸되며, 생사는 신속히 변전되지만 그 이하의 무기물은 이와는 비교도 되지 않을 정도로 장수하며 물질은 무한한 수명을 누리고 있는데 이것은 선천적으로 정해진 것이다.

이러한 점을 감안한다면, 단지 경험적으로 보더라도 편견 없이 객관적으로 사물의 이런 질서를 이해하게 되면 머리에 자연히 떠오르는 생각은 이 질서가 단지 표면적인 현상에 불과하며, 이와 같은 끊임없는 생멸은 역시 사물의 근저에 놓여있는 것이 아니라 다만 상대적이고 외면적인 일에 그친다는 것이다. 그리고 어떠한 사물도 그 본성은 어디까지나 우리의 시야에 들어오지 않으며 끝내 비밀이고, 내적인 본성은 생명을 떠나 초연하게 연속된다고 보아야 할 것이다. 동시에 그것이 어찌하여 그렇게 되느냐에 대해서는 지각하거나 달리 해명할 수 없으며, 다만 일종의 요지경 속으로 그렇게 되어간다고 생각할 수밖에 없다.

한편, 가장 불완전하고 가장 저급한 무기물은 아무 장해도 받지 않고 영속하는데, 가장 완전한 중생인 생물은 매우 복잡하고 교묘하기 이를데 없는 유기적인 조직을 갖고 있음에도 불구하고 언제나 그 근원에서 태어나서는 잠시 동안 살다가 무로 돌아가며, 다시 새로 태어났다가 무에서 생존으로 들어오는 동류에게 자리를 양보해야 하는 것이다.

이것은 언뜻 보아 불합리하기 짝이 없으며 사물의 참된 질서일 리가 없으니 필경 이것을 뒤덮고 있는 표피, 즉 우리의 지력의 성능으로 하여 제한을 받고 있는 현상임에 틀림없다. 이것은 자연이 하는 일로 이들 개체의 생존과 멸망도 모두가 상대적인 것이다. 그러므로 자연은 이것을 필연적인 일이라고 선언하고 있지만 사물의 성정과 세계의 질서에 대한 진실한 최종적인 선고가 아니라 실은 사투리가 섞인, 즉 상대적인 진실로서 소위 양념을 쳐서 맛보고 이해하여야 할 성질의 것으로, 사실은 우리의 지력의 제약 아래 있는 것이다.

내가 여기 주장해 온 직관의 이념은 누구에게나 커다란 제약을 가하며 그가 평범한 족속이 아닌 이상 단지 개체만을 인식할 수 있을 뿐이다. 동물처럼 하나하나의 사물을 개별적으로 인식하는 능력밖에 갖지 못한 인간이 아니라면 누구나 이해하게 될 것이라고 나는 단언할 수 있다. 진심으로 죽음을 자기의 파멸이라고 해서 두려워하는 것은 비좁은 마음과 작은 머리를 가진 사람뿐이며, 뛰어난 사람은 이런 두려움을 느끼지 않는다.

플라톤이 그 철학 전체를 관념설의 인식, 즉 개개의 사물 속에 편재한 것을 바라보는 인식으로 쌓아올린 것은 정당한 일이었다. 그리고 ≪베다≫의 ≪우파니샤드≫를 제창한 사람들은 실로 숭고한 사람, 거의 인간이라고는 생각되지 않는 사람들이지만, 그들도 지금 내가 여기서 말한 바와 같은 자연의 이해에서 직접 나타난 이념을 지니게 되었을 것이다. 거기에는 매우 활기찬 것이 있었을 것이며 그들의 이야기는 우리 마음을 울리는 데가 있고 그들의 정신이 그처럼 빛났던 것은 필경 이 현자들이 인류의 초기에 나타나 그 원천에 한결 가까이 접근해 있었기 때문일 것이다.

그들은 또 사물의 본성을 더욱 분명히, 그리고 심오하게 파악했고 그 활기가 이미 시들어 버린 인류(단지 인간에 그치는)가 좀처럼 하기 힘든 일을 하였을 것이다. 어쨌든 그들의 통찰은 인도의 활기찬 자연과 정면으로 대하여 우리 북방에서는 볼 수 없는 경지에 도달하게 된 것 같다.

한편, 칸트의 큰 정신은 우리에게 보여주는 바와 같이 전혀 다른 길을 통하여도 사색을 거듭하는 과정에서 같은 경지에 귀착되어 신속하게 변전되는 이 현상의 세계는 우리의 지력에 나타나는 것으로, 그 지력은 사물의 진실한 궁극의 본성이 아니라 다만 그 현상을 헤아릴 뿐이라는 것을 가르쳤던 것이다. 나는 여기 첨가하여 지력은 본래 의지에 동기를 주는 역할을 하며, 의지는 그 세세한 목적을 추구하는 데 유용할 뿐이라고 말하고자 한다.

다시 아무런 편견도 갖지 않고 자연에 대하여 고찰해 보기로 하자. 가령 개나 새·개구리 또는 곤충의 어느 한 놈을 죽였다고 하자. 이 경우에 이 생물이 이렇듯 경탄스러운 현상을 지금 이 순간까지 살려 그 세력과 생명의 즐거움을 충분히 나타내 보여주던 그 근원의 힘이 나의 장난이나 경솔한 동작으로 말미암아 허무로 돌아간다는 것은 도저히 있을 수 없는 일이라고 생각된다. 즉, 그 여러 종류의 동물들은 수천만으로, 이 순간에도 태어나 같은 모양으로 살아가노라고 애쓰고 있지만 이들이 모두 이 세상에 태어나기 전까지는 완전히 무였다면 그 허무 속에서 새로운 생명체로 다시 태어날 수 있었을 것이다. 현재 이와 같이 해서 한 마리는 내 눈앞에서 사라져버리지만 그것이 어디로 가는지 알 수 없으며, 다른 놈이 태어나지만 어디서 왔는지 알 도리가 없다. 뿐만 아니라 이 두 생물체는 같은 모습을 하고 같은 본성을 지니고 있으며 같은 성격을 소유하여 다만 그 물질이 다를 뿐이지만 그들의 생존 사이에도 끊임없이 배설을 되풀이하면서 모습을 새롭게 하고 있다.

그렇다면 지금 여기서 사라져 버린 것과 그 대신 태어난 것이 같은 본성을 지니고 다만 약간 변화되어 그 생존방식이 새로울 뿐이라면 종족

중에 죽음이 있는 것은 개체에 수면이 있는 것과 마찬가지라고 말해도 무방할 것이다. 이러한 견해는 꽤 자연스러운 것이라고 생각한다. 만일 누구나 어렸을 때에 그 두뇌에 그릇된 견해를 주입해서 미신적인 두려움으로 말미암아 그 길에서 떠나지 않는 한 이와 같은 견해를 끝까지 지니게 마련이다.

반대로 동물은 무에서 태어나며, 따라서 그 죽음은 멸망으로 인도되는 것이다. 인간도 마찬가지로 무에서 태어났지만 그 후에는 개성을 지니고 의식도 갖게 되어 무한히 영존한다. 그러나 개나 원숭이는 죽어서 소멸되는 것이다.

이렇게 말하는 것은 상식이 있는 자라면 반대해야 할 일이며 이치에 맞지 않는다고 말해야 할 것이다. 하지만 한 학설을 건전한 상식에 비추어 보는 것은 그 진리의 시금석이 된다고 할 때 이러한 주장, 즉 데카르트로부터 칸트 이전의 절충가들 사이에 거론되어 왔으며 또한 오늘날에도 유럽의 지식인들 사이에서 논의되고 있는 이 근본 견해를 시금석으로 삼기를 바란다.

자연의 표상으로서 어디까지나 정당한 것은 원圓이며 이것은 순환의 도형이지만, 자연 속에 이루어지고 있는 가장 일반적인 방식으로 크게는 천체의 운행으로부터 작게는 유기체의 생사에도 적용된다. 시간과 그 내용의 끊임없는 흐름 속에서 생성되는 생존, 즉 자연이 존재할 수 있는 것은 모두가 이 방식에 의해서이다.

가을에 곤충의 소우주를 관찰해 보라. 어떤 놈은 오랜 동면을 위해 잠자리를 만들고, 또 어떤 놈은 고치를 만들어 그 속에 들어가 번데기로서 겨울을 보내다가 봄이 되면 되살아날 준비를 한다. 그런가 하면 대다수의 생물들은 죽음의 팔에 안겨 휴식하며, 조심스레 그 알을 적당한 장소에 두었다가 언젠가 새로 탄생되도록 한다.

여기에 자연의 불멸이라는 큰 현상이 나타나서 수면과 죽음은 근본적으로 다른 것이 아니라 그 어느 것도 생존을 위태롭게 하지 않는다는 것을 보여주려고 한다. 곤충이 고치를 만들고 굴을 파며 둥지를 지어 그 알을 간수했다가 봄에 그 안에서 나올 애벌레를 위해 먹이를 장만하고 자기 자신은 죽어가는, 즉 그동안의 배려는 인간이 저녁에 입을 옷이나 이튿날 아침에 먹을 조반을 준비해 두고 안심하고 잠자리에 드는 것과 그 본성에 있어서는 다른 것이 없으며, 가을에 죽어간 곤충과 봄에 기어 나오는 벌레가 동일함은 잠자리에 드는 인간이 눈을 뜨고 일어나는 것과 마찬가지이다.

이러한 사실을 염두에 두고 인류의 입장으로 돌아가 멀리 미래를 내다보자. 미래에 대대손손 수백, 수천만의 개인이 태어나 여러 가지 풍습이나 복장을 하고 등장할 것을 생각하면 의문스럽지 않은가? 이들은 대체 어디서 왔는가? 그들은 지금 어디에 있는가? 새로 돌아올 세대들은 지금 숨어 있지만 이 세상을 영원히 거느리고 있는 이 허무의 품속은 어디 있는가?

우리는 이에 대하여 눈웃음을 머금고 답변해야 하지 않을까? 진정한 답변은 이러한 것이다. 그것은 다름이 아니라 실재가 언제나 있으며, 또 언제나 있어야 할 장소, 즉 이 현재와 그 내용의 밖이 아니라 바로 그 어리석은 질문을 하는 그대 자신 속에 있다는 것이다. 그대가 자기 자신의 본성을 잘못 보고 있는 것은 마치 가을 하늘에 흩어지게 된 메마른 나뭇잎이 자기 신세를 슬퍼하는 것과 같으며, 봄이 되어 나무가 새 잎으로 단장할 것을 생각하여 스스로 위안하지 못하고 '그것은 내가 아니다. 그것은 모두 다른 잎이다'하고 말하는 것과 마찬가지이다.

어리석은 잎이여, 너는 어디로 가려고 하는가? 그리고 또 다른 잎들은 어디서 오는가? 내가 그처럼 두려워하고 있는 허무의 심연은 대체 어디 있는가? 바로 너희들 자신의 본성을 보라. 그처럼 생존을 갈망하고 있는 당사자가 곧 네가 아니냐? 나무에는 생생한 힘이 남모르게 깃들여 있어 아무리 잎들이 해마다 신진대사를 하여도 그 생멸에 구애되지 않고 언제나 한결같다. 이것이 곧 너 자신이 아닌가? 그러므로,

'해마다 잎사귀가 달라지는 것처럼 인간도 대대로 달라진다.'

지금 여기 내 주위에서 윙윙거리고 있는 파리가 저녁때는 잠들었다가 내일 다시 윙윙거리거나, 또는 그 놈이 저녁 때 죽어서 봄이 되어 알에서 나온 다른 파리가 윙윙거리거나 마찬가지이다. 그러므로 이것을 두 가지 근원에서 비롯되는 다른 것이라고 보는 인식은 절대적인 것이 아니고 상대적인 것이며, 현상의 인식이기는 하지만 물자체에는 이르지 못하고 있다.

모든 것이 한때 삶을 누리다가 곧 죽어간다. 초목과 곤충은 여름이 다 지나면 죽고, 동물과 인간은 몇 해 뒤에 죽는다. 죽음은 피로도 느끼지 않고 거두어들인다. 그럼에도 불구하고 마치 그런 일이 전혀 없었던 것처럼 만물은 언제나 생존하고, 모든 것이 불멸인 것처럼 그 자리를 차지하고 있다. 언제나 나뭇잎은 파릇파릇하며 꽃이 피고, 벌레는 윙윙거리며, 동물과 인간은 쇠퇴함이 없이 한결같고, 천 번 백 번 따먹은 벚나무 열매는 여름이 되면 언제나 있다.

개체가 죽지 않는 것처럼 여러 민족은 생존을 계속하고, 때에 따라 그 이름을 바꾸지만 그 행하고 애쓰고 고민하는 일들이 언제나 한결같으

며, 다만 역사가 그것을 어느 정도 달리 이야기하고 있을 뿐이다. 다시 말해서 역사란 백색의 안경과 같아서 한 번 돌리고 나서 그 안배를 바꿀 뿐 실상 눈앞에 있는 것은 언제나 한결같다. 이와 같이 탄생하기도 하고 소멸하기도 하는 것은 사물의 진정한 본성과 관련이 있는 것이 아니며, 본성은 이에 구애되지 않고 불생불멸이다. 생존하려고 하는 것은 실은 모두가 시종일관하여 한결같이 생존한다.

11. 위대한 교훈

죽음이란 삶에의 의지가, 더욱 비근한 것으로는 이 삶에의 의지에게 본질적인 이기주의가 자연의 흐름 속에서 받아들이는 위대한 교훈이다.

죽음은 우리의 생존에 대한 벌로서 이해할 수 있다. 죽음은 생식이 정욕과 함께 결합시킨 매듭을 고통과 더불어 풀어 버리는 것으로, 우리의 본질의 근본적인 오류를 밖으로부터 침입하여 파괴해 버리는 것을 의미한다. 우리는 근본적으로 존재해서는 안 되는 그 무엇이며, 따라서 우리는 존재하기를 그친다.

이기주의는 인간이 타인들 속에서 살아가는 것이 아니라 자기만이 살아간다고 잘못 생각함으로써 단지 한 사람에게만 한정시키는 데서 비롯된다. 죽음은 이런 사람에게 좋은 교훈을 던져준다.

죽음은 이 사람을 소멸시키지만 이 삶의 의지, 즉 인간의 본질은 죽은 후에도 다른 개인 속에서 생존을 계속한다. 그러나 단지 현상에 지나지 않는 표상으로서의 세계에 속하며, 외부세계의 한낱 형식에 지나지 않는 이 사람의 지성은 다만 표상 속에만, 즉 사물의 이러한 객관적인 존재 속에만, 종래의 외계의 존재 속에서만 살아나간다. 이제야 이 사람의 자아는 지금까지 이 사람이 타자로서 간주한 그 속에만 종속된다. 내면과 외면의 구별이 소멸되기 때문이다.

여기서 상기되는 것은 내가 도덕의 근원에 관한 현상논문 속에서 지적한 바와 같이, 선량한 사람은 자기와 타인 사이에 최소의 구별을 두어 타인을 완전한 피아로 보지 않는 반면에, 악한 자는 자기와 타인의 구별이 큰 정도가 아니라 절대적인 것이라고 생각한다는 것이다. 여기서 지적한 이런 구별의 정도에 따라서 죽음을 어느 정도 인간의 부정으로서 볼 것이냐 하는 정도의 차이가 생긴다.

그러나 자타의 구별은 공간적인, 단지 현상 내부의 일이며 물자체에 의거해 있는 것이 아니다. 따라서 결코 현실의 것이 아니라는 관점에서 보면 자기의 개성의 상실 같은 것은 단지 현상의 소멸, 따라서 단지 가상의 손실밖에 되지 않는다는 것을 알 수 있다. 분명히 경험적 의식에서는 그 구별이 매우 현실성이 풍부하지만 형이상학적인 입장에서 보면 '나는 소멸된다. 그러나 세계는 존속한다'는 문장도 '세계는 소멸된다. 그러나 나는 존속한다.'는 문장과 근본적으로는 틀린 것이 아니다.

그러나 이 모든 것을 아무리 염두에 두더라도 자아가 이미 존재하지 않게 되는 죽음은 큰 사건이 아닐 수 없다. 이 죽음을 이용할 수 있는 자야말로 행복한 자이다. 살아 있는 동안에는 인간의 의지에 자유가 없다. 인간의 불변의 성격 때문에 여러 가지 동기나 연쇄로 그 사람의 행위는 필연적으로 발생한다.

그러나 누구나 자기의 기억 속에 자기가 행한 일에 대하여 만족할 수 없던 점을 많이 발견하게 된다. 그래도 누구나 생존을 계속해 나가는 한 그 사람의 성격의 불변성으로 말미암아 언제나 같은 방법으로 행동할 것이다. 따라서 누구나 자기 존재의 싹에서 새로운 다른 존재가 발생케 하려면 현재의 자기모습을 소멸시켜야 한다. 그리하여 죽음이 그 결합된 사슬을 절단하는 것이다. 의지는 다시 자유를 누리게 된다. 왜냐하면 움직이는 데 자유가 있는 것이 아니라 바로 존재하는 데 자유가 있기 때문이다.

'마음의 매듭은 절단되고 모든 의문은 해소된다.' 이 말은 베단타학파의 모든 사람들이 때때로 되풀이한 매우 유명한 ≪베다Veda≫의 격언이다. 죽음은 존재의 가장 내면적 핵심을 이루고 있는 것이 아니라, 오히려 존재의 일종의 혼란을 일으키는 개성의 일면성에서 우리가 해방되는 순간이다.

진정한 본원적인 자유는 전에 제시한 의미에서 「현상에의 복귀」로 보이는 순간에 다시 모습을 나타낸다. 거의 모든 죽은 자의 얼굴에 나타나는 평화와 안정도 여기에 유래되어 있는 듯이 생각된다. 대체로 선인의 죽음은 모두가 평온하다.

기꺼이 죽는 것은 삶에의 의지를 기각하고 부정하는 체념자의 특권이다. 왜냐하면 이러한 사람만이 단지 겉보기뿐이 아니라 실제로 죽기를 원하기 때문이다. 따라서 이런 사람은 자기라는 인간이 지속되기를 원치 않으며 또 그럴 필요도 없다. 이러한 사람은 우리가 알고 있는 생존을 기꺼이 버린다. 이런 사람에게 생존의 대신이 되는 것은 우리의 눈으로 보면 무이다. 왜냐하면 우리의 생존도 그 대신이 되는 것과 관련시켜보면 역시 무이기 때문이다. 불교신앙은 이것을 열반, 즉 소멸이라고 부르고 있다.

12. 임종

죽음의 순간에 인간은 자연의 품속으로 복귀하거나, 그렇지 않으면 이미 자연에는 속하지 않는 그 무엇인가가 된다.

이 양자택일을 나타내는 상도 없고 개념이나 말도 없다. 개념이나 말 같은 것은 모두가 의지의 객체화에서 취한 것이며, 따라서 의지의 객체화에 속해 있다.

한편, 개인의 죽음은 자연이 삶에의 의지에서 언제나 되풀이하여 던지는 물음이다.

"너는 이것으로 족하냐?"

"너는 나에게서 벗어나고 싶으냐?"

이러한 물음을 수시로 되풀이할 수 있을 만큼 개인의 삶은 짧은 것이다. 이 때문에 죽음에 대하여 바라문의 의식 · 기도 · 경고 등을 생각해 내었다. 이 사실이 ≪우파니샤드≫의 여러 곳의 여러 곳에 적혀 있는 것을 찾아볼 수 있다.

이와 마찬가지로 기독교도 인간의 죽음에 경고 · 참회 · 성체배례· 최후의 도유 등에 의해 이것을 적절히 이용할 것을 배려하고 있다. 기독교의 기도도 죽음으로부터 수호하기 위해서이다.

오늘날 많은 사람들이 이와 같이 죽음으로부터의 수호만을 염두에 두고 있는 것은 그들이 벌써 삶에의 의지의 부정인 기독교의 입장에 서 있지 않고 이교적인 삶에의 의지, 긍정의 입장에 서 있음을 입증하는 것이다.

그런데 자기는 이미 현재도 무임을 인식하고 자기 개인의 일(현상)에 대해서는 관심을 갖지 않는 사람은 죽음에 의해 무가 되는 것을 두려워하는 일이 가장 적다. 이런 사람에게는 인식이 의지를 불살라 버리고 먹어 버렸기 때문에 개인의 생존에의 의지나 욕구가 조금도 남아 있지 않은 것이다.

분명히 개성은 개체화의 원리를 형식으로 하는 현상을 반영하여 현상에 따르는 지성에 속해 있지만, 성격이 개인의 것인 한 개성은 또한 의지에도 속해 있다. 그런데 개성은 의지를 부정하는 데서 기각된다.

그러므로 개성은 긍정의 의지에 속해 있는 것이지 결코 부정의 의지에 속해 있는 것이 아니다. 이미 모든 순수한 도덕적 행위에 속하는 신성함도 최후의 기반은 '모든 생명체의 내면적인 본질은 수량적 동일성에 있다'는 직접적인 인식에서 비롯된 데 의거하고 있다.

그러나 이 동일성은 본래 의지 부정의 상태(열반)에만 존재하며, 긍정은 다양성 속에 있어서의 의지의 현상을 형식으로 하고 있다. 삶에의 의지의 긍정, 현상의 세계, 모든 존재의 다양성 · 개성 · 이기주의 · 증오 그리고 악의 등은 모두 한 뿌리에서 발생한다.

한편, 이와 마찬가지로 물자체의 세계, 모든 존재의 동일성 · 정의 · 인간애 및 삶에의 의지의 부정도 같은 뿌리에서 발생한다. 내가 지금까지 누누이 말해온 것처럼 이미 도덕상의 덕부터가 모든 존재의 동일성의 통찰에서 비롯되지만 이것도 현상 속에서가 아니라 오직 물자체 속에, 즉 모든 존재의 근원에 뿌리를 박고 있다. 그러므로 유덕한 행동은 반드시 여기에 되돌아오는 것이 삶에의 의지의 부정인 일점을 잠시 통과하는 것이다.

13. 무에 대하여

우리는 지금까지 세계의 본질 자체는 의지이며 세계의 모든 현상은 다만 의지의 객체화에 불과하다는 것을 인식하고 또한 그 모습을 아래로는 어두운 자연력의 충동으로부터, 위로는 인간의 의식된 행동에 이르기까지 추구해 왔다.

그러나 의지의 기각과 함께 모든 현상도 기각되며, 객체화의 모든 단계에 있어서 충동도 기각되고, 다양성을 단계적으로 전개해 나가는 형식도 의지 및 그 모든 현상과 함께 기각되어 끝으로 모든 현상의 일반적인 형식인 시간과 공간 그리고 시간 · 공간의 최종 기본형식인 주관과 객관도 기각된다. 의지가 없으면 표상도 세계도 없는 것이다. 그리하여 우리에게 남아 있는 것은 오직 무이다.

그러나 이와 같이 하여 무 속으로 사라지는 데 저항하는 것은 자연이며 삶에의 의지이다. 삶에의 의지가 우리의 세계인 것처럼 우리 자신은 삶에의 의지이다. 우리가 유난히 무를 혐오하는 것은 우리가 유난히 삶을 원하고 삶에의 의지 이외의 아무것도 아니며, 삶에의 의지 이외의 것은 아무것도 모른다는 것을 입증한다.

그런데 우리가 자기 자신의 빈곤이나 집념에서 눈을 돌려 의지가 완전한 자기 인식에 도달한 자들——이들은 자기를 만물 속에 재발견하고 자기 자신을 자유롭게 부인하며 자기를 살리고 있는 육체, 즉 잔존하는 자기의 마지막 흔적까지 소멸되는 모습을 보기를 원한다——을 바라보고 우리가 간파하는 것은 끊임없는 충동이나 욕망에서 공포로 옮아가고 기쁨에서 고뇌로 옮아가며, 또한 허욕에 사로잡힌 자들의 생활이 꿈으로 돌아가고, 결코 만족을 느끼지 못하면서도 사멸하는 일이 없는 희망 대신에 완전하고 확실한 복음, 즉 위대한 화평이요, 바다와도 같은 마음의 평온이며, 깊은 침착성이요, 흔들리지 않는 신념과 명랑성이며, 바라문이나 코레디오가 그린 초상화도 단지 그 반영에 지나지 않는 그러한 복음이다.

다만 인식만은 남아 있으나 의지는 소멸되어 있다. 그러나 우리는 깊은, 그리고 쓰디쓴 동경에 충만하여 이 상태를 바라본다. 이 상태를 재앙으로 가득 차 구원할 길 없는 우리 자신의 상태와 견주어 보면 그 커다란 차이가 밝은 빛 속에 환히 드러난다.

그러나 우리는 한편으로는 구원할 길 없는 괴로움과 끝없는 재앙을 의지의 현상인 세계의 본질적인 것으로 보고, 다른 편으로는 의지가 기각될 때 세계가 용해되는 모습을 바라보고 우리 눈앞에 있는 것은 공허한 무에 지나지 않다는 것을 알게 되면 앞에서 말한 견해만이 우리를 계속적으로 위로해 주는 유일한 것이 된다.

우리는 자기 자신의 경험 속에서는 직접 만날 기회가 없지만 성인의 생활이나 생애는 역사로서 기록되어 있다. 그리고 그들의 내면적인 진실을 분명히 파악할 수 있는 예술이 그 모습을 우리 눈앞에 그려 보여주고 있다. 그러므로 우리는 성자의 생활이나 생애를 관찰함으로써 모든 덕행이나 존엄성의 배후에 최종목표로 삼아, 마치 아이들이 어둠을 두려워하는 것처럼 혐오하는 저 무에 대하여 어슴푸레한 인상을 얻을 수 있다.

우리는 이러한 인상을 얻기 위해 인도인들처럼 신화에 의지하거나, 드라마 속에 빠지거나, 불교도의 열반과 같은 내용의 공허한 말을 되풀이하는 먼 길을 취하지 않는다. 우리는 오히려 이것을 자유롭게 고백한다. 완전한 의지의 기각 후에 남는 것은 여전히 의지에 충만된 자에게는 무이다. 그러나 한편, 이와는 반대로 의지에서 이탈하고 의지를 부정한 자에게는 모든 항성과 은하를 포함한 극히 현실적인 세계가 무이다.

연 보

1788년 2월 22일, 독일 단치히 시에서 출생. 3월 3일, 신교의 성마리아 대사원에서 세례받음.

1793년 자유시 단치히가 프러시아에 병합되자 온 가족이 함부르크로 이사.

1797년 부친과 함께 프랑스 여행 중 르아브르에 사는 부친의 친구 그레고아르 드 브레쉬마르의 집에서 불어를 배움.

1799년 르아브르에 2년 동안 머문 후 함부르크의 부모에게 돌아옴. 함부르크에서 철학박사 룽게가 교장으로 있는 사립학교에서 4년간 수학.

1803년 학자가 되기 위해 김나지움에 진학하려고 했으나 유럽 여행을 마친 후 상인이 되라는 부친의 권유로 2년간의 장기여행을 떠남. 네덜란드를 거쳐 영어공부를 위해 런던 교외의 윔블던에 있는 신부 랭카스터의 집에서 3개월 동안 유숙, 6개월간 런던 체류.

1804년 늦겨울을 파리에서 보내고 봄이 되자 프랑스 남부지방을 여행. 다시 스위스, 빈, 드레스덴을 거쳐 베를린으로 향함. 이어 단치히로 가서 성 마리아 대사원에서 견신례를 받음.

1805년 함부르크로 돌아옴. 상인이 되기 위해 대상인 이에보슈의 가게에서 견습생활을 함. 부친 사망. 모친 바이마르로 이주.

1807년 고타의 김나지움에 입학. 교장 데링으로부터 매일 2시간씩 라틴어 개인지도를 받음.

1808년 바이마르 김나지움으로 전학. 브레슬라우 대학교수이던 파소로부터 그리스어를, 김나지움의 교장 렌츠에게서는 라틴어 개인지도를 받음.

1809년 바이마르 김나지움 졸업. 괴팅겐 의과대학에 입학.

1810년 의과에서 철학과로 옮김. G.E. 슐체로부터 철학을 배우고, 플라톤과 칸트를 철저히 수학.

1811년 베를린 대학으로 전학.

1813년 베를린 대학에서 4학기를 끝내기 전 전쟁의 불안 때문에 드레스덴으로 갔다가 바이마르의 모친에게로 돌아갔으나 의붓아버지와 불화로 떠남. ≪충족이유율의 네 가지 근거에 대하여Über die vierfache Wurzel des Satzes vom zureichenden Grunde≫를 완성, 예나Jena 대학에 제출하여 철학박사학위를 받음. 괴테가 이 논문을 읽고 자기의 <색채론> 연구에 동참하도록 권고함.

1814년 드레스덴으로 이주. 도서관과 미술관 등을 다니면서 학문과 예술을 연구.

1816년 ≪시각과 색채에 대하여Über das Sehen und die Farben≫를 괴테에게 보냄.

1818년 ≪의지와 표상으로서의 세계Die Welt als Wille und Vorstellung≫ 탈고. 이탈리아로 여행.

1819년 4월, 로마를 거쳐 베네치아로 가서 부유하고 지체 있는 여인과 열애. 바이마르로 돌아와 괴테 방문. 베를린 대학 철학과에 이력서를 제출.

1820년 3월, 베오크 교수 입회하에 <원인의 네 가지 다른 종류에 대하여>라는 제목으로 교직에 취임할 시험강의를 함. 베를린 대학에 강사로 취임하여 <철학 총론—세계의 본질과 인간 정신에 대하여>를 매주 강의.

1821년 ≪하나의 가지≫라는 자서전적인 산문 집필.

1822년 ≪편지 보따리≫ 집필.

1825년 여자 재봉사가 쇼펜하우어의 하숙방 객실에 마구 드나들고 잔소리가 심해 그녀를 문 밖으로 떠민 이유로 소송당했다가 패소. 그녀에게 평생 일정액의 부양료를 지불하게 됨.

≪의지와 표상으로서의 세계≫ 750부 중 600부 판매됨.

1828년 ≪비망록≫ 집필. <진리를 위해 생애를 바친다>는 표제 붙임.

1829년 논문 <시각과 색채에 관하여> 발표. 칸트의 저서 영어판을 계획함.

1830년 ≪사색≫ 집필. 라틴어로 된 ≪생리학적 색채론≫ 발표. ≪센트포르스의 예언자≫ 번역.

1831년 베를린에 콜레라가 유행하자 프랑크프루트로 이주. ≪콜레라≫ 집필.

1832년 모친과 서신왕래 재개. 바르타살 그라시안의 ≪처세술신탁교육≫ 번역.

1836년 ≪자연에서의 의지에 관하여≫ 출판.

1837년 ≪습유拾遺≫ 집필. 프랑크프루트에 창설된 괴테 기념비준비위원회에 <괴테 기념비에 관한 의견서> 제출.

1838년 노르웨이 왕립학술원에서 모집한 현상논문 <의지와 자유>를 발송. 모친 별세.

1839년 <의지와 자유>라는 현상논문 입선. 덴마크 왕립 아카데미에서 모집한 현상논문 <도덕의 근거>를 코펜하겐에 발송.

1840년 덴마크 아카데미는 쇼펜하우어의 논문을 낙선시킴. 영국 화가 더 찰스 이스트레이에게 논문 <시각과 색채에 대하여>를 발송.

1841년 ≪윤리학의 두 가지 근본 문제≫ 발간. ≪의지와 표상으로서의 세계≫ 속편 집필.

1843년 ≪의지와 표상으로서의 세계≫ 제2권(속편) 원고료 받지 않고 750부 간행.

1844년 고료 없이 제1권 재판 500부 간행.

1845년 추밀원 법률고문관 F. 도루그트가 ≪진리에 선 쇼펜하우어≫ 간행. ≪부록附錄과 여론餘論Parerga und Paralipomena≫ 집필.

1846년 철학박사 율리우스 프라우엔슈타트가 쇼펜하우어를 방문, 그 후 친교 맺음.

1847년 학위논문 <충족이유율의 네 가지 근거에 대하여>를 대폭 수정하여 재판 간행.

1849년 여동생 아델레 사망.

1850년 ≪부록과 여론≫을 원고료 없이 간행해 줄 것을 세 출판사에 교섭했으나 모두 거절당한 끝에 프라우엔슈타트의 주선으로 A.W. 하인 서점에서 출판을 인수.

1852년 ≪노령老齡≫ 집필. 함부르크의 ≪계절≫지에서 ≪부록과 여론≫에 대한 열광적인 찬사를 게재한 책자를 보내옴.

1853년 존 옥센포드가 쇼펜하우어의 철학을 논한 <독일철학에 있어서의 우상 파괴>를 ≪웨스터 민스터 리뷰≫지에 발표.

1854년 ≪자연에서의 의지에 관하여≫와 ≪시각과 색채에 대하여≫ 간행. 프라우엔슈타트가 ≪쇼펜하우어 철학에 관한 서간집≫ 공표.

1855년 프랑스 화가 줄 룬테슈츠에게 초상화를 그리게 함. 다비드 에이샤가 <학문에 충실한 박사 쇼펜하우어에게 보내는 공개장> 발표.

1856년 룬테슈츠가 그린 초상화가 화려한 석판으로 나와 매출됨. 라이프치히 대학에서 <쇼펜하우어 철학의 핵심의 해설 및 비판>이라는 현상논문을 모집함.

1857년 카를 G. 벨법률고문관이 그 현상논문에 2등으로 당선. 이 논문을 ≪쇼펜하우어 철학의 개요 및 비판적 해설≫이라는 표제로 출판.

1858년 2월 22일 70회 생일축하회 개최. 룬테슈츠가 쇼펜하우어의 두 번째

유화 초상화를 완성.

1859년 화가 안기르베르트 게이베르에게 유화 초상화를 그리게 함. 여류조각가 엘리자베스 네이에게 대리석 흉상을 조각하게 하여 모델이 되어줌. ≪의지와 표상으로서의 세계≫ 3판 간행.

1860년 프랑스 ≪독일 평론≫지에 마이어의 <쇼펜하우어에 의해 고쳐 씌어진 사랑의 형이상학> 게재. 9월 21일 폐수종으로 별세.

역자 후기

이 책은 염세주의 철학자 쇼펜하우어의 저서 ≪의지와 표상으로서의 세계≫를 중심으로 하여 그 밖에 ≪윤리학의 두 가지 근본문제≫ 및 그의 인식론·도덕론·예술론 그리고 종교론 등을 추려 하나로 묶은 것이다.

쇼펜하우어 일생의 전반기에 대해서는 이 책의 첫머리에 있는 그 자신이 쓴 <내 절반의 인생>에 비교적 소상히 기록되어 있으므로, 여기서는 주로 그의 후반기에 대하여 간단히 소개하고자 한다.

그가 일생을 독신으로 보내면서 한동안 교편을 잡기도 했으나 주로 사색과 집필에 몰두하여 철학사상 큰 업적을 이룩한 것은 주지의 사실이다. 그러나 역시 적어도 인간으로서의 생활이 단조롭고 외로웠던 것만은 부인할 수 없다.

그가 일생을 고독하게 보낸 것은 철학에의 집념보다도 여성에 대한 남다른 혐오에서였다고 보는 것이 옳을 것이다. '여자는 그 모양새를 보기만 해도 육체적으로나 정신적으로는 큰일을 하기에 적합하지 못하다는 것을 알 수 있다.' 여자에 대한 이와 같은 혐오감은 도처에서 찾아볼 수 있다. 그렇다면 그는 젊어서 여자를 전혀 가까이하지 않았는가? 반드시 그런 것도 아니다. 그는 연애를 했을 뿐더러 한때는 결혼할 생각까지 했다고 한다.

"오빠가 알려온 아가씨의 문제에 대해서는 나는 무척 괴로워요. 제발 그녀를 속이지 말아주세요. 오빠는 지금까지 모든 일에 옳았지만 가엾은 그녀에게도 같은 대접을 해주세요."

이것은 쇼펜하우어가 ≪의지와 표상으로서의 세계≫ 원고를 완성하고 이탈리아를 여행하던 중, 1819년 베네치아에서 테레제라는 아가씨와 사귈 때 여동생 아델레가 보낸 편지의 일부이다.

이어서 쇼펜하우어가 베를린 대학에서 교편을 잡고 있을 때는 극장 합창단원으로 있는 카롤리네 메돈과 사랑에 빠졌다. 그녀에게 유산의 일부를 물려줄 정도로 쇼펜하우어와는 가까운 처지였으나 결혼까지 이르지는 못하였다. 그리고 쇼펜하우어에게 결혼할 의향까지 일으킨 프로라 바이스와의 사랑은 상당히 뜨거웠던 것 같다. 1827년, 그때 미술상의 딸인 그녀의 나이는 17세였다. 그러나 결국 쇼펜하우어는 그녀와의 결혼도 단념하고 일생을 독신으로 보냈다.

쇼펜하우어는 ≪의지와 표상으로서의 세계≫을 간행한 후, 거의 20년의 침묵을 지킨 뒤에 ≪자연에서의 의지에 관하여≫를 간행했다(1836).

쇼펜하우어가 자기의 철학체계에 자신을 갖고 베를린 대학에서 교편을 잡았을 당시에 한창 명성을 떨치고 있던 헤겔과 대결하기 위해 일부러 같은 시간에 강좌를 맡았으나 청강생이 몇 사람 되지 않아 실의에 빠진 끝에 1831년에 콜레라가 내습한다는 소식을 전해 듣고 겁이 나서 베를린을 탈출하여 프랑크푸르트 암마인으로 거처를 옮겼다. 1859년, 노르웨이 아카데미에 응모한 현상논문 <의지의 자유>로 금메달을 받았다. 그러나 이듬해에 덴마크 아카데미에 제출한 현상논문 <도덕의 근거>는 그 속에서 「양심이 도덕의 근원」이라는 논거가 불충분하다는 이유로 탈락되었다.

그동안 그의 ≪의지와 표상으로서의 세계≫를 간행했던 브로크하우스 출판사는 잘 팔리지 않는 이 책을 거의 다 휴지로 처분해 버렸다. 그러나 쇼펜하우어는 다시 이 인기 없는 ≪의지와 표상으로서의 세계≫

의 속편을 아무 사례도 받지 않고 역시 브로크하우스에서 출판하였다.

1851년에 베를린에서 ≪부록과 여론Parerga und Paralipomena≫을 내었는데, 이것이 상당한 호평을 받아 그의 이름이 널리 알려지게 되었다. 특히 바그너는 1854년 그에게 ≪음악의 형이상학≫을 치사하는 말과 <니벨룽겐의 반지>의 악보를 보내왔다. 바그너는 살았을 때 쇼펜하우어의 제자이기도 하였다. 한편, 모차르트 · 베토벤 · 로시니를 숭배하는 쇼펜하우어는 이질적인 바그너의 음악을 좋아하지 않아 직접 접촉하기를 피하였다. 그는 바그너의 <방황하는 네덜란드인>의 연주를 듣고 나서 '바그너는 음악이 무엇인지 모른다'고 말했다고 한다.

1858년, 쇼펜하우어가 70번째 생일을 맞이했을 때 세계 방방곡곡에서 축사가 전해왔다. 그러나 그의 생애는 변화가 없는 단조로움 일색이었다. 굳이 변화를 찾는다면 가정부가 바뀌고 애견의 털이 흰색에서 잿빛으로 변한 정도였다.

1860년 9월 21일 아침에 쇼펜하우어는 여느 때와 마찬가지로 냉수욕을 하고 나서 식탁에 앉았으나 평상시와는 달리 몸이 좋질 않았다. 의사가 달려왔을 때에는 이미 숨이 끊어지고 있었다. 유언장에는 친구와 가정부에게 물려줄 재산의 내용이 적혀 있었다. 여기에는 1848년 혁명 때에 법의 질서를 유지하기 위해 죽은 프러시아 병사의 유족과 부상자에게 유산의 일부를 증정할 것이 씌어져 있다.

세계를 이해하려는 진지한 노력은 언제나 완전한 세계의 합리성과 선을 확신하기에 이른다고 믿어 의심치 않던 헤겔철학의 전기에 쇼펜하우어는 이에 정면으로 맞서 항의하고 나섰다. 그는 모든 존재는 본질적으로 악이며, 존재를 이해하려는 노력의 결과는 오로지 악일 뿐이라는 헤겔과는 정반대의 결론에 도달하였던 것이다.

이 염세철학도 헤겔학파와 마찬가지로 칸트에서 출발하였다. 칸트는 의지를 인식보다 우위에 두고 시간이나 공간은 사물의 성질이 아니라 우리가 사물을 표상하는 방법이라고 생각하였다. 그리고 칸트는 각자의 의지 속에는 개인생활의 어떤 사건과도 동떨어진 원죄, 즉 악의 근원이 있다는 기독교신학의 전통에 동조하였다. 이 점은 쇼펜하우어에 의해 강조되고 있다.

칸트에 대한 쇼펜하우어의 존경심은 대단하여 그의 저서 ≪의지와 표상으로서의 세계≫ 제2판의 서문에 '나의 철학은 칸트에게서 나왔다'고 고백하고, 칸트의 철학을 이해하면 누구든지 두뇌에 근본적인 변화를 일으켜 정신적으로 재생한다는 것이다. 그러므로 칸트의 철학을 모르면 순진한, 태어난 그대로의 자연스럽고 어린이 같은 실재론에 사로잡히게 되어 다른 일에는 성공을 거두더라도 철학을 할 자격은 없으며, '이런 사람은 아직 미성년이고, 칸트에 정통한 사람이라야 성년이다'라고까지 극구 칸트를 옹호하고 있다.

이어서 쇼펜하우어는 인식론의 서두에서부터 형이상학으로 전환한다. 그는 모든 진리의 최종 근거와 원천이 「직접직관」 속에 존재한다고 확언한다. 사람들이 가장 명확한 과학이라고 생각하는 논리학 · 수학 및 순수한 자연과학 등은 모두가 그 확실성을 「직접직관」에서만 받게 된다.

쇼펜하우어에 의하면 인식되는 모든 것, 즉 세계는 단지 주관에 대한 객관이며 따라서 세계는 나의 표상Die Welt ist meine Vorstellung이며 현상이다. 이 현상은 시간 · 공간 · 인과율 등에 의해서 기술되는 과학의 대상이다. 여기까지는 칸트의 주장과 별로 다를 것이 없지만, 쇼펜하우어는 칸트가 인식의 대상일 수 없다고 한 물자체Ding an sich를 의지 속에서 발견하였다.

다시 말해서 세계의 가장 내적인 본질, 모든 현상의 유일한 핵심은 의지라는 것이다. 여기서 말하는 의지는 심리학적인 그것이 아니라 맹목적인 의지Wille zur Leben요 힘이요, 끊임없는 노력이다. 우리는 의지를 인식할 수는 없으나 의지야말로 모든 생명체에 있어서 가장 확실한 사실이며, 우리 자신 속에 직접 직관할 수 있다. 이 의지의 객체화는 무기물인 자연의 식물계·동물계 그리고 인류에 이르기까지 모두 여러 의지의 객체화 단계의 어디에 속한다. 가령 치아·목청·장은 객체화된 굶주림, 생식기는 객체화된 성욕이다.

이와 같이 세계는 하나의 의지의 표현이지만, 의지는 현상이 되기 전에 시간·공간·인과율에서 독립된 일정한 형태를 취하고 나타난다. 쇼펜하우어는 플라톤을 본받아 이것을 이념(이데아)이라고 불렀다. 이념은 의지가 객체화하여 현상, 즉 표상이 되기 위한 단계이다. 즉, 이념은 의지가 객체화되는 형식이다. 의지는 직접 현상이 될 수 없고, 우선 이념이 되고 나서 그 후에 개개의 현상이 되므로 쇼펜하우어는 이념을 직접적 객체 개별 사물을 간접적 객체화라고 불렀다. 무기계에서는 힘, 유기계에서는 동식물의 종류, 인류에 있어서는 개성이다. 이념은 의지 자체와 마찬가지로 영원히 불변하며, 개체만이 끊임없이 생멸한다.

의지는 맹목적인 힘으로서 언제나 결핍되고 끊임없이 저지당하므로, 모든 삶은 고뇌로 가득 차 있다. 고뇌에는 끝이 없다. 결핍, 곤궁, 삶을 유지하기 위한 걱정이 첫째의 고뇌이다. 그리고 설사 이것들이 극복되더라도 뒤를 이어서 성욕·질투·증오·탐욕·병 등등이 등장한다. 그리고 이 모든 재화는 의지의 내적 항쟁에서 비롯된다.

뭇사람의 삶 자체가 고통과 권태 사이를 시계추처럼 왔다 갔다 하는 것이다. 그런데 고통은 적극적이고 쾌락은 고통이 없는 상태로 소극적인 것이며, 곧 권태로 이행된다. 그러므로 참된 만족을 누릴 수 없다. 욕망이 무한한 데 비하면 만족은 극히 보잘것없는 것이다. 하나의 만족에 도달하면 곧 새로운 욕망이 고개를 든다. 게다가 세계 자체가 불만과 고통에 시달리는 의지의 표현이고 보면 평화나 안정은 순간적인 환영에 불과하다.

그럼 어떻게 하면 우리는 이 고뇌와 투쟁의 세계에서 벗어날 수 있는가? 첫째는 예술에 의한 구원이다. 쇼펜하우어에 의하면 참된 철학과 예술은 플라톤의 이념(이데아)을 천재적으로 직관하는 것이다. 이 이데아의 직관이야말로 건축 · 조형미술 · 문학 등의 본질이다. 그리고 이러한 예술은 의지에 시달리지 않는 직관에로 높여준다. 그러나 이것은 극히 일시적인 해설이다. 왜냐하면 지성은 자기 자신을 낳은 의지에 제약되어 있으므로 의지에 의해 다시 그 안개 속에 이끌려 들어가기 때문이다. 그러나 음악은 그렇지 않다. 음악은 의지 자체의 말이다. 음악은 이념의 모사가 아니다. 의지 자체의 모사이다. 따라서 음악은 다른 예술과 같이 환영에 대해서가 아니라 본질에 대하여 말한다.

구원의 둘째 본래의 항구적인 일은 의지부정이다. 그러나 여기에 이르려면 도덕을 거쳐 종교의 경지에 이르러야 한다. 세계의 모든 재해와 허망함을 생각하여 일체의 개체는 같은 의지의 표시임을 깨달을 때 동정이 생긴다. 이것이 도덕의 기초이다. 그리고 세계의 모든 고뇌에 동정하는 사람은 벌써 살기를 원치 않게 되어 살려는 의지 자체를 부정하기에 이른다. 금욕과 고행은 의지를 극복하는 수단이며, 그 목적은 의지의 완전한 소멸을 체득한 성자들이 말하는 '신의 품속에서의 자기몰입', 즉 무에 도달하는 것이다.

천재들에게서 흔히 찾아볼 수 있는 바와 같이 쇼펜하우어도 사후에야 세상에 명성을 떨치게 되었다. 그는 자신의 철학을 간행하면서 '인류에게 완성된 책을 물려준다'는 확신을 갖고 있었지만, 곧 이어서 '물론 훌륭한 모든 저술이 참으로 알려지는 것은 후세의 일이다'라고 단서를 붙이기를 잊지 않았다.

사상이나 문체가 매우 예술적인 그의 철학은 특히 예술가나 예술적인 감각이 예리한 사상가들 사이에서 높이 평가되었다. 톨스토이는 그를 '전인류 중에서 가장 독창적 인간'이라고 불렀으며, 바그너는 '나는 독일의 정신문화에 쇼펜하우어의 사상과 인식이 법칙으로 간주될 날이 올 것을 기대한다'고 말하였다.

그러나 진정한 쇼펜하우어의 제자는 니체일 것이다. 물론 니체는 후년에 그와 방향을 달리하였으나 누구보다도 쇼펜하우어에 심취하였다. 쇼펜하우어의 철학의 적극적인 방면, 즉 의지의 긍정은 니체의 손에 의해 커다란 변모를 보기에 이르렀다. 니체는 이를테면 쇼펜하우어의 악마인 '삶에의 의지'를 자립의 신으로 삼고, 이를 탈각하는 수단으로써 자기포기를 주장하는 대신에 이것을 더욱 강력히 긍정하여 권력의지 Wille zur Macht라고 불렀던 것이다. 이 권력의지는 쇼펜하우어가 불교나 기독교에 동조하여 역설한 우아 · 동정 · 체념 등의 도덕성을 배격함을 의미하며, 니체는 생존경쟁에서 승리를 획득하기 위한 무자비한 자기긍정을 주장하고 쇼펜하우어가 높이 평가한 덕성德性은 노예 도덕에 불과하다고 생각하였으며, 인간은 모름지기 강자의 전형인 초인超人: Ubermensch을 본받아야 한다고 역설하였다.

또한 토마스 만도 쇼펜하우어의 영향을 많이 받은 작가로, 그가 삶의 고뇌를 논한 것을 가리켜 '그의 천재적인 필재가 가장 빛나게, 또 가장 냉엄한 완성의 정점에 도달하였다'고 격찬하기를 아끼지 않았던 것이다.

쇼펜하우어는 자기의 철학에 대해 다음과 같이 말했다.

"철학자가 공적인 입장이나 혹은 사적인 처지에서 완전히 도구로 사용되어 온 지가 꽤 오래되었지만, 나는 그러한 장해를 입지 않고 30년 이상이나 나의 사상의 길을 걸어왔다. 그것은 다만 본능적인 충동에서 그렇게밖에는 달리 할 수 없었기 때문이다. 한 인간이 확신을 갖고 진실을 생각하고, 숨어 있는 빛을 밝게 드러낸 것은, 반드시 언젠가는 어떤 지각 있는 사람이 알게 되어 그를 움직이고 희열을 느끼게 하며 마침내 마음의 평안을 줄 것을 믿기 때문이다. 나의 저작은 정직과 공명을 이마에 써붙이고 쓴 것이라 칸트 이후 유명해진 세 사람의 궤변가의 저작과는 크게 다르다. 나의 입장은 언제나 사려, 즉 이성에 따르고 정직한 말로 일관되어 있으며 지적 직관이니 절대사유니 하는, 바른 대로 말해서 허풍이나 사기와 같은 잘못된 영감을 주는 입장에는 서 있지 않다. 나는 언제나 그러한 정신으로 탐구했으며, 한편으로는 거짓과 사악이 널리 퍼지고 허풍(피히테와 셸링)이나 사기(헤겔)가 크게 존경을 받는 것을 보고 현대인의 갈채를 단념하였다. 현대는 이 20년 동안 그 정신적 괴물 헤겔을 최대의 철학자로 떠들어대어 그 소리는 전 유럽에 울려 퍼지고 있다. 아마도 현대에는 사람에게 줄 월계관이 남아 있지 않을 것이다. 찬미를 팔아버린 시대의 비난은 조금도 두려울 것이 없다."

쇼펜하우어의 사상에 대해서는 다른 모든 철학이 다 그렇듯이 찬반의 논란이 있어 마땅하지만, 그가 파헤친 세계의 적나라한 모습에 누구나 일종의 전율을 금치 못할 것이다. 요컨대 그는 이른바 속세의 모습을 속속들이 드러낸 것이다. 그는 여느 철학자들과 마찬가지로 우리에게 복음은 제공하지 못했지만 지혜는 제공하고 있다. 우리가 쇼펜하우어를 반드시 읽어야 한다면 그 이유는 이런 데 있을 것이다.

김중기

번역자 소개

김중기

고려대학교 철학과 졸업

저서:『세계의 미래상』,『우주관』

역서:『쇼펜하우어의 처세철학』